视频号变现

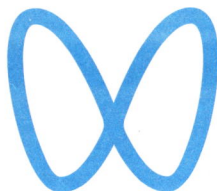

抢占10亿级流量高地
斩获视频号变现新红利

张岳密　刘硕裴◎著

新华出版社

图书在版编目（CIP）数据

视频号变现 / 张岳密, 刘硕裴著.
— 北京：新华出版社，2023.8
ISBN 978-7-5166-6925-9

Ⅰ. ①视… Ⅱ. ①张… ②刘…
Ⅲ. ①网络营销 Ⅳ. ①F713.365.2

中国国家版本馆CIP数据核字（2023）第140082号

视频号变现

著　　者： 张岳密　　刘硕裴		
责任编辑： 蒋小云	**封面设计：** 异一设计	
出版发行： 新华出版社		
地　　址： 北京石景山区京原路 8 号	**邮　　编：** 100040	
网　　址： http://www.xinhuapub.com	http://press.xinhuanet.com	
经　　销： 新华书店		
购书热线： 010-63077122	**中国新闻书店购书热线：** 010-63072012	
照　　排： 中版图		
印　　刷： 河北盛世彩捷印刷有限公司		
成品尺寸： 170mm × 240mm		
印　　张： 20.5	**字　　数：** 315 千字	
版　　次： 2023 年 10 月第一版	**印　　次：** 2023 年 10 月第一次印刷	
书　　号： ISBN 978-7-5166-6925-9		
定　　价： 59.00 元		

↘ 序

嗨，希望正翻阅到此页的你，展书开颜。我叫张岳密，大家都亲切地叫我密崽。以书为媒，很荣幸认识你。

我1991年出生，金牛座。2015年开始互联网创业，多年来一直坚持深耕新媒体全域社会化整合营销。坚持正心正念，以爱出发，将商业当公益来做，坚持"为员工创造幸福快乐，为客户提供惊喜服务"和"从满意到精细，从精细到惊喜"的经营理念。公司定位为"最懂你的新媒体服务商"。以服务者的姿态，根据用户需要，量身定制全新的商业模式+营销全案策划方案+互联网营销工具。以全媒体平台为依托，整合全国各平台媒体资源，以精准拓客为目的，以数字化营销为核心，从媒体选择到广告把关，从内容策划到精准投放，从品牌传播引流拓客，到产品销售，为政府、企业及个人品牌用户提供数字化全媒体营销服务解决方案。旨在打破传统传播模式的束缚，让流量成为"留量"，实现流量资产化。为客户构建全方位、专业化、深度化、系统化、立体化、多方共赢的全媒体营销产业生态局面。实现策略+内容+数据+技术+渠道的五合一，整合营销传播价值链，贯通公域、私域、商域。帮助企业实现降本增效，品效域合一。

　　"十年磨一剑"，我幸运地成为"2021年胡润U30中国创业先锋"上榜者，并成为2022年福布斯环球联盟创新企业家会员之一。

　　对于同一个项目，不同的操盘手操盘出来的结果可能不同。操盘手起心动念才是拉开距离的本质原因。我的起心动念特别纯粹，一直坚持的都是内心所热爱的。每次的策划设计都会刻意使项目人格化，变成每个人都想守护、想保护、想炫耀、想爱的宝贝。围绕着一个项目，尽可能激发每个关键环节人物的善意，尽可能发现项目周边可能存在的风险。一个被人祝福、值得别人去热爱的项目，其存活的时间，一定比不被人爱、不令人骄傲、被很多人嫉妒，甚至被人想办法推翻的项目所存活时间更久。

　　视频号是一个非常特殊的平台，它和其他新媒体不同的地方在于它的基因。你问10个人，10个人有微信，但是他们不一定会下载抖音、微博、小红书或者支付宝。微信几乎承载了我们大家所有的社交活动，在微信中，所有的情感化表达都会得到最好的传播，平台的互动性和用户黏性因而变得更强。

　　《视频号变现》这本书，我是当作一个项目来做的。我希望以书为媒，期待这本书能够带领读者一起以视频号这个平台为入口，实现视频号变现。这里的"变现"指的是视频号变现实（实现商业价值）、视频号变现场（大家用视频号记录和传播更多美好的瞬间及文化）、视频号变现象级。

　　好的战略在于能根据自己的资源和优势，去选择战术和作战目标。一切与自身情况不匹配的战略，都是纸上谈兵。做自己喜欢和擅长的事情，精力和才华才会不请自来。很多时候，我们之所以累，是因为我们一直在做自己压根儿不擅长、不喜欢的事情，而且还要拼命去寻找存在感，投入和产出自然不成正比。商业的逻辑是让别人成功，商业逻辑的本质是用户价值。视频号变现，绝不是单单赚钱这一个层面而已。钱没有脾气，却有很多人为了钱而发脾气；钱没有性格，却有很多人为了钱而改变了性格；钱没有立场，却有很多人为了钱而改变了立场；钱不偏心，却有很多人为了钱而偏离了初心。钱是吸引来的。我们更需要认识到，视频号是一个平台，作为这个平台的参与者，我们应该严格地去遵守平台的规则，去保护它、支持它。要创作优秀的内容来留住用户，给用户提供价值。视频号这个平台发展得越好，我们就越好。我们和用户、平台是稳定的铁三角，是互利共赢的关系。平台生态越好，能量场越强，用户越优质，我们自然越容易实现变现。金钱，能帮助人选择环境；认知，能帮助人选择心境。都说视频号是人们的第二张名片，用心经营好视频号，我们的心境和社交环境的提升也会非常明显。视频号遵循社交逻辑，而社交的本质，是借他人的力量来认识自己，同时把自己的力量分享给他人。

一、视频号变现实（实现商业价值）

人性本善，我们会发现在视频号这个平台上，正能量、励志、情感类的视频表现力尤为突出。融媒体在视频号上输出表达，特别容易建立用户的信任和持久的传播力。视频号有着独有的社交机制算法，我点赞了这条视频号内容，我微信上的其他好友便可以看到这条视频号；点击转发，立即就能分享到我想分享的聊天框、社群、朋友圈。哪怕是几年前的内容，在短时间内被别人持续关注，也可以被激活从而再次成为爆款。其他平台能实现短期爆红，而视频号不仅能实现短期爆红，还能实现现象级长红，更能实现其他平台不能实现的翻红。

攸妍创始人肖然是我特别喜欢的女企业家，她的内容在抖音上数据特别好。但是在视频号上起初只有平均三十几个点赞，视频号后台播放量平均为3000左右。基于视频号特殊的社交机制算法特征，2021年10月，我用她的账号做翻红测试，如愿地激活了她多条沉睡的作品。其中2021年7月30日记录阿姨育儿那条作品在沉睡近3个月后，从起初的36个点赞，3415次播放，10

月26日达到了10万+赞，10万+转发，400多万曝光量。2021年1月24日改变家族的命运需要几年那条作品，后台最初是71个点赞，3700多次播放，翻红成为4.4万个点赞，200多万次播放，6324次转发。虽然翻红速度很快，但由于有效转发量不够，在达到4.4万点赞后速度自然地慢了下来。可我们今年（2023年）依然不放弃，又用心做了那条作品的激活，转发到了目标人群的社群中。进行再次激活后，奇迹再次出现，播放量、转发量、点赞量都有上升。

对比两条作品，从完播率来看，改变家族命运那条更高，但是转发人数少。因为改变家族命运这件事很酷，是每个人都想做到的，但是可复制性比较难。大家看了，都忍不住点赞，但是不会转发传播。阿姨育儿建立规矩那条可复制性很强，引起了大家的共鸣，觉得好看又有用，从而引起了大量的转发。

为了验证视频号优质内容在这样的算法下的传播效果，我们又验证了多条作品。我们发现间隔时间越短，激活成功的速度越快。跑一天数据不太理想，我们根据已经自然跑的数据绘制人物画像，在精选人群后，进行激活运营。其中有个用户的作品，创造了有记录以来的长视频最高翻红完播率，百万级播放量，完播率98.43%，平均播放时长197.39秒。

播放数据

播放量	完播率	平均播放时长
1007624	98.43%	197.39 秒

这充分验证了视频号的社交基因：内容向善，数据向善。是金子总会发光的。在视频号这个平台上，持续进行内容输出，一切皆有可能。

视频号的社交基因不仅对内容创作者友好，对电商小白也是非常友好的。最近爆火的视频号新头部郭亿易的成功案例就验证了这一点。

运营6个月、发布89条短视频、粉丝数40万，单从数据来看，郭亿易的视频号似乎并没有什么特别，但在"视频号6·18好物节"的首场直播中，她却创下了单场带货金额超2000万的数据，7月20日单场创下了3000万的佳绩。

微信官方近期对外公开的商家起量教程中，提到了起号三要素——好内容、好货品、好服务。

好内容

郭亿易就是好内容的典型代表。不要用战术上的勤奋掩饰战略上的懒惰。尤其是在IP打造方面，没有好的人设作为基础，其他都是术上勤奋，没有太大的意义。我们的人设=外在形象特点+人物+性格+个人符号+内容输出。而郭亿易就是一个"大众情人"的人设形象IP。外在形象特点：整体让人很舒服；长得岁月静好，说话很温柔，语速不快不慢；一头长发，笑起来很甜。人物：有一个温暖的家庭，老公很爱她，自己23岁边读研究生边生大儿子，目前二孩产后刚半年。性格：善良随和、独立、利他。个人符号：生活化、真诚、靠谱。内容输出：日常。视频号的内容不浮夸，每天分享带娃故事和夫妻二人创业生活，她仿佛是生活在我们朋友圈里一位优质的奋斗励志小姐姐。

人之间的距离是心，心之间的距离是情。这样的人设出现在你的面前，怎么能不拉近你的心，触动你的情？哪位婆婆不想有个高学历、愿意生娃、有能力的媳妇？哪位正在经历带娃、情绪低迷的家长不希望有个这样的小姐姐告诉自己该怎么好好生活？哪位正在创业的精英女性不愿意和郭亿易交朋友？哪位男士不想有这样一位经济独立且优秀的伴侣？她的内容真实接地气，同时也给了每个看她内容的人在不同的生活状态下最舒服自洽的答案。

通过优质的引爆，视频号自带边看内容边弹直播预约链接功能，对她产生兴趣的用户自然会随手点击预约。一开播即可收到提醒，安卓用户系统默认提醒为震动。根据目前的数据，郭亿易点赞量最低的一条作品的点赞量为2200，平均作品点赞量中位数为5000+，后台播放单条不低于10万。根据视频号官方发布的自然流量推流法则，好的内容能够吸引用户进入直播间，并产生有效观看时长。这些用户进入并停留，反映了直播间内容的吸引力和用户兴趣，系统会源源不断地自动为其匹配公域流量奖励。

在郭亿易的直播中，她通过精心设计的直播背景、主题文案、关键信息透出，成功地提升了直播间的曝光点击率。同时，她在直播间优化了主播形象、布景、话术，并设置了吸引人的福利和有吸引力的商品。这些策略有效地延长了用户的停留时长，通过出色的内容吸引了用户的互动和关注，产生了更高的有效观看占比，拉高了人均观看时长。

好货品

好货品对于带货直播间的重要性，在郭亿易这里的体现很突出。好的货品不仅体现在直播间的内容表现上，还包括具备好的单位流量商业转化价值（GPM）。

如何保证选品的准确性？郭亿易视频号有一套筛选标准：

1. 店铺评分要达到4.6分以上；

2. 品牌方人品要好，这样售后才会有保障；

3. 商品在视频号上的评价要好；

4. 品牌在业内的口碑要好；

5. 产品+价格的机制要最"顶"。

在选品上，除了硬性指标，商品是否符合直播间用户的画像和需求，是否符合郭亿易的人设也是必须考量的软性指标。

　　标准确定了，执行起来也要一丝不苟，郭亿易老公笑称选品时自己是没有感情的机器人。"谁说好话都没有用，我就是要流量品，要爆品，要好机制，要符合直播间的画像。"

　　选好品后，排品也是一门学问。

　　郭亿易按照创销量、带流量、提升直播间属性、吸引新用户等不同目的，对货品进行了合理安排，还要考虑不同品类的搭配。在直播过程中，还会根据数据和用户反馈实时调整排序。将各个细节做到位，才会换来销售额的爆发。

　　在这个案例中，对单位流量价值的判断涉及用户对直播间商品的感兴趣程度，用户观看后是否能够购买，以及窗口期成交金额的设计等，这些都非常值得学习。

　　我是郭亿易的超级粉丝之一。在写序之前，我观察到，她为了2023年9月2日那场直播连续几天多次拉预约——我参与过的她的直播预约专场已经有4场了，每次拉预约时长都超过1小时。她将9月2日要预售的产品制作成福袋，并和大家互动说，哪些是会卖的有福利的活动品，哪些还在考虑（会结合用户的体验再决定卖不卖）。大家给出体验后，她再考虑会不会上那天的活动专场。她以聊天的口吻和大家聊家长里短，同时将镜头转向团队，以展示公司实力，还时不时提醒大家点击直播预约。每场直播预约人数至少过万，开播当天通过预约进入直播间的人数可想而知。不仅如此，只要进入她的日常直播间，基本次次都能看到挂福袋。福袋礼品都是以受女性用户青睐的高价值获得感的实物为主。小店的运营非常专业细致。点击进入她的直播间，她的直播间展示的商品从价格到商品图片、链接标题，都做得很精细。这样就很自然地引导用户点击进入商品详情页，成功提升了商品气泡点击率（即用户对商品的感兴趣程度）。这个点击率和支付转化数据能够激活平台，平台因此会给予更多的流量支持。

好服务

在视频号官方的自然流量推流法则中，好的售后服务同样至关重要。好的售后服务能够影响用户的满意度和DSR评分（店铺动态评分），进而影响到自然流量的获取。在郭亿易的案例中，她在售后服务方面也做得相当出色。

郭亿易注重品控，从而保证了货品的质量，减少了用户因为货品问题而产生的退款和退货情况。她还在售后服务方面做得周到，包括物流、客服解答等，及时处理用户的问题和诉求。此外，她还提供了正向体验保障服务，如7天无理由退货、运费险等，为用户提供了额外的保障，增强了用户的满意度。

郭亿易就是当下的视频号生态里的"三好学生"代表——好内容、好货品和好服务。那这种现象是可复制的吗？答案是肯定的。这个案例不仅是对视频号起号逻辑的生动验证，更为广大商家和主播提供了宝贵的经验和启示。

视频号带来的"优质IP+优质内容+社交裂变破圈+全域触点+私域沉淀"全链路打通后，形成了品效域合一。

二、视频号变现场（用视频号记录和传播更多美好）

视频号背靠国内主流社交App微信，视频号不仅有机会触达几乎所有的用户，基于熟人关系的社交传播，还让视频号拥有超过其他平台的圈层放大能力，让沉淀下来的作品传播持久性更强。和用户生活相关的内容传播持续力更强，文旅项目尤为突出。

2021年3月，我有幸被邀请参与了广西文化旅游厅组织的"金牌导游说广西短视频大赛"，成为授课导师之一。该活动旨在通过新媒体运营培训和文旅短视频大赛，促进广西导游、讲解员等文旅从业人员的短视频创作能力，挖掘与培养一批新媒体传播背景下的广西文化旅游线上宣传推广人才，并借助短视频传播和直播赋能，讲好广西故事，助力"秀甲天下，壮美广西"文旅品牌宣传，提振广西文旅消费，促进广西文旅高质量发展。在新冠肺炎疫情防控期间，活动当时就达到了14万人次在线参与，2亿人次播放。朋友圈里都是整整齐齐的广西壮美山水，见证一个又一个景点在优秀的导游们口中宣传。广西是他们的家乡，除了由于职业带来的专业外，更重要的是还有一种难以言表的情感。镜头是没有感情的，之所以景美、人美、文化底蕴深，是因为镜头背后的人用了心。

2023年是"金牌导游说广西短视频大赛"活动的第三年了，搜索相关的关键词，以广西文化旅游厅为首的官媒，用矩阵式的账号将内容输出到各个平台上，每年都有迭代和创新。相比2021和2022年，2023年培训将更聚焦爆款内容生产、账号变现等方向，通过"线上+线下"形式组织开展"如何打造生活服务达人""掌握爆款内容""拍剪出质感短视频""团购直播玩法""账号定位"等理论+实操培训，并邀请抖音知名文旅达人进行账号运营及变现分享，以专业讲师授课、课后1对1指导、账号精准定位等方式对"广西金牌导游"进行多维度精准孵化，助力打造广西文旅精品内容。

同时，还将组建金牌导游、文旅团购达人生态圈，整合各项文旅资源，挖掘一批精品民宿、优质景区、文创产品等。结合5·19中国旅游日、"广西人游广西"等营销节点，开展广西导游"卷"起来系列内容策划。线上开展"我是广西山水体验官"文旅短视频大赛，用作品展现广西的美好与浪漫，实现广西导游人才自身价值的良性循环，促进行业高质量创新发展。

广西文旅利用这样的活动充分地挖掘了广西的文化资源，深化"以文塑旅，以旅彰文"，以导游的视角，以图文和视频内容的方式，在全域平台上输出，向大众宣传广西历史文化，以文创赋能农产品区域品牌，聚合多业态，营造多场景，带来新机遇。同时以多个优质景点项目为抓手，引爆多个网红打卡点。广西文旅依靠微信生态，让这次有意义的活动持续长红。相信随着视频号平台机制越来越完善，视频号本地生活功能的应用推广，参与共创的人会越来越多。随着时间的推移，品牌效应的沉淀，用户习惯的日渐养成，后续服务和技术不断迭代，该项目一定能够从现在的长红发展为爆红。短期来看，是参与和创造事件营销的新入口；中长期来看，则是全链路积累用户资产的新方式。

三、视频号变现象级

视频号的重点在于连接。连接并不是什么新鲜概念，这是贯穿了微信10年的关键词。微信本身就是连接器，公众号、小程序的定位都是连接器，视频号也是如此。

如果要说区别的话，视频号是一个功能更强大的超级连接器，是一个连接人、连接产品、连接服务的基础设施或工具。

视频号是微信生态中的一环，此外还包括小程序、社群、公众号、朋友圈、搜一搜、问一问等，我们前期通过视频号、朋友圈、问一问搜索讲好种草的故事，然后通过小程序或视频号的直播带货直接形成转化，这是非常顺畅的体系。所以我们不强调某一个点要做得很好、很极致，而是要在整体上形成链路。

全民共创现象级事件贵州村超就是一个非常典型的视频号超级连接器形成链路，并将其使用得恰到好处的代表。在这个项目中，我深深感受到了微信生态私域的强大力量。非常有幸，我也是该项目新媒体运营参与工作人员之一。

所有的成功都离不开天时地利人和，贵州村超的爆火也是如此。

贵州村超和其他现象级事件的本质不同是，私域为王，公域放大。贵州村超是在打好了私域群众基础后，才持续在公域进行内容输出的。

　　贵州村超举办地榕江，非常注重新媒体方面的人才培训和培养。在贵州村超没有开启之前，榕江坚持"让手机变成新农具，让数据变成新农资，让直播变成新农活"的"新三变"政策，利用新媒体赋能乡村振兴。全县累计培育出1.2万多个新媒体账号和2200余个本地网络直播营销团队。

　　为了让整体的传播营销更加市场化、专业化，县里特地成立了"村超新媒体专班"，专人专岗，特事特办。和政府传统的宣传渠道相比，专班的成立在省去了很多程序的同时，也让内容创作更富生命力，这一举措对于村超二次传播可谓是至关重要。

　　为了本地的活动能正常运行，他们提前就做好了私域的布局。每个村、每个相关的工作组都有社群。利用私域随时触达的特性，实现在社群中的一呼百应。比如用公众号或视频号发布一条作品后，立刻就会有专员带头转发到各个群里，其他群员就会一起点赞评论并且转发到朋友圈同步，分享到自己可以触达的各个社群里。只要留心观察，即可发现，早期有关贵州村超的作品都是外地人发的，评论区下方大部分人IP地址所在地都是贵州。贵州人民的热情在这场活动中展现得淋漓尽致。视频号在成功助力当地政务新媒体和融媒体开始"第一公里"的同时，还打通了基层宣传"最后一公里"。

　　在举办村超的全过程中强调人民主体，一切依靠群众，一切为了群众，调动起人民群众配合县委、县政府来干事创业的积极性和能动性，让全榕江迸发出"我为村超干点啥"的高度热情。每个村线下都会定期自发组织该活动，于是贵州村超不管是在节目内容制作还是内容输出迭代方面都很快。线上通过微信群实时传递和输出，统一调配，效率有了极大提升。

　　贵州村超有着全域媒体矩阵式布局，视频号作为超级连接器发挥了巨大作用。当地融媒体官方号+新媒体矩阵统一关键话题词，同一内容，不同的视觉展现和文案，通过视频号这个平台的社交关系，我们看到了更立体、有温度的贵州村超。

视频号助力现象级的事件，相信未来案例一定会越来越多，尤其在城市名片IP打造方面。在助力文旅方面，演唱会活动策划是一招秒棋。TFBOYS"十年之约"演唱会于2023年8月6日在西安举行。有数据显示，本场演出直接带动了4.16亿元的旅游收入。据"西安发布"报道，本场演出前后，西安住宿线上提前预订量较去年同期大幅增长，尤其是8月6日至7日出行总订单量同比增长738%；门票收入3576万元，直接带动4.16亿元的旅游收入。所有在线下火过的事件都值得用线上的模式再做一遍，尤其是视频号。与事件营销相比，视频号演唱会更像是一场品牌对用户的经营活动，让这些被情怀戳中、被明星吸引而来的用户在新场景、新体验下有可看、可玩、可聊、可分享的内容。"视频号+朋友圈"的联动极易形成群体分享的氛围，这种基于熟人关系的集体共情能够加速演唱会的社交裂变扩散，并临门一脚，推动用户完成分享。简单来说，成功的演唱会本身是需要集体共情的，视频号的内容输出加朋友圈霸屏刚好能够营造这种氛围。线上视频号演唱会直播预告，配合卖票，卖文旅周边，再导流到线下，能发挥很好的经济效应。

金钱无名无姓，四处流通，但文化必须有根有祖，留名青史。书中必有智，智慧只是帮助人去看见更多，但从不帮助人去得到。人们观察事物的视角，取决于他们所处的位置，一旦更换了位置，更换了视角，也就更新了看法。一个人的命运，既要靠个人努力，也要看历史的进程。当下互联网的规则更新迭代很快，组合玩法随时可以创新。期待正在看这本书的你，带着理性的辩证思维，保持你的思考，与我的文字碰撞。我会坚持引导你做到独一无二。希望本书能作为你的参考，辅助你找到最适合自己或者你目前项目的视频号变现方式。

张岳密

2023年8月28日

目 录
CONTENTS

02 | 第二章
视频号的逻辑与玩法

03 | 第三章
手把手教你玩——视频号的基本操作

04 | 第四章
内容为王——视频号的内容策划

05 | 第五章
视频号内容制作指南

06 | 第六章
抓住流量——视频号的运营方法

09 | 第九章

案例分析——这些爆款是如何变现的

10 第十章

视频号变现专用 SOP 套表

CHAPTER 01

第一章

机遇与挑战——深度认识视频号

1.1　你为什么不能错过视频号

1.1.1　不走寻常路，短视频＋社交，视频号引发新变局

从2021年年初开始，短视频和直播就已经成为互联网头部应用，不再是微信这种即时通信的应用，短视频和直播所消耗的用户时间已位列应用榜首，短视频人均单日使用时长超过2.5小时。

面对这样的发展趋势，腾讯自然不会错过，沿用了之前屡试不爽的赛马机制，布局了多个短视频产品，以求分羹而未果。最终还是靠"慢火烤全羊"的视频号扛下了所有压力，走出了一条"没有人走过"的路。

自2020年1月22日腾讯公司正式宣布视频号开始内测以来，微信视频号就牢牢占据着腾讯系产品"C位"。甚至到了2022年年底的腾讯内部战略大会，马化腾还喊出"视频号是全场的希望"。可见，微信视频号已经是腾讯在未来的互联网时长竞争中的核心利器！

视频号是什么？它是一个全新的内容记录与创作平台，也是一个了解他人、了解世界的窗口，更是在短视频风潮下的一个聚集大量资源的风口。

在2021年微信公开课上，"微信之父"张小龙用了2/3的时间来讲视频号，他提到："视频化表达应该是下一个10年的内容领域的主题。"到了2022年的微信公开课上，公众号的内容缺席，关于视频号的内容却第一个出场，并贯穿始终。到了2023年，视频号不仅再次占据首场演讲，甚至以短视频、

直播和直播带货三场演讲占据整个上午场。

视频号对微信的重要性不言而喻。数据显示，2022年6月，微信视频号月活规模突破8亿，同时抖音为6.8亿，快手为3.9亿（QuestMobile发布的《2022年中国移动互联网年度报告》）。在短视频阵营中，微信视频号位列榜首。业内普遍认为，视频号已经打破旧有双巨头抖音、快手垄断市场的格局，并将继续引发短视频领域新的变局。

视频号能赶超抖音、快手，最重要的原因在于，视频号是真正被纳入整个微信生态的。这也就意味着，视频号能随时随地得到10亿日活流量池的加持和孵化。视频号团队负责人张孝超曾表示，视频号是微信生态系统中的"原子化组件"。如今，视频号已与朋友圈、公众号、看一看、搜一搜、企业微信、个人微信等多个微信生态圈打通，成了新型流量广场，并形成"视频+社交"的模式，集合当下两大爆款属性，迅速成为短视频领域第一。

当我们再来回顾公众号的发展历程，我们可以大胆推断：视频号即将进入商业化提速阶段。各种变现模式已经初现雏形，同时更多的商业模式还在不断出现。微信团队表示，在过去两年，视频号的消费增长有非常明显的变化，无论是会话、朋友圈，还是视频号内部的场景，用户在微信里会接触到越来越多视频号的内容。

2022年，视频号官方直播宣布，将投入50亿的冷启流量包，搭建新主播成长通道，帮助新主播开播引流。在变现方面，视频号也拿出专项资金，帮助100万+个优质作者变现。从2021年初至2021年末，视频号直播带货销售金额增长15倍，私域占比50%，客单价超过200元，复购率达到60%。我们常听到的一句话就是"站在风口上，猪都能飞起来"，现在看起来，视频号就是普通创作者，以及有品牌拓展需求的各类企业所需要注意的一个风口。

自带的巨型流量池、商业模式的日趋成熟、最符合现代人接受和表达的媒体方式、平台方政策的加持……这些都是其他短视频平台不能完全具备的优势。如果你想在短视频或者自媒体领域做点事情，视频号一定值得你好好学习研究。小米的创始人雷军曾说过："只要站在台风口，稍微长出一个小翅膀，就能飞得更高。"希望这本书能够帮你长出小小的翅膀。

1.1.2　视频号与微信生态——连接器 + 内容产业

想要深度了解视频号带来的机遇，"微信生态"是一个绕不开的话题。2023年的微信公开课，重点就是从视频号内容生态发展、微信生态内各类产品助力实体转型，以及数字生活服务升级三个方面，展示微信生态各产品的新能力、新计划。

微信生态到底是什么？视频号在其中又扮演着什么样的角色？

2014年，腾讯集团CEO马化腾在世界互联网大会上提出，腾讯要"连接一切"，要成为互联网的连接器。人们普遍认为，这也定性了微信的发展方向。现在我们不难发现，微信正在通过不同的平台建设和功能组件来实现连接一切的愿景。

我们可以简单定义微信生态就是通过微信建立的社交连接和商业连接。

从平台的角度看，微信通过微信公众平台、微信商户平台、微信开放平台和微信广告这些组成部分，将企业与个人用户连接在一起。

从功能上看，微信的公众号、朋友圈、小程序、视频号、搜一搜、支付等最大限度地丰富了微信的使用场景。所以当我们谈到微信生态时，必须将微信的平台性与功能性结合，再加上它的个人用户和企业用户，所有的这一切共同组成了庞大的微信生态，即围绕微信建立起来的巨型流量网络。

在这个生态系统中，视频号被公认为是最值得期待的发展领域。根据微信官方团队提出的"视频号是微信体系内最原子化的内容组件"这一定义，微信团队的目标就是让原子化的视频号与微信生态激发出丰富的化学反应。2022年，视频号和公众号、小程序、企业微信等组件有了更顺滑的跳转，这意味着更少的流失率和更高的转化率。视频号也正在成长为微信生态的"流量枢纽"，可以通过多个触点向用户延伸。

迅速增长的流量让视频号"再造了一个朋友圈"。据2023年微信公开课讲师刘泽霖透露，目前，视频号的用户总使用时长已经接近朋友圈的80%，消费时长也在接近朋友圈的数据。基于算法的推荐，播放量同比2021年增长高达400%，更多的微信用户通过算法在视频号中找到了自己喜欢的内容。

"带货"成了视频号的新核心。2022年视频号直播带货的GMV（商品交易总额）增长800%＋，而且用户客单价超过200元，服饰、食品、美妆三大品类成为视频号直播的三大消费核心。视频号也在加大对直播带货商家的流量扶持，为商家提供更全面的帮助，如商家激励计划、流量冷启、品牌标识和专享服务等，并提供更多的投放工具、方案选择。

目前，视频号自身也已经建立起围绕创作者、官方内容和直播带货三个视频内容核心的完整生态，以一种前所未有的强度和速度，迅速聚拢着微信中的流量。无论在产品层面，还是用户规模及商业化层面，视频号都逐渐成为微信生态中重量级的存在。

1.1.3　读懂视频号的政策扶持——独树一帜的滚雪球模式

从2021年开始，微信视频号团队每年都会发布不同的政策来支持内容创作和商家品牌。在2023年的微信公开课上，他们就表示，以发现和扶持短视频行业优质创作者为目标的"北极星计划"将进一步升级，包括降低准入门槛，对符合全部参与门槛条件的作者开放；更大的扶持力度，符合活动要求的优质创作者最高可获得百万流量扶持；针对音乐、搞笑、游戏、剧情等重点类启动专项激励计划。而针对品牌商家的激励计划则包括流量冷启、品牌标识、专享服务等各项权益。

2023年，微信公开课又发布了一系列重磅的扶持计划。

分析数据，我们才可以真正读懂视频号的政策扶持到底有哪些特点。2022年视频号直播电商的所有成交订单中，私域的占比约为50%，这意味着另外50%的成交来自视频号的公共流量池。

其实对于品牌而言，只有打开了公域流量，才能获得更大的增长。目前，视频号在对品牌的扶持政策中，对品牌吸引力最大的就是流量政策，包括流量冷启、流量匹配等。流量冷启简单来说，就是一个新账号在开通之后，视频号后台对你的内容的"观察期"，在这期间，官方给到的公域流量最高在1万左右；而流量匹配是指视频号后台将公共流量以1:1的比例配送到品牌的直播间中。例如某个商家从他的私域流量里拉出100个用户到直播间，那视频号平台将从公域流量中选择100个有同样标签的用户，给他们推送直播。这项政策的本质是为品牌带来更多免费和精准的流量。对于已经拥有大量私域流量的品牌而言，这个政策可以让它在盘活私域流量的同时，也能够收获相同体量的新增流量。而如果导入视频号直播间的私域流量有比较好的数据表现，视频号平台还会给予更大的流量扶持，具体形式可以翻阅本书第六章的典型案例分析。

视频号的公域流量上限是什么？是微信超12亿月活的用户规模。这个数量几乎可以覆盖中国所有的消费人群。微信生态里有足够的群体，所以不同的品牌在微信的流量池里都能找到合适的目标受众，哪怕品牌的受众非常小、非常垂直，也能在这里找到对品牌非常忠实的用户。而视频号目前正在做的，就是不断丰富内容生态，扩大流量池。例如2021年、2022年的多场线上直播演唱会等不同品类的优质内容，吸引了众多用户进入视频号直播间，这进一步提升了视频号直播在微信用户中的渗透率，也是在不断提高视频号公域流量的上限。演唱会是视频号快速提升用户渗透、提高用户时长的助推器，后面章节会专门讲解这里面的内容价值和商业价值，帮助企业和内容创作者更好地理解微信的内容生态逻辑，并知晓如何借力切入。

利用好视频号的流量政策，能为我们带来公域、私域联动的效益。尤其是依托微信生态在私域方面的优势能力，品牌和个人都能更高效地将公域流量沉淀成私域流量。

1.1.4　面对视频号最新规，如何灵活使用

1. 橱窗达人被禁止带货？如何提升达人带货评分？

二、达人带货评分

2.1 视频号带货评分＜4.2分以及没有视频号带货评分的视频号橱窗达人，带货范围将受到一定限制。

2.2 当达人的视频号带货评分＜4.3分时，平台将对达人下发预警通知，达人应尽快提高自己的橱窗带货评分。

2.3 视频号带货评分、视频号店铺评分的定义、构成、计算方法等以《视频号橱窗评分实施规则》为准，提升评分的方法可参考《【商家指南】视频号橱窗评分DSR教程》。

三、带货范围

3.1 为助力达人优化商品，持续成长，符合本规则2.1条的达人将仅可选择优质商品池（定义见下文）中的商品添加到橱窗。

3.2 符合本规则2.1条的达人将无法与商家在优选联盟内进行绑定，无法参与定向计划、专属计划，无法将团长分享的链接添加到橱窗。

3.3 符合本规则2.1条的达人，若经平台结合达人粉丝情况、过往表现及其他相关情况综合评估风险较低，可不受上述带货范围的限制。

什么是视频号达人带货评分？

视频号达人带货评分是视频号橱窗评分的内容之一。视频号带货评分为5分制，最低为3分，由商品和服务两个维度组成。

维度一：商品维度，占比80%，由两个指标构成

评分维度	指标	指标定义口径
商品维度 (80%)	橱窗内商品所属店铺视频号店铺评分	橱窗内商品所属店铺视频号店铺评分=视频号橱窗达人挂橱窗产生的订单时当日更新的店铺评分之和÷视频号橱窗达人挂橱窗商品有效支付订单量 例如：A视频号1月1日在橱窗成交了X店铺的商品有效支付订单100单，1月2日在橱窗成交了Y店铺的商品有效支付订单200单，1月1日中午更新后X店铺评价分是4.00，1月2日中午更新后的Y店铺评价分是5.00。 综上 A视频号的橱窗内商品所属店铺的视频号店铺评分 (100×4.0+200×5.0)÷(100＋200)=4.67分。
	橱窗内商品好评率	橱窗内商品好评率=视频号橱窗达人挂橱窗成交商品的好评率之和÷视频号橱窗达人挂橱窗商品有效支付订单量x 100% 例如：A视频号1月2日在橱窗成交了有效支付订单100 单，1月3日成交了有效支付订单200单，1月1日X商品的好评率是60%，1月2日Y商品的好评率是100%。 综上：A视频号橱窗内商品好评率＝（100×60%＋200×100%)÷（100＋200）=86.7%

维度二：服务维度，占比20%，由两个指标构成

服务维度 (20%)	主播服务分	主播服务分=视频号橱窗达人挂橱窗成交商品中主播服务分之和÷视频号橱窗达人挂橱窗成交商品的主播评价有效量
	直播间举报率	直播间举报率=视频号橱窗达人每日直播间视频号橱窗用户有效举报人数之和÷每日直播间视频号橱窗用户有效观看人数之和x 100%

注：

①带货评分考核时间范围为【T-90,T-1】：T指考核日，T-1即考核日之前的1天，T-90即考核日之前的90天。假设考核日为2023年1月1日，则考核时间范围为2022年10月3日至2022年12月31日。

②有效支付订单量≥30单，次日数据更新后开始展示，否则显示"暂无评分"。

③当月暂未结束评分时，月维度显示为当日评分。

如何提升带货评分？

解决方案：

想提升带货评分，最好是尽快完成30单的正常成交。什么叫正常成交？就是你千万不能刷单！拿到用户的好评，你的橱窗评分就会出现，你就可以

畅通无阻地带货。

对于很多新手老师，想要成交30单还是很有难度的，但其实可以去选品中心找一些单价低的商品，比如9.9元的商品，把它们添加到橱窗中。利用自己的私域，或发动身边的亲戚朋友来下单。然后挨个去联系他们，让下完单的朋友，收到东西以后尽快手动点击确认收货，再来一个好评。

这样操作下来，你就能以最快的速度获得橱窗评分，然后就能正常带货了。

2.【店铺】评分降低，如何提升店铺分？

2023年7月初，视频号公布新规（规则地址放在文章最后），视频号达人如果带货评分<4.2分（以及没有视频号带货评分的视频号橱窗达人），在原本流量就会被限制的情况下，带货范围将进一步受到限制。

遇到问题，解决问题。首先需要检查我们的服务接待速度、发货时长、商品评价是不是出了问题，要先从根源上检查，否则单纯地补单、补评分是赶不上评分下降的速度的。

视频号橱窗评分旨在提升视频号橱窗用户购买体验、降低决策成本，分为视频号店铺评分、视频号带货评分。

以店铺履约能力、服务质量、历史客户评价为依据，客观地反映了视频号橱窗给视频号橱窗用户带来的购物感受。

视频号是非常智能的，遇到问题官方会给相关的提示。以下为官方提示：

（1）注重选品，考核商家店铺评分，选优质的商品进行带货。

（2）了解客户需求，选客户喜爱的产品进行带货。

（3）选性价比高的商品带货，提高客户消费体验。

所以，如果选品前没有仔细看商家店铺评分，直接加直播、短视频橱窗，在销售一定数量后，会被直接限流，并不再允许分销优选联盟产品。

综上所述，我们主要围绕着服务体验、商品体验、物流体验三个视频号橱窗用户体验维度入手，问题就好解决了。

①提升客服服务评分

● 设置快捷回复，及时响应客户需求

登录企业微信—工作台—微信客服—工具—设置快捷回复。

● 设置客服合理地分流，保证3分钟内接待客户（一般建议1分钟内最好）。

● 及时跟进完善售前售后咨询SOP（标准作业程序）和QA话术，快速响应，妥善回复客户。

● 灵活运用售后方式，对因商家问题体验受损的用户积极安抚，提供合理的补偿方案，争取获得客户满意。

● 每日主动查看售后订单和纠纷订单，及时处理用户售后需求，降低退款率及退款完结时长。

● 积极跟进客户的售后问题，保护消费者权益，对明确因商家原因导致的售后情况，主动承担赔偿责任并给予合理的赔偿方案。

②提升商品体验评分

● 加强产品质量把控，确保实物与描述相符。

● 讲解商品内容时切勿虚假夸大宣传产品，或做出违反平台带货规则的行为。

● 如果你有自己的私域，可以利用起来，通过福利诱饵，让私域的用户下单，最后再引导用户做出好评。

③提升物流体验评分

● 在物流体验方面，应在商家承诺时效内提升发货速度，减少不可控因素（比如物流在途的时间过长）造成的影响。

● 遇到特殊情况时，请及时报备订单情况。

● 选择优秀的物流供应商，提高消费者物流体验，积极处理消费者物流投诉。

3.用户留资问题如何解决?

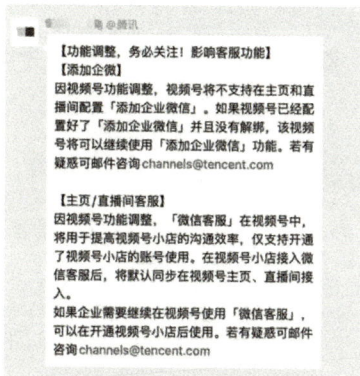

通知文字版:【功能调整,务必关注! 影响客服功能】【添加企微】因视频号功能调整,视频号将不支持在主页和直播间配置[添加企业微信]。如果视频号已经配置好了[添加企业微信]并且没有解绑,该视频号将可以继续使用[添加企业微信]功能。若有疑惑可邮件咨询channels@tencent.com。【主页/直播间客服】因视频号功能调整,[微信客服]在视频号中,将用于提高视频号小店的沟通效率,仅支持开通了视频号小店的账号使用。在视频号小店接入微信客服后,将默认同步在视频号主页、直播间接入。如果企业需要继续在视频号使用[微信客服],可以在开通视频号小店后使用。若有疑惑可邮件咨询channels@tencent.com。

这个规则一公布,如果我们的视频号绑定了企业微信,就千万不要解绑了。一旦解绑,想再绑定,就没有添加企业微信的入口了。这个功能已经变成了稀缺资源,就像之前绑定公众号后,涨粉到公众号的那个功能一样,现在新绑定的公众号也没有那个功能了。

个人认证账号开通留资的申请要求和使用方法,具体如下。

1.满足近90天教育培训类商品累计支付金额≥50万元;

2.提交材料要求：①提供账号注册及运营人本人身份证，且只接受本人的相关专业证书；②提交符合教育培训经营范围的授权企业营业执照，及该企业出具的《教育培训留资授权及承诺函》；

3.个人认证不开放留资表单组件，仅限使用企微组件功能（添加企微/添加客服）；

解决方案是建议个人身份用户升级成企业身份，在视频号助手的后台，进行"资质申报"，成功后还是可以添加企业微信的。教培、房产、汽车、家装、招聘、运营商这几个行业已经开放，其他行业正在陆续开放中。

留资组件除了本账号直播间用，还可以分享给别的账号，从而形成矩阵导流，非常适合公司团队作战。

如果不想操作太麻烦，也可以巧用公众号和视频号的联动来添加私域。比如在短视频的置顶链接里面，围绕着你的用户，写一篇高价值的公众号引流文章，文章中植入企微的二维码，让大家添加你。

4.视频号放公众号链接改规则，妙用新功能"问一问"

视频号挂公众号链接的规则改了，总结起来就是三点：①阅读量必须过万；②7天之内发表的；③公众号和视频号互为绑定关系。

关键点：近7天。言下之意，7天之外的10万＋、100万＋阅读没用，必须得是7天内。阅读量＞10000。

这个规则一出来，很多小伙伴都卡在了第一和第二点上：如何7天出一篇阅读量过万的爆文？

首先一定是符合平台规范，平台才愿意推。我们可以通过《微信公众号推荐运营规范》来了解平台推荐算法机制。

《微信公众号推荐运营规范》

为提倡并鼓励创作者不断优化内容，提高创作质量，实现更高的曝光及影响力，微信面向创作者推出公众号信息内容可选推荐功能，我们在此作出如下说明：

1.在图文编辑过程中，创作者可选择是否允许内容被推荐，该推荐功能所生效的场景为：订阅号消息列表—看一看；文章页底部推荐；发现页—看一看入口推荐。

2.创作者允许内容被推荐时，请注意，这并非表示该内容将会被成功推荐。不符合推荐运营规范和公众平台运营规范的内容将不会被推荐。建议在进行创作时，严格遵循相应规范，确保内容质量，以提高推荐的概率。

3.转载和分组群发的内容将不会被推荐。

4.文章发表后，创作者可以在发表记录中手动取消文章被推荐的机会。不过，我们需要提醒你，一旦创作者选择不允许平台推荐，将无法针对该篇内容重新选择允许平台推荐。因此在做出关闭决定前，请充分权衡利弊。

5.若你想了解你的文章是否已实际获得推荐，请进入微信公众号后台的"内容分析—单篇群发"页面。在此页面中，你可查看到关于文章推荐情况的详细数据。通过分析这些数据，你可以对你的文章推荐情况有一个较为准确的了解，为今后的创作提供参考。你可以关注数据变化，优化创作策略，提高文章质量及推荐可能性。

6.为提高微信公众号的内容质量，营造良好的创作环境，我们对平台内的图文内容提出以下倡导和要求。

我们鼓励倡导的内容：

（1）以传递知识，分享经验和展示个人观点为主要目的，有价值、有深度的原创内容。

（2）能给用户带来好的阅读体验的内容。

（3）使读者在轻松阅读中收获知识或思考，具有启发性、教育性或者娱乐性质的内容。

（4）金融、教育、医疗卫生、司法等专业人士发布的权威真实信息和专业知识。

我们不希望看到的内容：

（1）违反法律法规、违反社会主义核心价值观的内容。

（2）不实内容：例如通过捏造或扭曲事实的内容以吸引眼球博取流量的内容。

（3）违背公序良俗，违背科学的，不尊重他人的，令人极度不适等不良内容。

（4）仅以营销、广告为目的，缺乏实际价值的宣传和营销推广，甚至虚假宣传的内容。

5.通过各种手段绕过平台检测、审核的内容。

结合平台规则，常规解决方式是：符合平台要求+抓热点+好标题+优质内容输出+文章结构清晰+排版美观。

细节点：重视文章封面图，文章摘要吸睛，内容分发时制造用户转发的理由。

非常规解决方案有吗？有，它就是"问一问"。

微信的"问一问"，就是对标知乎和百度知道的一个问答平台。

"问一问"小程序的打开方式如下：1.在微信"发现"界面，点击"小程序"选项；2.在"小程序"界面，点击搜索框；3.在搜索框中输入"问一问"小程序名称并搜索；4.点击"问一问"小程序，即可使用服务。

"问一问"有三种角色身份，分别是个人号、视频号、公众号。

个人号的权限为提问、点赞、关注、分享问题及消息权限，无法参与回答及评论。

视频号和公众号拥有完整的"创作者"功能。不管是提问回答，还是互动都可以参与。"问一问"打通了视频号，回答中可以直接添加视频号的内容，用户点击后可以直接进入视频号的界面中。结合自己的基础情况，后端引流方法是什么，你就用什么身份去参与。不管是视频号还是公众号，可以统一用一个话题词，做矩阵式用户留存。比如同一个问题，你巧用话题，妙用微信指数（看相关词的指数数据与分布），埋好关键词，用户即可通过视频号、公众号、搜一搜（问一问）找到你。不要低估了"问一问"，它属于搜索流量，带来的用户不仅相对精准，并且拥有长尾效应。也许当下看你问答的人并不多，但时间久了，点赞多了，曝光量自然就会上去。

注意点：

回答限制：每日回答上限为20个；

字数限制：回答字数不能超过500个字；

回答修改：已经发布的答案目前不支持修改，只支持删除；

回答附件：图片（最多9张）、视频号视频（最多1个，不支持本地视频，只支持视频号已发布视频）、音乐（不是本地的，只能官方搜索）。

玩转技巧：

①提好问题。研究微博和知乎，看你所关注的领域长期被人关注的好问题，能被人反复回复的。

②认真回答问题。回答内容前可以先认真搜索、整理。回答问题后无法重新提交修改，且在问答广场页面展示的时候，超过三行的内容将会被折叠。所以前三行字，一定要开门见山，简明扼要，引人注目，能引发共鸣，激发情绪等。

5. 小店新增会员功能

视频号开始内测一项新功能——"视频号小店商家会员营销功能"，这项功能被视为继优惠券、限时抢购、拼手气礼券、拼团购、店铺直播和直播间分享员等六大营销组件之后的又一重要营销工具。

商家在启用新功能后，可以根据自身需求独立设置会员服务，包括但不限于会员经验值获取规则、会员名称、会员等级卡片、会员权益（如开卡礼）、会员券、会员群、会员协议规则、会员任务、会员积分规则及积分商城等。同时，商家也可以通过接口对用户会员积分进行自主管理。

目前，商家可以通过视频号小店商家后台系统【营销中心】—【会员营销】板块申请开通本功能。

从工具的角度分析，尽管这个小店的"新功能"与其他会员工具在功能上并无显著区别，但若能与微信生态全面联通，将为商家的私域会员运营带来前所未有的巨大提升。

3.4 完成必备项目配置后，可以开启向用户展示会员。开启后可自行关闭，关闭展示后，用户对你商家会员服务的使用将受到一定限制，包括但不限于：你的**直播间、橱窗、购物袋、店铺**等位置的会员入口将关闭，用户无法申请会员、无法领取和管理会员权益和任务。无法通过会员中心查看已领取的优惠券、积分商城等。但用户已领取的优惠券、积分抵扣功能不受影响。关闭展示后，你在满足展示条件的情况下可以重新开启展示。

《微信视频号小店功能服务用户协议》

6. 灰度测试"小绿书"

微信最新版本更新后，用户可以在"看一看"首页直接浏览到图文信息，并且可以随时发布自己的图文帖子。截图显示，进入"看一看"页面，会注意到页面顶部的"图文"选项，这个选项被置于所有其他选项之前，充分显示了微信对图文功能的重视。

除了能够查看图文外，用户现在还可以在图文界面快速创建图文消息。这一功能此前仅对服务号和订阅号开放，但现在用户可以更加方便地编辑和发布图文消息。在截图中也能够发现，微信的图文消息功能中还加入了附近功能，图文下方会显示图文作者与自己的距离。

该微信图文板块正式启用，未来它可能与视频号进行联动，使微信生态内形成自然的用户流动，最大限度地调动公私域流量。这将进一步扩展微信的内容范围，并以微信的巨大用户规模为基础，如果内容得到用户的认可，其效果将不可小觑。

7.视频号本地生活

视频号目前已上线本地生活组件，小范围内测本地生活业务。

包括汉堡王在内的头部商家品牌，已在视频号直播间成功上线团购兑换券。

"汉堡王"视频号主页下除了有固定功能栏"i汉堡王"的商品橱窗，底下还有一栏功能按钮，分别为会员、自助点餐、外送到家。

这就说明视频号已经实现了兑换券交易、到店自助点餐、外送到家等本地生活基础设施搭建。到店核销、自提或同城上门配送的业务场景在视频号上都可实现。

相比美团中的"汉堡王"，其视频号主页上可选套餐更加丰富，选项也更多，如会员专享券、超值特惠、热门活动。

视频号本地生活分两种类型，一种是短视频场景，本地商家销售团购券；另一种是直播场景接入组件，目前接入的商家只有汉堡王、肯德基、麦当劳等大品牌。

在佣金方面，视频号平台向商家收取佣金费率在1%左右，因为目前处于初期阶段，官方还会给商家提供奖励政策，实际佣金费用低于1%或免费。

8.视频号新功能"带货邀约"和"达人广场"

视频号正式上线达人广场，为达人和团长搭建带货对接平台，目前暂未对商家开放。进入服务商后台就可看到达人广场。在达人广场，团长可通过条件筛选想合作的直播或短视频达人，筛选条件包括带货类目（主要是一级类目）、带货数据（场观/访问量、场均销售额、客单价、千次曝光成交）、达人属性（粉丝量、达人评分和内容类型）、粉丝数据（分布、年龄和性别）等。

带货邀约：普通人不用囤什么货，也不用找什么代理，就能跟着品牌方和商家带货赚佣金。

带货邀约功能有两个条件：

1.视频号橱窗评分要大于等于4.2分；

2.上个月的视频号带货销售额大于等于500元。

团长的带货邀约将通过视频号创作者中心的"带货中心"传递给达人，邀约内容显示该团长的合作佣金及佣金率，达人可点击"感兴趣"或"不考虑"来决定是否与该团长合作带货。

9.带货宣传规范【低质量细则：无露脸直播】

（1）什么是低质量无露脸直播内容？

【定义】指视频号橱窗商家/达人在直播推广商品的过程中，长时间没有露出自己的面部，影响视频号橱窗用户观看、互动体验的行为。

（2）违规示范

美妆护肤类目

违规示范	
利用镜子反向露脸，但未露出完整清晰的人脸五官/手机遮挡部分五官	
正确示范	
使用镜子完整露出清晰的五官正脸	真诚地介绍商品并露出清晰的五官正脸

黄金、K金、铂金、钻石、银饰、珍珠、时尚饰品类目

违规示范	
固定镜头拍摄商品，一直没有人脸出镜	利用镜子反向露脸，但未露出完整清晰的人脸五官
正确示范	
真诚地介绍商品并露出清晰的五官正脸	使用镜子完整露出清晰的五官正脸

酒水类目

违规示范	
不正对镜头，未完整露出人脸五官	利用镜子反向露脸，但未露出完整清晰的人脸五官
正确示范	
真诚地介绍商品并露出清晰的五官正脸	

服饰内衣、母婴、箱包皮具、电脑办公、家具、家用电器、手机通信、数码、玩具乐器、钟表类目

违规示范
镜头拍摄商品，一直没有人脸出镜
正确示范
真诚地介绍商品并露出清晰的五官正脸

鞋靴类目

违规示范
镜头拍摄商品 / 模型假脚，一直没有人脸出镜
正确示范
手持商品，真诚地介绍商品，露出清晰的五官正脸，露出真人腿部脚部

（3）违规处罚

针对违规行为，腾讯将对发布低质量直播内容的商家/达人的直播间采取不限于限流、限制直播、封禁橱窗、限制交易等处置措施。

（4）更多规则

《视频号橱窗达人【发布低质量直播内容】实施细则》

优秀直播间展示

开播方式	设备与参数
哥弟 视频号助手推流	设备：索尼 A7M3 推流软件：OBS 比特率：2000kbps 帧率：30Hz 分辨率：1080×1920 上下行网络：4Mbps 无美颜，直播间打灯
影儿商城 电脑开播外接摄像头	设备：索尼 a7m2 网络：公司 Wi-Fi 美颜：直播间另外打灯，无美颜
歌莉娅 视频号助手推流	设备：索尼 n3 推流软件： OBS 输出参数： 视频比特率 6000kbps， 音频比特率 160，基础（画布）分辨率 1080×1920，输出（缩放） 分辨率 1080×1920 网络：电信城域网专线 100MB 美颜：无
锦月丝府 视频号助手推流	设备：索尼 A7m3 推流软件：OBS 输出参数：视频比特率：10000+ 基础分辨率：1080×1920 网络：够用就行 美颜插件：专业摄影师根据现场自己调的 （OBS 没有美颜插件，用 PR 生成滤镜 LUT 然后在 OBS 的滤镜里应用，但是主要是直播间灯光要打好）

（续表）

开播方式	设备与参数
戴维贝拉 视频号助手推流	设备 Sony Fe 4/24–105G OSS 推流软件：OBS 输出参数：视频比特率 1500kbps，音频比特率 160，基础（画布）分辨率 720×1280，输出（缩放）分辨率 720×1280 网络：网线 无美颜
雅戈尔旗舰店 视频号助手推流	机身 SONY ILME-FX6V，配 24–70 镜头，配 70–200，切换台是 SONY AWS-750 推流软件：OBS 输出参数：比特率 10000 美颜：小葫芦（上图）
呈品服饰 电脑开播连手机当摄像头	设备：iPhone13 软件：无他相机（手机安装） 美颜 & 贴片：无他伴侣（电脑安装）+★ iTunes（可选项：用 iPhone 时电脑安装）
海妍熙 手机开播	设备：iPhone13（商家说比 Pro 稳定） 无美颜无滤镜

官方推流输出数据参考：

推流竖屏直播
OBS、编码器、导播台设置4：9画面即可推流竖屏直播
推流：选择自定义，填写视频号助手网页给出的推流地址、推流密钥
输出：视频比特率建议3000kbps
音频：音频格式建议AAC-LC（OBS默认此格式，其他推流工具注意一下）
视频：基础分辨率、输出分辨率保持一致，720×1620、1080×2430均可，FPS建议30帧
设置完成，点击开始推流

1.2 企业、政务新媒体和各地融媒体为什么要做视频号

1.2.1 品牌营销的新阵地

视频号作为"社交+短视频"的组合，在现在和未来，注定是品牌营销激烈的竞技场。2021年，张小龙就曾提到，视频号的真正意义不在于视频，而在于"号"。利用视频号ID，品牌可以将自己的用户、内容、服务、电商、营销都整合起来，使视频号成为品牌的动态"官方网站"。

从社交生态来看，视频号建立在社交关系的基础上，由此带来的用户黏度更高、转化效果更好。根据市场估算，1个视频号粉=30个抖音粉=60个快手粉；从私域生态来看，视频号和微信生态天然的紧密性，造就了视频号和私域天然的贴近性，能够配合多元灵活的个性化私域搭建，完成流量的沉淀和转化。

因此从品牌营销的角度来讲，我们不应该将视频号从微信生态中单独拿出来，和抖音、快手等短视频平台作比较，而应该回到微信生态，将视频号作为品牌在微信生态布局的一部分，以独属于微信生态的公域、私域联动玩法来运营品牌的微信阵地。过去10年里，无论是新品牌还是老品牌，都或多或少地在微信生态里建立了自己的品牌阵地，如公众号、小程序或者是依托企业微信创建的私域社群。而视频号与其他平台最大的差异就在于，可以更高效地促成公域、私域的联动，视频号创作者沉淀的私域，也将成为他们可

持续经营的长期资产。

以上就构成了品牌布局视频号的理由，曾有品牌运营方表示，视频号更像是微信商业化生态的一个入口，品牌方可以通过视频号，既盘活已有的私域流量，又能有效实现用户的新增。微信平台多触点的功能体系，真正能帮助品牌实现品销合一，让业绩与品牌宣传都能良性发展，并会更看重长远的发展，而不是短期的业绩。

目前品牌用视频号做微信营销，主要有三大着力点：广告、电商、直播。

广告是视频号最早尝试的商业模式，有着朋友圈、微信公众号等成熟的广告系统做支撑，视频号的广告模式也依靠微信生态，迅速与其他组件打通。挂链就是视频号最原始的广告形态，这种在视频文案区挂上广告链接，点击即可直接跳转引流的方式，虽然简单粗暴，但也是微信内部一种重要的引流工具。

2021年7月，视频号广告互选平台正式上线。品牌方可以根据自身营销需求，向心仪的视频创作者（流量主）发出邀请；创作者则可以根据已发布的广告任务选择是否接受，若接受则定制创意内容，最终按需求发布在自己的视频号上。视频号互选平台，成为支持品牌和视频号创作者"双向互选、自由合作"的交易平台，帮助粉丝超过1万的创作者自主实现内容变现。作为第三方广告互选平台，视频号借助微信流量，聚集了海量优质的内容创作者和品牌资源，提供了更加规范、安全的交易场所。

视频号的直播爆发则是一个意外，受新冠肺炎疫情的影响，大量线下演唱会被迫延期或取消。在这一契机下，2021年末，微信将视线投向线上演唱会，利用腾讯视频、腾讯音乐的版权支撑，初步试水线上演唱会。视频号主打"怀旧牌"，邀请了西城男孩、五月天、周杰伦等自带庞大粉丝群体的歌手，引发了从"70后"到"00后"的集体共鸣。2022年4月15日的崔健演唱会中，视频号线上演唱会拉开了商业化帷幕，赞助商冠名、打赏功能纷纷上线。冠名商极狐汽车，为此投入了千万元级别的冠名费用。当晚，极狐微信指数更是达到历史最高，峰值较活动前提升了54倍以上。仅仅两个月后，2022年6月24日，在Backstreet Boys（后街男孩）的演唱会里，我们就看到线上演唱会的商业合作产品又进行了全新迭代。除了品牌的强势曝光，视频号亦上线了跳转链接、落地页等效果组件，支持品牌进行销售线索收集（表单提交），大大提升了视频号直播品牌营销的效率。

相比广告和直播，视频号更大的野心在电商。微信视频号于2020年10月正式上线微信小商店功能（现已被视频号小店替代），功能模块类似抖音商品橱窗。创作者可以在视频号个人主页展示商店，并在直播间中直接售卖商品，这一功能标志着视频号正式开启带货功能。同年12月，视频号与微信小程序进一步打通，视频号依托微信生态多渠道引流，初步形成直播电商交易闭环，视频号直播带货电商快速发展。

与其他内容平台入局电商相比，微信视频号有明显的生态优势。一方面，微信本身是建立在熟人社交基础上的私域流量，黏性高，更精准，转化效果好，能大大提升品牌营销的投资回报率；另一方面，微信生态包含从引流到支付的消费全场景，消费者跳转的次数少，相比其他平台则更不容易流失，购物体验也更好。

目前，国内行业研究、投资机构均看好视频号商业化前景。品牌通过视频号做营销，依旧需要懂得视频号的本质，只有这样，在营销决策时才能攻守自如。

保守的商业产品观，决定了微信的广告库存有限且昂贵。或许在未来，视频号信息流广告的全量上线，会释放更多广告位，但微信团队仍会"爱惜羽毛"，控制"硬"商业内容的频次。我们认为微信渠道更适合品牌做曝光和心智占位，而非强销售导购。近两年，不少品牌在视频号上召开新品发布会、组织线上品牌活动，就是增强品牌曝光度的"温柔手段"。

　　从视频号内容创作角度看，由于微信相对"去中心化"的流量分发机制，同一个品牌/创作者在视频号上做出爆款视频的，难度远高于抖音、快手等平台。然而，一旦引爆，受益于微信生态独特的社交裂变能力，爆款视频的影响力一定会远大于抖音和快手。

1.2.2　小微企业的品牌建设与引流

　　对于小微企业而言，由于各类资源有限，对运营视频号可能会有更多的顾虑。事实上视频号对企业来说，是一个不可忽略的流量战场，尤其是现阶段的视频号，特别适合没有太大预算的中小企业。

　　现在各个企业主都深刻认识到线上流量的重要性。尤其是在新冠肺炎疫情防控期间，如果没有布局线上，中小企业很难存活。传统的建网站、开公众号、拉社群等方式，对运营人员的要求会比较高，效果也未见得会很突出。

　　相对来说，利用视频号来建立企业的"动态官网"，是一件利用更小精力撬动更大资源的做法。同时，我们必须认清一个事实，即短视频已成为移动互联网的主流媒介。不论是网站、公众号等平台，还是广告、自媒体等推广方式，短视频都已经成为基础的内容素材形式。小微企业想要做品牌、做营销，短视频必不可少。

　　微信公众平台的登录界面上写着它们的产品逻辑："再小的个体，也有自己的品牌。"这句话也同样适用于建设视频号的各类中小企业主。视频号对企业来说，其实更友好。面对微信生态动辄上亿的庞大流量，几乎没有企业能做到通吃，因此垂直内容在视频号上具有更大的价值。这对于任何企业，对于个人都是个巨大的优势。只要我们找到具有专业知识的人才，掌握适合自己企业的运营方法，就能从中获得流量与红利。面对"社交+短视频"

的巨大浪潮，其实如果真的想抓住，做起来也不难。毕竟对小微企业来说，这是利用低成本来抓大机会的最好时机。

对于绝大部分小企业来说，微信是最重要的品牌营销阵地。企业可将内容深度按照微信重心进行分级，即分为高、中、低三级。高深度就是企业能生产的垂直度最高的内容，如行业干货、白皮书、品牌文化宣传等，载体就是微信公众平台；中深度就是精心制作后的企业原生内容，如案例、产品展示、线下活动、创意剪辑等，载体即"视频号"；低深度内容是企业日常品牌、促销宣传窗口，通过海报、H5的形式在朋友圈、微信群推广。三个层次的内容通过"搜一搜""看一看""小程序"链接可以互相引导关注。从这里我们不难看出，"视频号"的诞生弥补了原有渠道的不足，解决了企业内容要么深度太高、晦涩难懂、无流量，要么深度太低、为追热点而失去专业度的难题，有效填补了企业微信内容营销的中间地带。

1.2.3 助力政务新媒体和各地融媒体打通基层宣传"最后一公里"

当前，主流媒体积极探索构建"新闻+政务服务商务"的运营模式，发挥在信息传播、政府治理、公共服务、商业服务等方面的综合能力，打造多元运营模式，提升核心竞争力。其中有两个非常重要的媒体角色：政务新媒体和各地融媒体。它们分别指的是什么？有什么样的特点？相似和区别之处是什么？接下来我将向你娓娓道来。

政务新媒体是指政府部门或机构利用现代新兴媒体技术和平台，以多种形式传播政府信息、政策法规、公共服务等内容，与公众进行互动交流的一种媒体形态。它是政府传播方式的创新，旨在更加高效、便捷地与民众沟通，提供及时、准确、便利的信息服务。

政务新媒体可以包括各种数字化的平台和工具，如官方网站、微信公众号、微博、短视频平台（如抖音、快手）、移动应用程序等。这些平台提供了多样化的内容形式，如文字、图片、音频和视频，方便政府用更加多元和生动的方式与民众互动。

政务新媒体的主要特点包括：

多渠道传播：政务新媒体利用多种数字化平台，能够同时覆盖不同受众群体，提供信息的多渠道传播。

即时性：政务新媒体能够实时更新信息，使政府能够迅速回应突发事件、发布重要通知，以及解答民众关切。

互动性：通过政务新媒体，政府与公众可以进行双向互动，如接受民众意见、解答疑问、收集反馈等。

个性化传播：政务新媒体可以根据不同受众的兴趣和需求，提供个性化的信息内容，增加信息传播的精准度和吸引力。

虚拟社交互动：利用社交媒体的特点，政务新媒体可以在虚拟社交平台上建立政府与民众的互动空间，促进民众参与和讨论。

政务新媒体的兴起，有助于政府与民众之间的沟通更加开放和透明。它不仅提供了一种更加便捷的获取信息的方式，也促进了政府决策的民主参与，增强了政府的公信力和责任感。同时，政务新媒体也为政府提供了更多的机会，能够更好地了解民众的需求和意见，从而更有针对性地开展工作。

融媒体，也被称为一体化媒体，是指在数字化时代，不同媒体平台、形式和技术之间相互融合，形成一个有机整体，实现信息、内容和传播渠道的无缝连接及互动交流。融媒体的核心思想是将传统媒体与新兴媒体相结合，利用各种媒体平台和技术手段，达到信息传播的最大化和最优化。

融媒体的特点包括：

多媒体融合：融媒体将文字、图片、音频、视频等多种媒体形式相结合，使信息更加丰富多样，能够满足不同受众的需求。

平台融合：融媒体将不同的媒体平台融为一体，包括传统媒体（如电视、广播、报纸）和新媒体平台（如社交媒体、移动应用、视频分享平台等）。

互动性：融媒体鼓励受众参与互动，使信息传播变成双向的，可以通过评论、分享、点赞等形式与内容互动。

个性化传播：融媒体可以根据受众的兴趣和特点，提供个性化的信息传播，增强受众的参与感。

实时性：融媒体能够迅速更新信息，使信息能够在第一时间传达给受众。

跨平台传播：融媒体可以在不同平台上发布同一内容，扩大信息传播的覆盖范围。

一体化运营：融媒体要求不同部门和岗位之间协同合作，实现全媒体内容的一体化运营和管理。

融媒体的发展旨在适应数字化时代信息传播的特点，突破传统媒体的局限性，更好地满足受众的需求。它不仅对媒体机构提出了更高的要求，也为受众带来了更加多元化和便捷的信息获取方式。

政务新媒体和融媒体有一些相似之处，同时也存在一些区别。让我们更详细地探讨它们的相似和区别之处。

相似之处：

信息传递和互动：政务新媒体和融媒体都是在数字化时代中，利用新兴媒体平台，与受众进行信息传递和互动的手段。

多媒体内容：两者都强调多媒体内容的传播，包括文字、图片、音频、视频等多种形式的信息。

数字化转型：政务新媒体和融媒体都代表了传统媒体及政府机构在数字化转型中的努力，以适应当今信息时代的需求。

区别之处：

定位和内容重点：政务新媒体主要关注政府机构与公众之间的信息传递、政策宣传、公共服务等内容。融媒体更广泛，旨在将传统媒体与新兴媒体融合，提供多样化的信息。

传播形式和渠道：政务新媒体主要应用于政府官方微博、微信公众号等平台，着重文字、图片的传播。融媒体强调不同媒体形式的融合，涉足多个平台，包括电视、广播、社交媒体等。

互动程度：政务新媒体更强调政府与公众之间的双向互动，包括问题解答、民生服务等。融媒体的互动程度也重要，但更注重多媒体内容的创意和整合。

商业化和传播力：融媒体更多关注信息的商业化变现，涵盖广告、付费内容等商业模式。政务新媒体的重点在于政府形象的宣传和公共服务信息的传达。

整合程度：融媒体强调不同平台、形式和技术之间的无缝连接和互动交流，更强调整合。政务新媒体通常集中在特定的官方平台。

尽管政务新媒体和融媒体有一些区别，但在实际运用中，政府机构也可以借鉴融媒体的理念，将多种媒体形式和平台整合，提供更丰富、更具互动性的信息内容，以更好地服务公众，并加强政府与民众之间的联系。同时，融媒体的商业化潜力也可以在政务传播中有所应用，为政府带来更多可能性。

在如今的时代，信息传递的速度和广度正在以前所未有的速度扩展。政府宣传作为连接政府与民众的关键纽带，必须紧跟时代步伐，寻找新的路径。以实现信息的快速传播。"网民在哪，政务发布就在哪"，如今短视频兴起，政务机关要入驻这块"高地"，倾听与沟通民意、及时发布信息。在这个多媒体多元化的时代，视频号作为视听行业的新进者，以其微信社交属性的加持，视频号背靠强大的私域流量池，从公域向私域引流更加便捷。视频号不仅能快速启动"开始的第一公里",更能助力政务新媒体和各地融媒体打通基层宣传的"最后一公里"。

在其他新媒体平台,如抖音、快手、小红书等,对于新账号来说,要快速被用户认可,需要一个"启动期"。但在微信生态系统中,融媒体实现布局和转型升级的过程极其简单。视频号作为微信最重要的战略级产品,主要用途是深化微信社交关系链,而不是独立的内容消费平台。视频号连接了整个微信生态:连接人、连接物、连接商业。多点位和高频次的触达短视频、直播间、社群、私聊界面、搜一搜(问一问)、公众号、朋友圈。打通微信生态全私域场景,高效引流,让流量变"留量"。视频号+社群+公众号+小店+小程序,生态统一的账号体系+成熟的交易闭环+强大的社交信任基础,让触达更直接,服务更方便。以"广西文化旅游厅"为例,输入"广西文化旅游厅"后,微信搜索框中会呈现整个"广西文化旅游厅"官方账号矩阵,包括公众号、视频号、小程序等。公众号主要以图文形式呈现,也可以插入视频;视频号以直播和短视频为主;小程序连接了一键游广西官方和广旅乐享。可以根据自己的需求去采购自己的服务。边看边被种草,过渡到拔草,再到被服务,整个过程很自然而舒心。

苏州大学传媒学院副教授、硕士生导师张梦晗在《传媒观察》上刊文,通过使用语义网络分析"浙江宣传""深圳卫健委"公众号2022年7月—12月期间发布的推文和评论,发现政务新媒体"出圈"语态的四个面向:从媒介信任角度来看,"说真话"是政务新媒体的生命;从信息价值角度来看,"有态度"是政务新媒体的稀缺资源;从传播方式来看,"互动性"是政务新媒体促进民心相通的要点;从表达情态来看,"幽默化"是政务新媒体"出圈"的必要辅助。研究认为,语态变革即范式转换。倘若没有开放性和理念层面的支撑,政务新媒体语态变革很难触及矛盾根本。

全媒体传播体系建设中对语态变革的需求,很大程度上源于信息传播渠道的转变。以政务新媒体为代表的数字化渠道全面更新了公共信息传播的模式，其传播模式的基本特点是"以人为媒"。在基于人际网络的传播中，那些空洞的、教化式的语态，或者过分强调工作而非民生视角的语态，显然难以激发多数用户的传导能力。要激发这种传导能力，将"告示板"变为全媒体传播体系的一部分，政务新媒体必须"出圈"。语态变革的一个重要目的是实现"出圈"，而"出圈"的关键点，在于变革"自说自话"的语态。

以政务新媒体"广东公安"为例，"广东公安"用生动形象的短视频，践行着"讲好广东警队故事，向群众传递广东公安的权威声音"。除了借助随身配备的执法记录仪实时跟拍，还原真实的一线执法现场，还积极借助节点和热点事件策划创作专题，2021年4月2日的《致敬公安英雄》和2022年1月9日的《我是警察》主题短视频，都火爆出圈，点赞和转发纷纷10万+。

在权威信息、政务服务等信息公布方面，"广东公安"也做到了第一时间精准传递，为提高广东公安公信力和亲和力叠加了buff（增益效果）。例如12月20日发布的《"澳车北上"电子牌证办理流程来啦!》短视频，对于新出炉的政策进行及时解读，把办理流程可视化，使其易于理解，契合大众"对着视频就能操作"的需求。

在这个平台上，权威的时政热点得以呈现；在这个平台上，与时事紧密相关的社会热点被跟踪报道；在这个平台上，民生新闻得以生动展示。这里有及时发布、互相交流等各种功能。通过直观而具有感染力的短视频，我们不仅向用户传递了最新、最重要的信息，同时在与传统媒体不断合作的过程中推动创新，使信息更生动有趣，引领了媒体传播的未来。

不管是政务新媒体还是各地融媒体，在为民众服务、传达政策的过程中，都面临着种种挑战。信息传递的复杂性、受众的多样性及传播渠道的分散性，都使得宣传工作必须以更创新的方式进行。在这样的背景下，视频号的兴起引发了媒体宣传的新思考。

视频号以短视频为内容表达方式核心，迎合了现代人时间碎片化的生活方式。通过简洁清晰的内容带来视觉和听觉的冲击，信息可以深入人心。政府融媒体借助视频号，能够以生动的图像和语言传达政策要点、基层新闻及民生问题等内容，使信息更容易被吸收和理解。

这种短小精悍的形式不仅符合现代社会的阅读习惯，也为政府宣传提供了新的可能性。通过精心设计的短视频，政府融媒体可以在有限的时间内传递更多信息，增强宣传内容的吸引力，激发受众的浓厚兴趣。

视频号的短视频特点使得信息传递速度加快，易于分享，从而提升了融媒体的传播力。政府作为主体，借助视频号的高时效性，能够在第一时间回应民众关切，实现更强的引导力。由于短视频内容生动且易于引起共鸣，政府融媒体在传达政策和引导民众观点时更容易扩大影响力。通过视频号发布的信息，可以减少传统媒体介入的中间环节，提升公信力。

这种综合的传播、引导、影响和公信力的提升，将有助于政府融媒体更好地为民众服务，传达准确、有价值的信息，建立更强大的舆论影响力。

与此同时，政府融媒体还面临着基层宣传"最后一公里"难题。视频号作为最新的媒体工具，填补了这个空缺。其简单易懂、直观生动的特点使得基层宣传信息能够更快速、直接地传递给广大民众，使信息覆盖更全面，更贴近人心。

随着科技的不断进步和媒体形态的变革，政府融媒体在传递信息、引导民众和服务社会的过程中需要寻找更适应时代的方式。视频号作为视听行业的新兴力量，以其内容简洁、高时效的特点，成为政府融媒体打通基层宣传"最后一公里"的最佳途径。通过充分发挥视频号的优势，各地融媒体和政务新媒体都能够提升舆论的传播力、引导力、影响力和公信力，更好地服务人民，实现信息的快速传递和社会价值的传达。

总之，各地融媒体和政务新媒体面临着挑战与机遇并存的未来。在多媒体多元化的时代，政府宣传需要不断创新内容和方式，同时也要与民众的"最后一公里"连接。视频号作为以社交基因为主的社交App，以其触达更直接、社交裂变速度快、高时效的特点，为打通基层宣传提供了更快速、更直接、更有力的传播方式。通过视频号，政府不仅可以提高信息传递的效率，增强宣传的影响力，还能够更好地为社会提供价值。这是媒体创新与社会发展相互促进的时代，视频号恰如其分地连接了这两者，引领着政府基层宣传迈向新的高峰。

1.3　视频号对个人 IP 的价值

近年来，"个人IP"这个词非常流行，个人IP简单地说就是个人品牌和个人影响力。在个人IP市场形成的早期，大多数从业者停留在将自己塑造成专家形象的阶段，并没有进行过多的专业化运营。但是当个人IP的标准化运营路径被摸索出来，且有时很多领域用专家来描述形象并不恰当时，个人IP的概念就应运而生。

我们现在所看到的大部分个人IP都是深耕垂直领域的，因为通过IP聚拢的粉丝才是精准的粉丝，才会具有较高的商业潜力。另一方面，粉丝为IP付费，必须建立信任连接。也就是说，IP本身必须有让粉丝信任的基础。最简单也最本质的方法就是集中输出垂直内容，潜移默化影响粉丝的心智，树立在本领域的权威。对于粉丝来说，获取需要的内容是建立连接的基础，粉丝向IP交付自己的关注，前提就是能从IP那里获取自己需要的内容，这样才会给予IP持续的关注，也会对IP未来输出的垂直内容充满期待。

而视频号是个人IP的孵化器，也是企业引流交易的"大杀器"。

1.3.1 自媒体人的目标阵地

微信刚开通视频号时，不少自媒体人都在观望要不要开通视频号。有人认为视频号的算法不成熟，有人认为视频号的变现能力远不如抖音、快手。然而随着视频号的不断更新迭代，这些想法是时候转变了。

对于自媒体人来说，视频号是绝对值得深入研究并用心经营的一个平台。视频号可以通过多种方式实现自媒体人的私域流量闭环沉淀，当创作者将优质内容传播后，还可以从微信生态中引流到自己的流量池，从而形成良性循环。有的自媒体人甚至可以通过"视频号+私域流量"反向启动一个高黏性的公众号。具体形式可以翻阅本书第六章的典型案例分析。

在创作者最为关心的收入与变现方面，视频号平台显然也有更多的考量。微信本身就是一款私密的信任社交产品，而信任又是交易变现的重要前提。视频号基于微信里的内容输出和好友推荐传播，能够快速构建一种信任关系，这是它的天然优势。平台方也给出了足够的诚意来扶持创作者。

目前，加入视频号平台的创作者可以拥有优质视频奖励、MCN榜单奖励、版权采买、内容定制、互选平台、直播带货、直播打赏这七大权益。而基于优质的视频内容，在视频号平台更容易聚合自己的品牌效应，形成高垂度的用户群。每个视频号在入驻平台后，都可以拥有视频号认证、商品橱窗、直播带货等权益。当运营一段时间后，如果粉丝累计超过500，就可以获得兴趣认证；千粉账号则可以添加企业微信，进入重点作者扶持计划，可以获得流量倾斜。

视频号的交易链路设计得非常清晰流畅！用户观看内容后，可以直接在博主的小商店下单交易；也可以引导用户到公众号、社群等渠道完成交易。很重要的一点是，在微信视频号内进行的合规引流几乎不受任何限制。合理利用好视频号的生态价值，自媒体人能在视频号上取得更大的收获。

1.3.2　普通人最后的红利期

互联网和移动互联网的兴起给了许许多多普通人一夜暴富、一夜爆红的机会，平台的重要性不言而喻。10年前抓住微信公众号，5年前抓住抖音，成功掌握流量、成功变现的案例有很多。暴富爆红可能并不是很多普通人的目标，但持续拥有收入是大多数人的追求。对于我们而言，一个更现实的问题是：普通人可以利用视频号来做复业或创业吗？

如果你是属于不满足现状又暂时没有更好的资源的那类人，视频号现在是个不错的复业选择。除了前面提到过的平台优势外，视频号现在正处于发展上升期，正是入局的最好时候。根据平台发展规律，到了平台发展的中后期，当产品趋于成熟稳定之后，整个市场变得很明朗，盈利模式也变得非常清晰，平台就有可能开始卖流量了。这时候再想入局抢占流量、做变现，成本和难度就会高很多。这个时期相对更适合有资本的团队入场。

同时，我们要分析自己本职工作的性质，以及自己专业领域的优势，有的复业对我们的人生发展没有任何提升。

一般的复业只是一些重复性的工作，只会越干越累。但短视频+直播是个例外，它在为你带来收益的同时，可以提升你的个人技能。例如拍视频涉及的拍摄、剪辑、制作等，对普通人来说，这些都是能力的提升。当你做出一定成就之后，在获得收益的同时，还可以丰富你的履历，对你的职场晋升或者之后的创业都是不错的经验累积。对于想创业的人群来说，视频号也是一个不错的项目，成本低、风险小、回报高。不要总觉得只有干实体才叫创业，视频号做得好的话，现在一年的收益相当于一个中小型企业的视频博主。

可能看到这里，你怀疑我表达错误。对，你没有看错，是做复业而非副业。

副业与复业的差别在于三点：副业有主次之分，主业之外的才算是副业，而复业是在主业基础上做乘法，它是你打造自己多维竞争力的一个具体方式；副业以获取收入为主要目标，复业以发挥个人最大的价值甚至是协同价值为目标，指标是获得收入；副业没有连续性，反复尝试而没有安全感，复业是在终身成长的前提下需要长期连贯思考的事情。

复业是可持续、有连接性和有核心底牌的，是个人信息化产品、价值、服务与媒介相结合而产生的协同效应成果。简单来说，好的复业会让你在专业领域更有话语权，生活幸福感更高。而副业不会。

复业体现的是人生逻辑，副业体现的是职业逻辑。

相比其他短视频平台，视频号对普通人最大的优势在于它的推荐机制（后面的章节会详细讲解）。你发了视频号，并转发到朋友圈，朋友圈的好友给你点赞，视频就会被推荐给好友的好友，形成有效传播。视频号流量主要靠社交推动，这也是它的基因和所谓的底层逻辑。普通人多多少少都会有好友圈，只要用心做好内容，朋友看了就会点赞，你的视频传播效果就能体现出来，实现社交破圈。作为普通人，我们也许不会比专业玩家跑得好，但先"上车"，跑得快一点儿，机会就更大。

视频号对于个人来说是最适合做复业和创业的平台。

复业=收入×技能×新知×人脉（稳定的社交关系）

比如你是主持人，你下班后开车当司机是副业。你售卖的是你的时间和精力。你不投入时间和精力去开车，就没有办法增加你的收入。但是你通过视频号记录你在主持行业的一些心得技巧，记录你积极的生活状态，开播分享与你直播相关的好书籍、好物品等，这样你的同事、粉丝观众对你的认识会更加立体。在坚持源源不断输出的过程中，你的专业能力不断得到提升，同时影响力也随之提升。如果有人邀请你做主持方面的顾问、做培训分享，这样你就凭借前期的专业累积，通过视频号这个平台天然的社交属性基因拥有了自己的复业。

那视频号如何进行内容输出才能打造自己呢？给几个小建议作为参考。

1.明确定位和你能提供的价值。

2.打造最"真实"的自己。场景化布局，通过生活化场景、高价值场域的呈现等打造真实优质的视频号内容。

3.洞察用户，利用用户的好奇心、痛点、冲动心理等，快速提升信任感。

4.视频号作为自己的第二名片，内容在精不在多，避免刷屏、出现负能量内容等。

只需要展现出自己真实、优秀且擅长的那一面，就可以抓住这波红利，所以你怎么还不"上车"？

1.4 短视频时代的新红利——视频号未来的商业猜想

字节跳动发展了11年的时间，在公司利润规模上，超过了发展了24年的腾讯和阿里，这是一个惊人的发展速度。这背后的核心武器就是抖音，从2016年启动，到2020年涉足直播电商，再到2022年做到7亿日活用户，超过2000亿广告营收，以及1.4万亿的电商GMV。

到了2023年，它的目标更为明确，多项业务指标还要有30%的增长，少数核心业务保持翻倍增长的OKR（目标与关键成果）。如本地生活业务，2022年完成了700亿GMV，2023年目标为1500亿，而最新消息是，2023年3月，抖音本地生活GMV已经达到156亿，如此推算，1500亿的年终目标还会提高。

这一系列华丽的数字背后也折射出短视频直播行业的爆发力和变现力。

我们以此来推演，7亿日活用户的抖音能产生2000多亿的广告营收，而微信由于社交私密属性和产品克制等原因，虽然坐拥10亿日活用户，但广告收入只有400亿。值得一提的是，和抖音相像的视频号，已经积累了4亿日活用户，会比母体微信更有商业潜力。

在这样的竞争环境下，视频号不能仅仅围绕用户侧去蚕食地盘，更要从商业侧早做准备。

商业化一直是视频号发展的关键词。2021年的腾讯年报中提到："我们相信视频号将会提供重要的商业化机会，包括短视频广告、直播打赏及直播电商。"在2022年腾讯二季度财报电话会上，马化腾表示，腾讯未来将聚焦提升业务效率，努力开发新的收入来源，包括在视频号中推出信息流广告等。到了2022年底，视频号被马化腾称为"全场希望"。在接下来很长的一段时间里，视频号在商业化这件事上必然会投入更多的精力。

回顾2022年，视频号商业化的步伐非常迅猛。2022年4月，视频号推出崔健线上演唱会，同时上线礼物打赏功能并搭载商业广告。5月，线上的周杰伦演唱会开启周边售卖。7月，视频号成立了专门的电商团队。11月，在"双十一"活动期间，视频号推出私域激活、交易转化、商家激励等玩法，并对业绩较好的商家提供公域流量激励。

在2022年三季度的腾讯财报会中，腾讯表示视频号Q4单季度广告收入有望达到10亿元。若按每季度10亿元计算，每年视频号带来的广告收入将占腾讯收入的0.7%左右。有金融分析师认为，开启信息流广告变现后，视频号2023年广告收入有望达370亿元，有可能占腾讯年营收的6%左右。还有报道称，视频号向商家收取的技术服务费率为1%~5%，绝大多数品类费率为2%，以直播电商日交易额1亿元计算，视频号每天此项收入将达200万~500万元。

仅仅依靠信息流广告加上技术服务费等商业化项目，视频号还称不上腾讯的"全场希望"，关键还是要构建属于视频号自己的商业生态。视频号之所以能实现商业变现的增长，离不开持续发力的内容建设。与快手、抖音娱乐化内容占比较高不同，视频号此前时政新闻类、泛知识类、生活类等视频类型已有一定占比。2022年，视频号泛娱乐、泛生活、泛咨询相关内容播放量又同比增长185%、291%、237%，呈现较强生命力。相比其他平台，视频号的内容更加多元，腰部创作者的活跃度远高于头部创作者，这一特征也对视频号的商业化非常有利。

视频号的直播也是商业化的重点，《2022年视频号消费洞察报告》显示，视频号的直播观看人群主要集中在40~55岁的女性，这一部分受众群体的购买欲望与年轻女性相比消费力偏弱，但这部分人群客单价、复购率和退货率等数据表现都优于其他平台。目前，视频号也在着力打造平台独有的头部主播，希望在"双十一""6·18"等购物节点上，能逐步追赶传统电商平台。如何设置更为完备的商城产业链，吸引头部主播入局，或将成为视频号探索的新方向。

未来，视频号将释放出更多的机会，微信也将投入更多资金、资源强化视频号的商业性，尤其是在广告和电商方面，或许能在低迷的经济大环境里，为中小微企业带来新的曙光。除了以上一些基础数据，还有更多信息值得中小微企业、商家关注。

1.视频号的活跃用户里，有42.2%的用户习惯通过发现页进入视频号，且发现页贡献的播放量占总播放量的近一半（49.9%）；这意味着视频号虽然依托于微信，但其用户黏性极高，其商业独立性也在不断增强。

2.相比抖音、快手的用户，视频号高年龄段用户占比更高，其中46岁以上的用户占比达到了19.4%，他们的消费商品客单价要高于抖音、快手的受众人群。2022年，视频号的客单价超过了200元，其中，女性用户和一、二、三线城市用户在视频号直播上的购买力要比其他平台直播的购买力强。事实上，无论是哪个品类，聚焦服务人群在哪个阶段，只要商家尽快入局视频号，都能在视频号中获得新的增量。

3.2022年，视频号电商的成交金额为1300亿左右，超额完成了此前预估的1000亿的目标。其中，第四季度贡献的成交金额为775亿，是一季度的8.8倍。数据说明视频号电商板块正处于快速发展的阶段。随着视频号不断完善基础功能建设，2023年的电商成交金额预计将超过4000亿。

4.2022年7月，微信视频号小店推出，目前视频号小店的销售额占比已经超过视频号的90%。在服务商生态中，视频号直播带货已经连接了超过1000家服务商，这些服务商为视频号贡献了超过30%的销售额。这一功能的推出，为商家提供了更为便捷、高效的经营工具。

第二章

视频号的逻辑与玩法

　　流量是短视频的基础，决定着互动、粉丝，以及变现。对于短视频创作者和运营者来说，要想获得更多的流量，就要做好短视频推广与引流的工作。短视频推广与引流既要遵循短视频平台的推荐机制，又要借助一定的技巧和工具，双管齐下。

　　短视频平台每天都会投放不计其数的短视频，有的短视频播放量喜人，轻松上热门，而有的短视频播放量却很惨淡。其实，任何一个上热门或者热度比较高的短视频看似偶然，背后却是受短视频平台推荐机制影响的。了解短视频的推荐机制与原理，就像搞懂人为什么要呼吸一样重要。所以我们将用一整章来分析视频号平台推荐的底层逻辑，以获取更多流量和曝光。

2.1　视频号的版本和功能变化

　　从2020年视频号内测开始，视频号已经更新了多个版本。我们来看看第一版视频号和现在的有了哪些迭代优化。最重要的是，我们要厘清背后的产品逻辑。

1.发布的迭代

　　与最初版本相比，视频号在作品发布上有非常大的变动，首先是支持发布超过60秒的视频。对应的，超过60秒的视频，用户在浏览时可以拖动进度条进行浏览。其实这背后的逻辑很好理解，很多专业的内容生产者由于剧情、传播等需要，很多时候都有发布长视频的需求，但是一开始上线的时候平台并不支持长视频，这大概率是由于微信想降低普通用户的创作门槛。最新版的视频号已经支持不超过9个视频的选择和编辑，同时还支持分段视频的拍摄。尽管微信不如专业剪辑软件的功能那么强大，但有了最基础的如视频拼接、音乐添加、文字添加等工具的支持，也在一定程度上降低了用户的内容发布门槛。

2. 首页的改版

视频号首页的分类，从曾经的关注、朋友推荐、热门、附近，变成了现在的关注、朋友、推荐。

总体来看，这几个分类大大提升了内容分发的效率，也方便用户根据喜好获取相应的内容，信息的层级也更加清晰和高效了。用户可以更快捷地看到关注账号，获取更符合自己兴趣的内容。

具体来看，"关注"板块目前信息流展示逻辑是按照发布的时间线来进行排序展示，和抖音的逻辑基本一致。而"朋友"推荐是基于微信生态熟人链的逻辑，好友点赞的内容都会在此栏展示。这是微信视频号和抖音、快手最大的基于关系链推荐的优势，也是和抖音、快手差异化竞争的重要突破口。从公众号的"在看"功能也能感受到朋友的推荐作用，通过熟人推荐，将提高内容的分发效率。

但也正是由于这种熟人推荐的机制，视频号上科普、正能量的内容更容易传播，这使得相对来说年龄大的用户更喜欢消费这类内容，而年轻人因此会远离这样的内容平台。与此同时，熟人推荐机制也影响了一部分娱乐向的内容在视频号上的传播，毕竟没有人愿意让自己的亲戚、好友发现自己给漂亮小姐姐点了赞。视频号团队显然也意识到了这个问题，很快推出了"私密赞"功能。这样的变化也是在提醒视频号的创作者，要针对视频号的平台特点，做出与其他短视频平台的区别，特别是偏向秀场的内容。

现在的"推荐"板块可以看作"热门"与"附近"的集合，后台会根据内容的热度，基于用户画像和行为来进行推荐。

2023年，公开课还公布了这三个分类的用户渗透指标。

3.内容展示页的变化

内容展示页相比最初的版本也有了较大的改动，例如支持进度条拖动、将分享入口前置到主页、优化点赞收藏按钮等。

前面已经提到，支持进度条拖动适合放开60秒限制的联动功能，当视频内容过长时，用户必然会有快进的需求，但只有在点击播放页面后才会出现进度条，实质上是不希望用户去拖动，以增加用户的使用时长。分享的入口从最开始的点击之后才能进行分享，改为分享按钮前置到主页，方便用户通过群聊或者好友更加及时地触达，并与被分享的好友进行讨论。

视频号曾经推出了星形的收藏按钮，在后期的版本更新中，将收藏功能集合到了大拇指图标样式的"喜欢"按钮中，而爱心图标则是"点赞"功能。根据官方的解释，大拇指等同于收藏的功能，但不会分享给微信好友。与此同时，平台还会根据你的收藏来推荐相似内容给你，而爱心是点赞且会推送给朋友。这样，播放页面的布局更简洁，而用户想要的功能也没有减少。

4.视频号直播

视频号的直播功能并不是在诞生之初就上线的。在2020年10月更新的版本中，视频号才在发表新动态的旁边悄悄增加了一个"发起直播"的功能，这就是视频号直播的首次内测。但直播的更新迭代速度非常快，尤其是直播商业化的速度。例如内测过去仅10天左右，视频号就上线购物车功能，主播可以将小商店里面的商品链接放进购物车里面，观众点开购物车之后就可以选择需要的商品直接下单，免去了进入商店的过程。我们也能从直播的升级过程看出视频号团队对它的重视程度。

　　视频号直播的第一次出圈是在2020年12月中旬，摄影师李政霖在微信视频号上开启了一场名为"陪你去看双子座流星雨"的直播。该直播人数累计在线超过100万。2020年12月下旬，视频号上线连麦直播、直播间打赏、直播美颜及直播间抽奖等功能。2021年1月，视频号直播上线直播内容分类，博主在开启直播之前需要选择相关的分类内容，之后才能进行直播。不难看出，微信在直播内容分类方面已经规划得非常详细了。

　　到了2021年5月中下旬，视频号直播与公众号直接打通。在视频号与公众号绑定之后，如果视频号正在进行直播，公众号上面就会显示正在直播当中，这样公众号的用户可以直接导流到视频号中。2022年，视频号又新增了"彩排模式"，开启后，主播可以进行直播效果的调试，而且还能指定可以观看的用户，这种直播间不会被公开推荐，而是作为直播前内部调试使用。更重要的是，不会影响流量的分发。

　　视频号与公众号的结合，是蕴藏着巨大流量蜕变的产品迭代，造就了非常多爆发性的变现案例，具体形式可以翻阅本书第六章的典型案例分析。而指定用户观看直播的产品能力，为视频号自有的"小鹅通"闭环做了创作者需求的试探。2023年下半年，会是视频号付费内容的新一波涌现浪潮。

　　考察视频号直播快速升级迭代的过程，可以说，视频号直播正围绕着娱乐传媒和电商直播的方向大步迈进。

2.2 视频号的算法推荐和社交推荐

2.2.1 完播率与互动率

要了解视频号的玩法，首先我们要了解两个重要的概念：完播率与互动率。在所有短视频平台上，完播率都是一个重要的指标。完播，指的是用户将一条视频从头播到尾，中途没有划走。而完播率，就是在所有播放视频的用户中，完整看完视频的用户比例。例如，有100个用户看了你的视频，其中有20个用户完整地看完了你的视频，那么你这条视频的完播率就是20%。在现在信息爆发的大环境下，短视频的用户普遍没有耐心，跳出率很高，一旦这个视频没有在第一时间吸引用户的注意，激发他的兴趣点，用户可能马上划走。

多项研究数据表明，视频的完播率和播放量基本上是成正比的，尤其是完播率数据比较好的作品，播放量也远超其他作品。其原理其实很简单。现在大的短视频平台都不缺用户，竞争的是用户停留。如果你的作品能够让用户看完，让用户花很长的时间停留在此平台上，平台自然会愿意推荐你的视频给更多用户，让更多用户也多多停留，那么你才能拥有很高的播放量。

视频的推荐量，会受到点赞率、评论率、转发率、关注率和完播率这五个因素的影响。要上热门，最重要的还是完播率。而且视频时长越长，完播率权重越高，其他数据权重就越低；相反，视频越短，完播率权重就越低，其他数据权重就会拉高。

互动率指的是用户互动次数占总播放量的比重，它包含三个指标：点赞率、评论率、转发率。给你点赞的人越多、评论量越多、转发的越多，也就意味着你的内容会受到更多人的关注。

哪些情况用户愿意点赞和评论呢？我们可以简单地归纳为视频的内容"有情、有趣、有用、有品"。有情，是指内容对用户有情感上的触动；有趣，就是内容能让用户感到开心，如搞笑类视频；有用，就是指内容对用户能产生价值；有品，就是这类视频能体现用户的品位，用户也乐于在他的社交平台展示他关注的内容。

当然，除了视频内容自身过硬外，我们也可以采用一些小技巧来对用户进行引导，争取用户的点赞和评论。这些技巧我们会在后面的章节中详细介绍。

相比之下，转发率是三个指标中难度最大的。目前视频号支持把视频转发到微信好友、微信群、朋友圈，以及公众号上。如果用户愿意转发你的视频，可以说这是对你高度的认同，代表你的内容符合用户的价值观，也迎合了用户的思想。在注意力如此宝贵的环境下，可以说转发代表着一种社交货币。

那么，在视频号的推荐逻辑中，互动率和转发率意味着什么呢？视频号的推荐逻辑跟公众号不同，如果用户没有订阅公众号，看到公众号内容的机会就只有通过好友的转发或者朋友圈。而用户点开视频号，即使没有关注任何视频号主，系统也会通过一定的机制给你推荐非常多的内容。而互动率和转发率越高的内容，被系统推荐的概率就越大，也就意味着视频可以获得更高的播放量。如果你的内容足够好，同时互动率和完播率比较好，最后就会形成一个增强回路，甚至有可能诞生爆款。

接下来，我们就来详细讲解一下视频号的推荐逻辑。

2.2.2　算法推荐逻辑

任何短视频平台都不会向大众公布算法逻辑，但我们可以通过不停地实践和探索，去总结出一套可能的经验。不同的平台拥有不同的算法逻辑。我们以视频号和抖音为例，在抖音，账号本身的权重并不高，只要你的内容被平台用户认可，那么平台会给你推荐更多的流量成为爆款。而在视频号的平台上，即使内容不那么优质，靠运营人员的技巧和私域流量的积累也完全可以成为爆款。

我们首先来了解一下视频号官方给出的视频发布指南，看能否从中受到一些启发。

1.如何让微信朋友找到你的视频号？

微信的朋友是无法通过你的微信看到你的视频号的，你可以主动分享视频或者名片给他们。

2.哪些人有机会看到你的视频号？

如果你拍的视频或者照片很棒，有人（包括你自己）点赞，系统就会推荐给他们的微信朋友，任何看到的人都可以关注你的视频号。

3.发表的视频如何进入热门推荐？

建议在发表的时候打上#话题#，配上音乐，设置地理位置信息，让你的视频号更具有吸引力，当视频有很多人点赞时，该视频就有可能进入热门推荐。

4.视频号鼓励什么样的内容？

视频号鼓励大家分享原创的拍摄作品，从他人那里搬运的内容不会得到推荐，还可能会被处罚。

我们首先要熟悉视频号算法的一个基本原则：视频号算法的本质，是用私域流量撬动公域流量，它的推荐主要有两种，第一种是私域流量推荐，第二种是兴趣算法推荐。相比之下，私域流量推荐的比重非常重。

先来看兴趣算法推荐，也是很多人常说的个性化推荐。基于微信社交生态，每个用户都被打上多元化的标签，包括性别、年龄、职业、兴趣等。系统可以根据每个人的标签属性，从海量内容库中匹配出用户可能感兴趣的内容进行推荐。这也是社交平台常用的内容推荐机制之一。比如说，给视频带上城市定位的标签，视频就有可能通过同城或附近的人等入口推荐给其他用户。再比如说，给视频带上热门话题的标签，视频就有可能获得更大力度的推荐。

目前视频号的兴趣算法基本会采用定位+兴趣标签+热点+随机推荐。视频一发布，首先推荐给关注用户，若已关注用户不感兴趣，就没有二次曝光。若多位用户产生兴趣，进行了点赞、评论等，作品将进入更大的流量池被二次推荐。

私域流量是基于你的社交圈做推荐，你微信好友的兴趣趋向绝大程度上决定了你的视频号内容趋向，你可以看到你所有朋友的点赞，熟悉他们的兴趣品味。在其他短视频平台上你只会看到你喜欢的内容，但在视频号上，你更多的是看到你社交圈朋友喜欢的内容，甚至打开视频号的起始页就是朋友的点赞，而不是你自己的推荐。

基于这一算法逻辑，在我们的视频号运营策略中，社交推荐的逻辑方法非常重要，接下来我们就来详细聊一聊社交推荐的逻辑。

2.2.3　社交推荐逻辑

我们再次强调视频号的本质：用私域流量撬动公域流量。在运营视频号的过程中，明白了社交推荐的算法逻辑，并根据这个逻辑拥有第一波精准画像的私域流量，才是启动视频号的关键。一般打开视频号，第一条视频会默认展示好友点赞内容，同时在"发现"页面，视频号也会提醒"你的好友点赞了××"。好友点赞推荐的逻辑，其实就是默认你和好友的喜好是相同的，而推荐过来的视频是已经通过好友"筛选"的高质量视频。

社交触发的推荐是指视频号用户的微信好友通过点赞、评论、转发等方式，与发布视频的账户进行互动后，好友的微信好友很可能刷到同样的内容，当更多"好友的好友"看到同样的内容并互动后，这条视频就有可能被系统检测到，并被判定为优质内容。这个时候，系统就会把这条视频推荐给公域流量的用户。这就是我们所说的"私域撬动公域"。

在视频号的逻辑中，社交推荐和系统推荐两者是密不可分、互相加持的。一个视频想要成为爆款，就必须在社交推荐和系统推荐之间形成良好的循环。当公域流量的用户赞同你的视频，给你点赞或者评论互动后，他的好友就有机会看到，这样会再次引发社交推荐。这样，社交推荐越多，系统推荐就越多，系统推荐越多，社交推荐也越多，爆款就这样诞生了。

基于以上逻辑，我们会发现视频号在产品设计的时候是淡化粉丝指标的。例如与其他平台不同的是，我们看不到视频号创作者的粉丝数，不清楚哪些是"大V"。视频号粉丝的积累并不会给账号后续作品带来明显的效果加成，10万+的点赞量吸引几万粉丝，每一个视频、每一条作品都需要运营人员认真经营。

所以对视频号的创造者和运营者而言，目标绝不是追求粉丝数量能达到怎样的一个量级，而应该是怎样利用自己的私域流量撬动公域流量，再将引流来的公域流量转变为自己的私域流量。

2.2.4　视频号官方发布：视频号商家起量基础教程

电商直播间自然流量法则

直播电商自然流量公式

能赚的钱=场均观看流量×单位流量的转化价值×利润率

每场能拿到的自然流量主要受到三方面影响，分别是内容消费、电商转化和售后体验。简单来说，用户爱看也爱买且售后体验佳的电商直播间将拿到更多自然流量。

核心模块	好内容	好货品	好服务
关键指标	内容曝光点击率（进房率） 人均观看时长 有效观看占比 （30s/60s/180s）	商品气泡点击率 支付转化率 成交金额	DSR 相关指标

1.好内容：点击率、有效观看时长

好内容的定义

是否有流量，首先会看直播间能否吸引用户进入，并且产生有效观看时长，用户进入和停留反映了直播间的内容能否让用户产生兴趣，能否留住用户，这是未来产生转化的前提条件。

核心指标：内容曝光点击率（进房率）、有效观看占比（30s/60s/180s）、人均观看时长

注：

（1）内容曝光点击率（进房率）=点击进入直播间PV/直播间外层曝光PV、点击进入直播间UV/直播间外层曝光UV

（2）有效观看占比=进入直播间停留时长达到30s UV/直播间场观UV、进入直播间停留时长达到60s UV/直播间场观UV、进入直播间停留时长达到180s UV/直播间场观UV

（3）人均观看时长 = 直播间总停留时长 / 直播间场观UV

如何做好内容消费

（1）提升直播间曝光点击率：通过优化直播间背景，设置好的主题文案，做好关键信息透出，吸引用户进直播间，提升曝光点击率；

（2）提升直播间停留时长：通过优化主播形象、直播间布景、主播话术，设置福利，选择有吸引力的货品，配合得当的直播节奏设计，用好的内容吸引用户停留互动；

注：具体手段可系统学习行业商家运营方法论：《视频号服饰行业运营百宝箱（商家版）》《视频号"食品生鲜酒水行业"资料合集》持续更新中。

案例分享

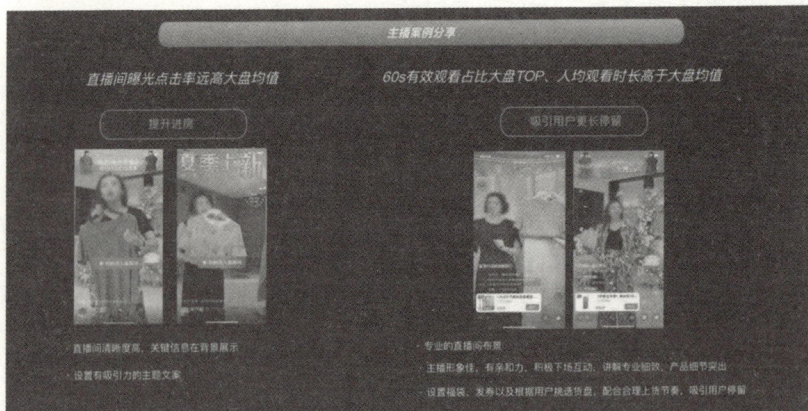

2.好货品：商品气泡点击率、支付转化率、成交金额

好货品的定义

对于电商直播间来说，除了考量直播间的内容表现，能否有好的单位流量商业转化价值（GPM）也是非常重要的衡量标准，这意味着主播能否承接住系统给的流量。单位流量价值判断主要和用户对直播间商品的兴趣程度、用户观看后能否购买，以及窗口期成交金额有关，单位流量价值判断结果也会进而影响自然流量的获取。

核心指标：商品气泡点击率（用户对商品的兴趣程度）、支付转化率（用户观看后能否购买）、直播间开播期间窗口期成交金额

注：

（1）商品气泡点击率 = 直播间商品气泡点击进入商品详情页PV / 直播间商品气泡曝光PV

（2）支付转化率 = 直播间支付成功UV / 直播间场观UV

（3）窗口期成交金额 = 直播间开播期间窗口期支付UV×客单价

如何做好电商转化

（1）好货盘：根据粉丝画像、内容主题、供应链情况，为不同标签受众在不同生命周期提供差异化的商品定款、定量、定价、定惠策略，制定合理的货盘组合，提升商品气泡点击率和支付转化率；

（2）流量和货盘配合，把握节奏：多渠道做好直播内容预热、引流，在直播期间不同阶段合理安排福利款、跑量款、利润款的上架节奏。例如：通过福利款或者福袋等方式引流用户，吸引用户进房并有效停留，确保流量持续上升，积累到一定程度时安排跑量款促成短时间高密度下单，拉高ACU（平均同时在线人数）引爆流量后，再用利润款提升收益。

注：具体手段可系统学习行业商家运营方法论：《视频号服饰行业运营

百宝箱（商家版）》《视频号"食品生鲜酒水行业"资料合集》持续更新中。

案例分享

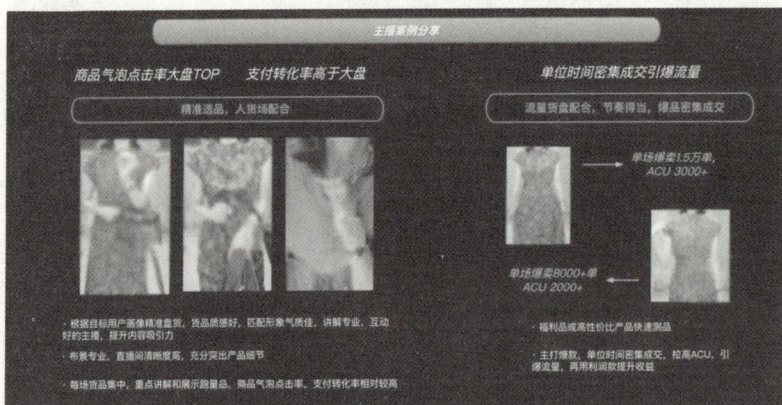

3.好服务

好服务的定义

电商直播间除了让用户"爱看也爱买"，售后服务的好坏也将影响到后续流量获取。

目前平台会通过DSR来刻画商家售后服务能力，而商家/主播DSR的正向、负向表现，未来都会影响到自然流量获取。

如何做好售后服务，提升DSR

（1）把握好品控，保证货品质量，减少用户因为货品问题退款退货；

（2）做好售后服务，包括物流、客服解答体验等，及时处理用户反馈的问题和诉求；

（3）提供并履行正向体验保障服务，如7天无理由、运费险、先用后付等。

新手基础认知

Q1.开播是不是就有流量

（1）开播后，符合平台安全和运营规范的直播间，都能获得一定的平台普惠冷启流量。

（2）在冷启阶段，系统会重点关注直播间的"内容消费表现"，推荐系统会根据"直播间曝光点击率""直播间有效观看占比""直播间短停快划"情况，来找到对该内容有兴趣的用户，并在后续推荐过程中持续放大，如果直播间在这几个指标上表现较差，则有可能无法持续拿到更多自然流量。

注：（1）快划指在直播间外层曝光时快速划走，停留时长不超过3s；

（2）商家和达人直播的内容需要符合平台安全和内容规范，否则会直接影响自然流量获取。

Q2.直播间如何利用好冷启流量

（1）每个电商主播每日获取冷启流量扶持的场次有限，尽量避免频繁短播，如果要试播，建议采用私密直播；

（2）在冷启阶段的直播间通常处于"低流量"水位状态，系统会更关注直播间在"内容消费"上的表现，来找到感兴趣的用户；

（3）除了常规的曝光点击率、有效观看时长占比指标外，处于冷启阶段的直播间比较容易被捕捉的信号为用户是否快划（目前停留3s以下视为快划）这样更基础的标准，短停快划用户比例较高会影响流量进一步获取；

（4）在对冷启流量做放大的过程中，推荐系统会关注到放大流量后的承接效果（商品点击率、支付转化率），来保证把更精准的流量给到商家。

Q3.重点流量场景

以下罗列了视频号内主要流量场景，介绍了各场景的特征，商家可以根据不同场景采用相应手段获取流量。

关键场景	渠道	渠道特征和运营手段	渠道示意图
直播公域场景	短视频流直播卡片	● 是自然流量最大的两个渠道，可以通过前述"好内容＋好商品＋好服务"来提升直播间内容消费水平和单位流量的转化价值，进而撬动该渠道流量。 ● 通常做爆品逻辑会帮助主播在此场景迅速起号。	
	直播广场		
短视频与直播结合	短视频在播 ICON	● 在开播 1—2 小时前发表短视频，能提升主播在该渠道获得流量的可能性。 ● 有短视频内容沉淀的高粉主播，并且做好短视频与直播内容的匹配，在该渠道更有可能获得较好的转化。	

（续表）

关键场景	渠道	渠道特征和运营手段	渠道示意图
直播私域场景	预约服务通知	● 私域场景商家自主运营灵活度高。 ● 对于有私域基础的商家可以通过分享引导用户进入直播间。 ● 也可引导用户做当场直播的预约，以及引导用户订阅主播，平台打通了服务通知能力来增加商家对粉丝的"确定性"触达。 ● 直播间私域渠道更多的"观看进入"和"有效停留"会帮助系统更好"认识"主播并在公域做泛化获取新流量。	
	订阅服务通知		
	订阅号		
	分享		

电商账号常见自然流起量方式

1. 短视频攒粉直播带货

路径

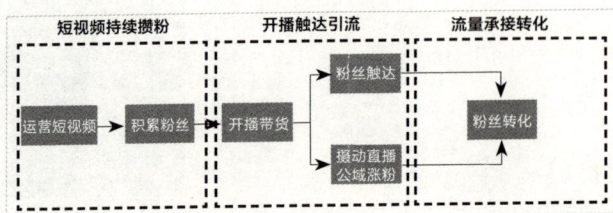

商家怎么做

路径	手段
短视频攒粉	常态运营短视频内容，持续吸粉
粉丝触达引流	菜单栏引导订阅主播开播提醒 ● 引导用户订阅主播的开播提醒，此后每次主播开播，订阅用户都可以稳定收到服务通知。 ● 如何引导用户订阅主播开播提醒，请见：<u>如何引导用户订阅主播</u>
	发布并引导用户预约直播，开播时以服务通知形式稳定触达用户 ● 开播前或者开播过程中发布并引导下一场直播的预约，提升开播后触达用户的稳定性，保障流量基本盘。 ● 如何创建直播预约，请见：<u>如何使用视频号直播预告</u>
	引导用户关注，开播时以服务通知形式触达用户 ● 开播后，服务通知渠道会优先触达和主播高亲密度、更有消费潜力的关注用户，帮助主播在服务通知渠道获取更大流量。
撬动直播公域流量	发表短视频，通过短视频中的在播 ICON 引流直播 ● 对于短视频有粉丝基础和内容优势的主播，在开播 1—2 小时前发表短视频，更大概率帮助主播在视频流渠道获得更多流量。 ● 利用短视频在播 ICON 引流直播时，要做好短视频与直播内容的匹配，才能被系统视为有效引导。
流量承接	通过"好内容，好货品，好服务"做好流量承接 ● 根据粉丝特性，做好货盘组合，配合流量把握好上货节奏，提升粉丝有效观看和支付转化。 ● 提升粉丝消费和支付转化可以帮助推荐系统泛化更多兴趣用户，撬动公域流量，扩大收益，涨粉回血。

案例分享

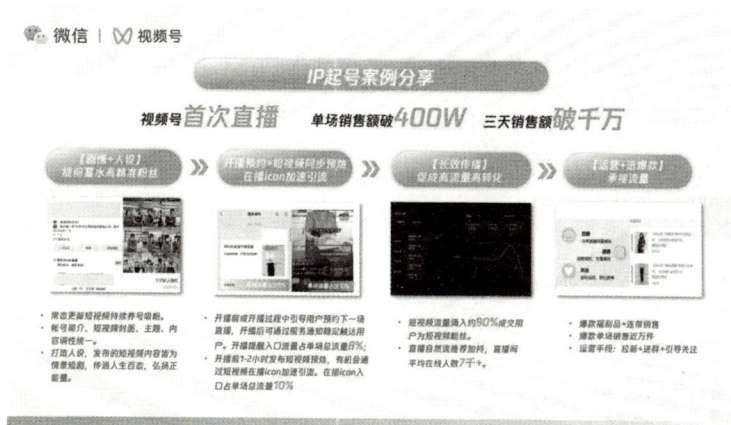

2.内容为王，爆款商品

路径

通过有吸引力的内容和有竞争力的货品，提高直播间进入率、有效停留时长、支付转化率、成交金额，进而获取更多自然流量，本质还是做"好内容+好货品+好服务"。其中一个有效路径是：单位时间内密集成交做爆单产品，提升单位时间成交金额，拉高ACU，引爆直播间流量。

商家怎么做

（1）人货场匹配，做有吸引力的直播间内容：选择和直播主题、目标用户匹配的主播，通过精巧的直播间布景、主播话术、福利安排，以及得当的直播节奏设计，吸引用户停留更长时间；

（2）注重转粉，沉淀用户资产：在直播中，引导用户关注，沉淀用户资产，后续围绕关注用户做差异化的选品和福利设置，促进潜力用户首单转化和复购，拉长用户生命周期；

（3）好货盘：制定合理的货盘组合，根据内容主题、供应链情况，为不同标签受众在不同生命周期提供差异化的商品定款、定量、定价、定惠策略，提升商品气泡点击率和支付转化率；

（4）流量和货盘配合，把握节奏：在直播期间不同阶段，合理安排福利款、冲量款、利润款上架节奏，例如，通过福利款或者福袋等方式引流用户，吸引用户进房并有效停留，确保流量持续上升，积累到一定程度时安排冲量款促成短时间高密度下单，拉高ACU引爆流量后，再用利润款提升收益。

注：具体手段可系统学习行业商家运营方法论：《视频号服饰行业运营百宝箱（商家版）》《视频号"食品生鲜酒水行业"资料合集》持续更新中。

案例分享

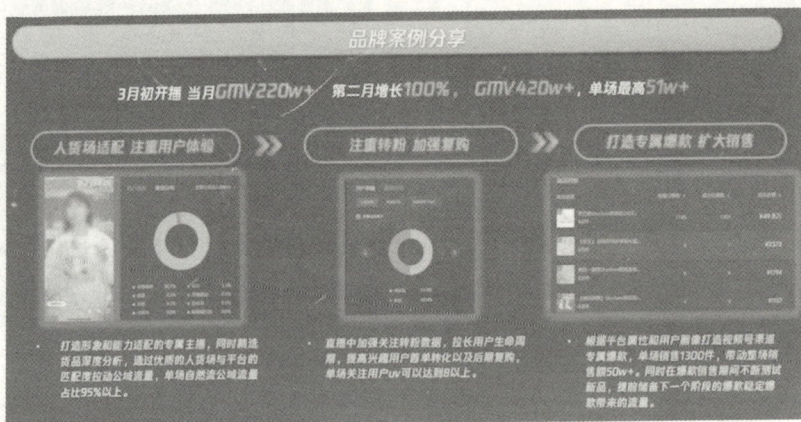

常见直播推荐流量误区

Q1.是否存在分级流量池？

电商直播推荐并不存在分级流量池，所有直播间都是按照当场的内容消费和电商转化情况，以及主播历史开播表现和售后服务体验来决定流量多少。

Q2.关键指标做到多少算好？

曝光点击率、人均观看时长、有效观看占比、商品点击率、支付转化率等核心指标，都会受到电商业务发展及实时供给变化的影响，不具备"绝对值"意义上的比较价值。

对于推荐系统而言，并非做到某个"数值"就一定能获取更多流量。推荐系统在考量过程中，重点关注的是前述核心指标在大盘同期表现的相对水位。例如：有的商家转化率有提升，但发现流量并没有相应增长，可能和开播时段有其他转化率更好的直播间有关。

2.2.5　视频号如何投流

视频号起号目前有四种方式：短视频起号、直播爆款起号、私域起号和付费投放起号。

视频号流量有哪些?

1.私域

视频号的私域可以理解为微信生态下可反复触达到的粉丝。

不仅包括微信好友和群聊、公众号、小程序等，一直关注你视频号且通过短视频或者直播间能被召回的也属于私域。

2.公域

私域是自己可以触达的流量，那么公域就是平台可以控制的流量，且可以选择是否"分配"给某个内容创作者的公共流量。

平台会给予一个高质量的直播间更多流量。除了系统推荐算法外，与官方运营活动相结合也是一个重要的获取公域流量的方式。

视频号的公域流量有哪些场景

发现页—直播广场，按照开播时选择的分类呈现不同直播间；

发现页—关注/朋友/推荐，会推荐直播间并可"轻触进入直播间"；

发现页—直播栏中的红点推荐；

刷到推荐的短视频时，如视频号在直播中，会提示"正在直播，进入观看"；

通过朋友圈、社群等分享出去的直播间，划屏推荐其他直播间。

视频号中，公私域结合是最佳的模式。先通过私域流量引入，因为私域粉丝对该直播间的个人品牌有一定认知，可获得一定的初始场观和较长停留时间，从而提升直播间质量，最终获得公域推荐流量的支持。

直播间流量哪里来

1.直播预热

视频号直播前的预热，最终落脚点都应该是直播预告的预约人数。开播时，视频号会推送消息提醒已预约的微信用户，从而为开播初期提供启动的流量。提前创建直播预告非常重要。预约按钮会出现在所有已发布的短视频上，也会出现在直播结束的界面上，当用户进入已结束的直播间时还能预约下一场直播。

具体可以分为以下两种。

私域预热：

拥有公众号的主播，可将直播预告卡片插入公众号文章，让粉丝直接点击预约。

可以将视频号二维码放在直播海报上，同时在粉丝群内、朋友圈进行传播，粉丝扫码后可打开视频号主页，对下一场直播进行预约。

公域预热：

有条件的可制作直播预热短视频，短视频上会呈现预约入口（如已开播，会有直播中的入口，且直播中的优先级高于预约入口）。

2. 流量引入

直播中的引流，主要依赖粉丝分享、平台推荐流量和商业流量采买。

粉丝分享：

由于抽奖只与评论和点赞关联，还无法与分享关联，但可以在直播过程中通过话术引导、"分享给好友参与抽奖"等方式促进直播间的在线观众多分享。

平台推荐流量：

取决于该直播间的权重。影响权重的因素包括：视频号的头像、名称、直播标题、直播封面。

粉丝在直播间的互动，主要是点赞、分享、评论、关注、打赏、购物，互动程度由轻至重。

商业流量采买：

投流影响的是用户在看短视频和直播间时的滑屏权重。

3. 流量承接

大多数情况下，由于公域流量对主播个人品牌没有感知，停留时间也较短，所以做好这部分新流量的承接非常重要。

承接不仅是为了促进转化，也是为了能得到更多的流量倾斜。

直播间的硬件条件需要保持中上水准，如画面、声音、网络等，同时需要让粉丝在进入直播间前/后对直播间的定位能够有快速的认知。

直播间抽奖、商品秒杀等玩法是有效的承接方式，需要配合直播设计节奏。

为了更好地长期利用流量，在直播间增加加微信、加粉丝群的方式，可以降低将来直播场次的流量获取难度，增加私域的体量。

投流直播间曝光到短视频流和直播流后，需要看进入直播间的比率，也就是进入率=进入人数/曝光人数（此处只讨论投流工具，不讨论朋友圈广告）。

其中影响流量进入的因素是：直播间的画面、互动、氛围等；流量的精准度。

视频号投流也就是视频号付费推广，是指达人作为广告主在视频号平台内购买一定的流量，为自己的短视频内容或者直播间增加关注、点击、直播观看及下单等转化。能够通过推广手段让直播间在恰当的时间被更多更精准的用户看到，从而进行转化。

ROI是什么

ROI（Return On Investment）是指投资回报率，即投入产出比。在电商行业投流时，一般指投流带来的总销售额和总花费的比值，即：ROI=投流总销售额/投流总花费。

视频号投流有什么好处？

前期视频号流量低，可以通过投流的方式增加账号权重；

中期如果主播转化能力强，有能力承接住公域带来的流量，可以加大短视频内容或直播间付费投流，获取更多的公域精准流量；

后期流量越来越精准之后，能够借助投流拉升整个账号的GMV。

视频号目前有三种方式为直播间带来商业流量。

第一种是直播流量券，这个主要来源于自己通过辛苦的直播"打动"了官方而获得的"赏赐"。这里面的指标原来考核的主要是导入直播间的私域人数，现在已经进阶到考核导入直播间的私域人数带来的成交金额。是不是感到难度陡然上升了？

别怕，除了官方通过视频号后台自动下发的直播流量券外，视频号官方服务商也可以协助你投放直播流量券，而服务商的回报方式就是直播流量券导入直播间的用户带来了成交金额后，双方商定的佣金奖励。

另外两种是微信豆和ADQ（腾讯广告投放平台）。

如果拿抖音平台打比方的话，微信豆相当于抖音的随心推，ADQ则相当于千川。

两者的区别是投放场景和数据来源不同。微信豆的投放场景是以视频号活跃用户在直播和短视频中穿插的广告场景，如上下滑、短视频信息流、直播广场等位置。而ADQ的投放场景则非常多，除了短视频Feed（抖音直播间付费推广工具）外，还有朋友圈、公众号、小程序等资源位。

经过大量的实操经验总结，用户在视频号的变现大致分为短视频挂车和直播带货两种，投流的时机都应该放在跑出自然流量池之后，也就是做好基础优质内容，且拿到一定流量，但很难进一步提升的时候。如果商家某条短视频的素材较好，各项数据都爆了，这时候投流的投产比会更高，追投的效果也会更好。

视频号投流加热方式主要是消耗微信豆，可以将作品向目标用户群体定向推广，加速提升作品的曝光、关注、粉丝、评论及转化等。

目前支持手机和电脑端投广，具体操作流程如下。

手机端入口：在视频号"创作者中心">"加热工具"中查看并发起推广。

点击首页"去加热"即可选择视频进行推广。也可通过视频号个人主页选择希望推广的视频，轻触后在弹窗中点击"上热门"，即可选择自己发表的视频进行加热。

在视频号视频流轻触视频，在弹窗中点击"帮上热门"，即可对他人的视频进行加热。

网页端入口：视频号加热平台https://channels.weixin.qq.com/promote/pages/platform/short-video

视频直播间投流入口：

方法一：

直接扫码即可进入视频号直播间投流界面。

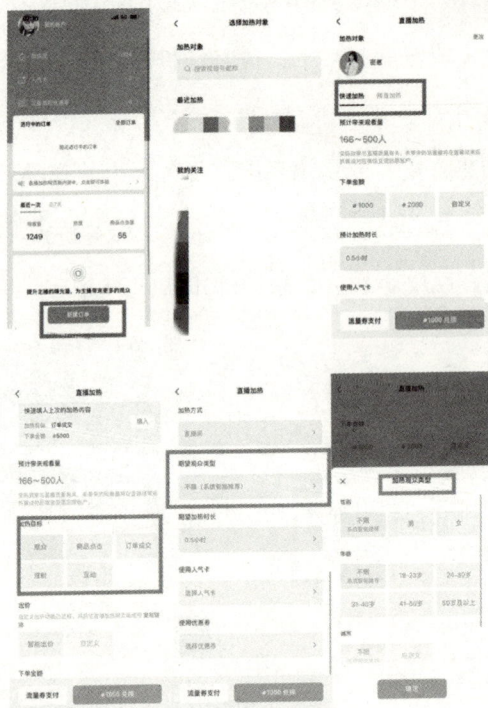

方法二：

创建好直播后，点击右上角的三个点图标。再点击"直播加热"，即可进入投放界面。用微信豆为当前直播投流，根据自己的直播间需求选择加热目标。

直播间ADQ投流步骤

直播间ADQ投流的广告版位在视频号的推荐页面。

开通腾讯广告账户之后，即可建立广告计划，具体操作如下：

进入腾讯投放管理平台（https://ad.qq.com/），选择"新建推广计划"，推广目标选择"视频号推广"，计划类型选择"展示广告计划"，可设置投放方式、计划日预算及计划总预算。

设置完成后，点击"下一步"。推广类型选择"视频号直播"。需要选择已有商品，商品是对广告营销内容的详细描述，准确的商品信息有助于提升广告投放的效果。添加商品后，设置广告版位，选择"微信视频号"。紧接着新建定向，可进行地理位置、年龄、性别、学历、联网方式等定向选择，还可自定义人群或排除已转化的用户。开启"自动扩量"功能。再进行排期与出价的设置，选择投放日期和投放的时间。

ADQ投流支持oCPM（优化千次展现出价）和CPM（一千次广告展现的费用）的出价方式，oCPM即优化千次展现出价，通俗来讲就是系统会根据广告的eCPM值（1000次展示可以获得的广告收入）来进行PK，数值越高，越有机会获得展现，并非出价越高，展现的机会就越多。优化目标可选择关注、点击（外层点击）、直播观看（观看超过xxx秒的有效观看）、商品点击及下单。

　　视频号直播推广目前仅支持展示实时直播画面，暂不支持通过视频素材引流到直播间的投流方式，所以对整场直播的场景和主播能力要求会比较高。

　　以上步骤全部完成后，点击提交通过审核后即可成功进行直播广告的投放。

投放技巧

　　根据公式eCPM=出价×预估点击率×预估转化率×1000，可以知道在投放中通过优化点击率和转化率，进而提升eCPM，最终可用较低的成本获得流量。所以点击率的提升不仅关系到投流素材在流量池中的竞争力，也关系到后续的转化；而由于ADQ投流目前仅支持展示实时直播间画面，暂不支持通过视频素材引流到直播间，所以直播场景和主播能力对点击率的影响非常大。如果主播的转化能力够强的话，使用ADQ进行投流的成本会更低。

　　相比微信豆，ADQ可以使用一方人群包，一方人群包就是客户对历史线下成交用户或者其他媒体投放的高意向用户进行打包，为一方人群包进行拓展测试。所以一方人群包对于初期投放的客户来讲是十分重要的，利用自有一方人群或投放人群定向进行初步人群筛选，提升精准度，可以更快做到账户冷启动。

　　而对于刚开始投ADQ的商家来说，可先借用一两场直播引流，用有吸引力的商品适当提高下单率，以提升单场转化率，这样对后续投放效果的拉升有帮助。

　　微信豆投放主要触达关注主播视频号或者看过直播间的用户，吸引粉丝进直播间复购的效果比较明显。而ADQ投放主要基于视频号的用户画像，在整个微信生态内找寻精准用户，触达范围更广，在拉新方面效果比较突出。如果直播团队很成熟，可以尝试先利用ADQ拉新，然后用微信豆做复购的组合投放方式。

　　具体如何去投，需要每个商家根据自己的实际情况去设计，从内容输出、产品开发到流量来源，从导流到转化，再到私域闭环，是一套精细化的服务设计过程。单纯吸引流量而不做好服务，哪怕目前小有收益，也是短期红利而已。视频号相比其他平台有一个显著的特点，那就是背靠微信10亿+公域流量，有着强社交属性，占据天然优势，特别适合长线运营。如果流量暂时不太好，不要灰心，坚持优化，一定会有收获。

2.3　视频号的功能设计与传播特征

2.3.1　一定要学会的基本功能

想要入局一个新的平台，必须搞清楚平台的基本设定和规则指向，并快速从这些功能中摸索出适合自己的新玩法。接下来我们主要来学习视频号的三大基本功能：发布、编辑和社交。

首先我们来看视频号的发布功能。视频号的内容发布，既可以是短视频内容的发布，也可以是图片的发布。目前视频号支持上传播放时长低于或等于1小时，大小不超过2GB的视频内容；可上传最多9张图片，单张图片大小不超过20MB，支持常见的图片格式。下面简单介绍一下视频号内容的发布流程。

第一步：按照"发现—视频号—右上角小人头像—我的视频号"的操作顺序，直接点击"发表视频"的相机图标；或者进入自己的视频号主页之后，点击左下角的相机图标。

第二步：选择"拍摄"或"从手机相册选择"，如果从手机相册选择，可以选择1小时以内，大小不超过2GB的视频内容或者9张以内的图片。

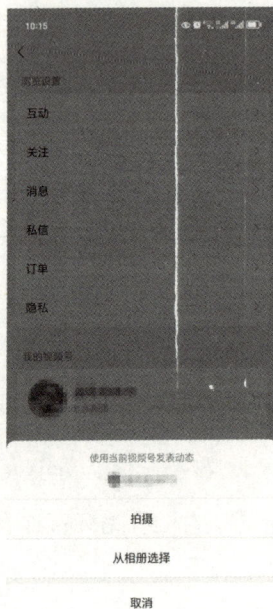

第三步：对选择的视频或图片内容进行编辑，编辑结束后，选择你想要的封面，点击完成进入发表页面。

第四步：键入相应的文字；选择想要参与的话题；插入您所在的地理坐标或位置。

要告知大家的是，在视频号基本的发布功能中，任何图片或视频都可配以1000字以内的文字，这样发布者可以就自己的内容做充分的表达。同时，我们的位置标签页具有跟话题标签类似的功能，当用户点击一个位置信息的时候，就进入集合所有打上这一位置标签的内容页面。

接下来我们来了解一下视频号基本的编辑功能。不论视频还是图片，用户都可以使用视频号自带的编辑功能来添加音乐、文字、表情，方便用户进行二次创作。

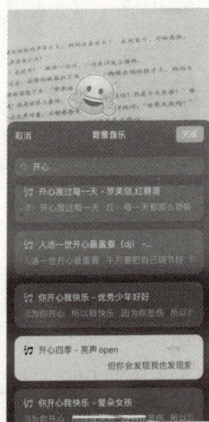

添加音乐

添加表情

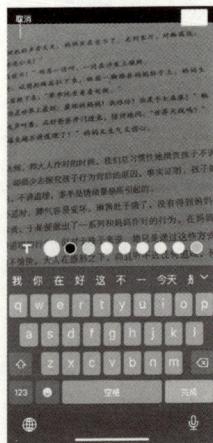

添加文字

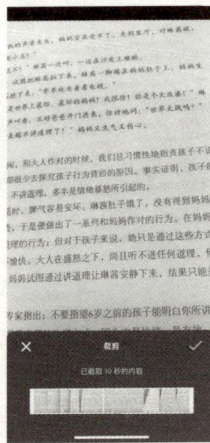

进行裁剪

　　视频号目前提供基本剪辑功能，操作非常简单，也最大限度地便于用户快速上手操作。至于更专业的短视频内容创作者，他们大部分会选择专业的剪辑软件和特效软件来制作。现在市面上也有很多专业剪辑特效程序供一些半专业人士使用，后面的章节将做详细的介绍。

　　现在来重点了解一下视频号的社交功能界面。

1. 点赞按钮

　　点赞按钮是视频号下方的心形图标，用户通过点击，可以对内容进行点赞，也可以通过双击视频中心位置进行点赞。用户点赞过的内容，系统将推荐给您的微信好友。

2. 评论按钮

　　评论按钮是视频右下角的小对话框图标，点击这个图标，就可以对视频内容进行评论。用户的评论数量，也会影响系统是否会继续向公域流量推荐。

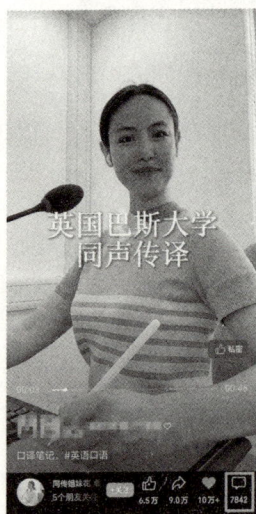

3.转发按钮

转发按钮在视频号内容的下方。视频号得天独厚的优势就在于，它可以转发给自己的微信好友、微信群、朋友圈，而不经过跳转或是生成其他链接。用户转发完之后，看到这则视频号内容的朋友，也可以继续进行转发。

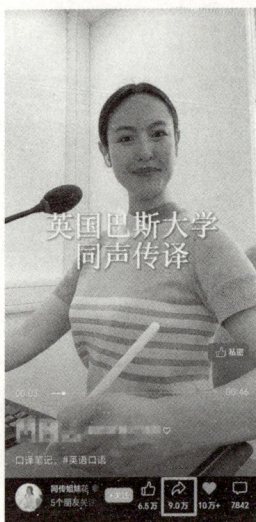

4.收藏按钮与私密赞

收藏按钮是大拇指图标，有的用户会把这个图标当成点赞。收藏与点赞的区别就在于，用户点击收藏图标的内容，系统不会推荐给用户的微信好友，当用户想要查找收藏的内容时，可以通过设置栏中的"互动"查到。如果用户不想让自己点赞的内容被好友看到，可以单击屏幕中间后出现的私密赞按钮。（再次提示，平台会根据你的收藏来给你推荐相似内容，而最先推荐的就是你收藏的这个账号的其他内容，所以如果有用户点击收藏了你的一条视频，你的其他视频也会被这个用户刷到。）

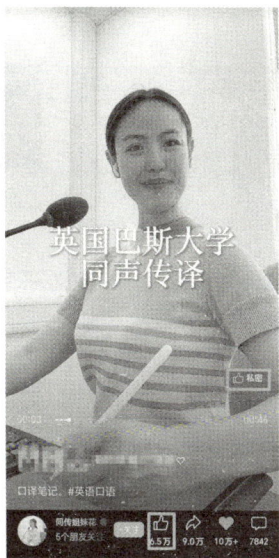

5.关注按钮

关注按钮需要点击视频号左下角的创作者头像，进入创作者的个人主页，才能点击关注。有人分析之所以这样设置，是视频号官方希望创作者将精力投入创作，淡化粉丝数量对创作者的影响。这与前一章节分析的推荐功能的底层逻辑是一致的。

如果不想通过点击创作者头像去关注的话，观看视频到末尾的时候，创作者头像右侧会出现"+关注"的绿色按钮引导。

更为核心的是，视频号可以让用户选择是先关注创作者的视频号还是公众号，这个能力对于会做私域导流变现的团队来说，是快速变现的利器。基于此，2022年10月后，新开通的视频号大部分不具备默认打开公众号外显关注的能力了。如下图所示，只有左侧的老视频号才能以"公众号身份展示视频和直播"，这样就可以通过公域流量给自己的公众号私域流量蓄水了。很多混剪号和录播号都依靠这样的设置，单日获取几万粉丝，并快速卖粉或引入销转团队变现。

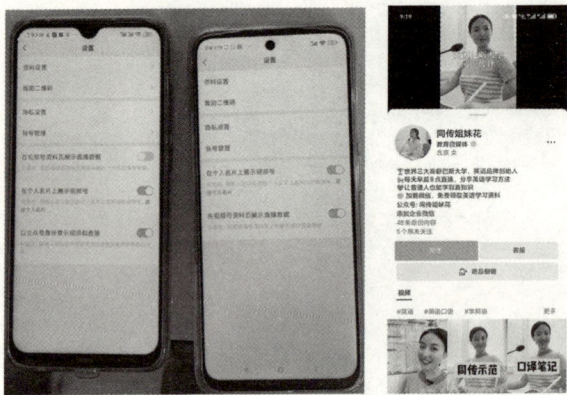

最后来看视频号首页的设置。每位用户的首页顶部，设置有"关注""朋友""推荐"三个按钮。

用户首页的主要模块

"关注"页面下，用户可以直接查看已经关注的视频账号。账号的排序逻辑，为用户关注账号时间的先后顺序。

"朋友"页面下，用户可以查看自己所有好友点过赞的视频。事实上，之前视频号也会依据朋友的点赞，进行内容推荐。

"推荐"页面下，用户可以看到平台推荐给自己的视频内容。观看、评论、点赞数量偏多的视频内容会被推荐到"热门"页面中，系统也会根据用户的定位，推荐一些附近用户发布的视频，还可以显示两者之间具体的距离。

2.3.2 视频号 OBS 推流操作手册

执行平台：OBS Studio，视频号助手PC端（https://channels.weixin.qq.com/login）

需要设备：HDMI 高清数据线，HD 信号采集卡，摄像机

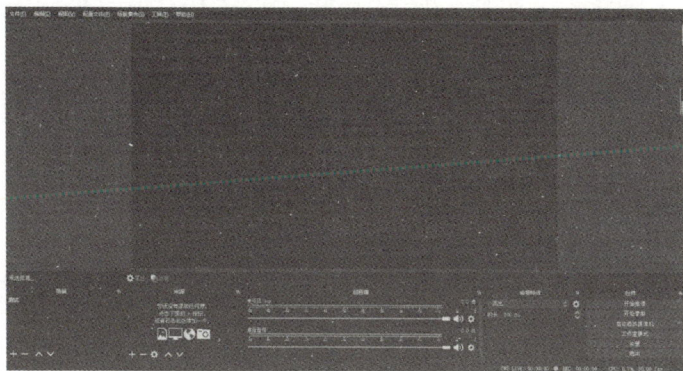

（初始界面显示）

OBS直播场景创建

1.添加直播场景，自定义场景名称。

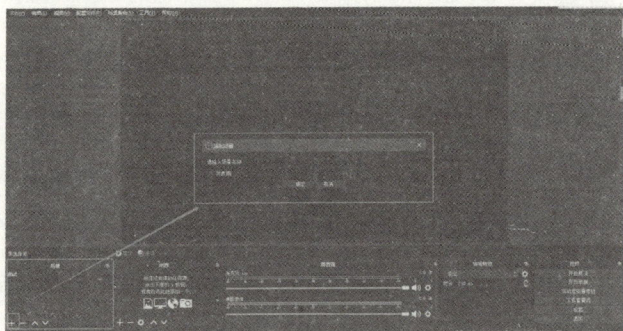

2.添加信号来源，先选择"视频采集设备"，选择信号输入选项"USB Video"。

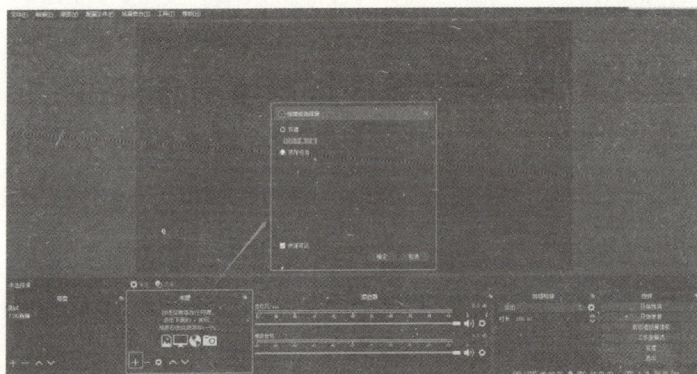

3.再选择"音频输入采集"，选择信号输入选项"数字音频接口（USB Digital Audio）"。

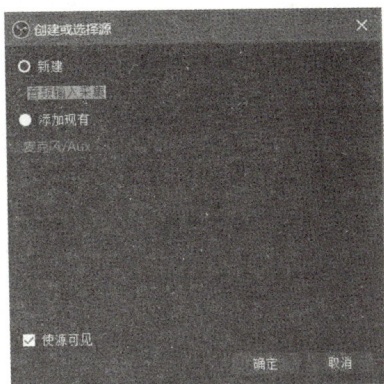

4.设置画面画布尺寸，点击设置–视频–设置画布分辨率，确认后完成直播的画布显示。

横版1920×1080，竖版1080×1920。

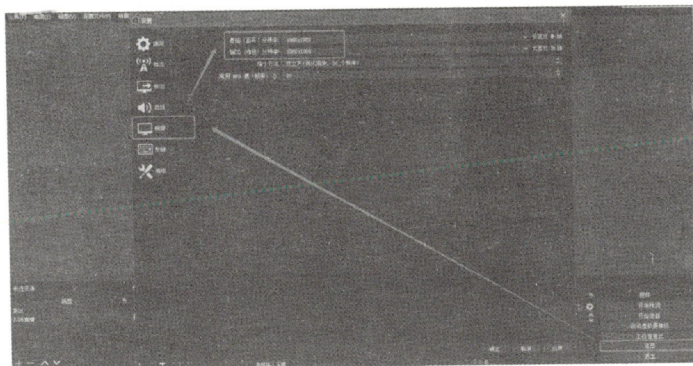

调整好画布尺寸，接入信号后，点击上方工具栏，编辑—变换—旋转90°形成竖版信号。

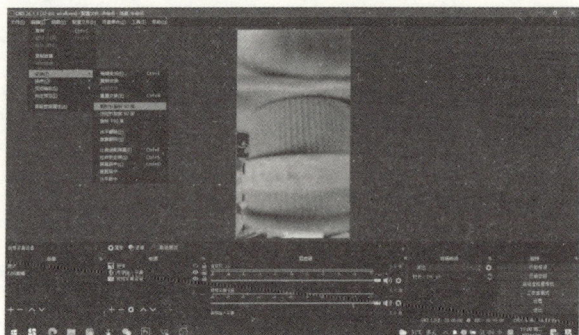

5.添加创建"图像"，选择文件位置，添加包装素材。

　　包装素材添加完毕后，在操作窗口拉动素材调整尺寸，上下边对齐，随后左右居中（包装素材已按照设定尺寸定制，上下对齐，左右居中，在用户端显示就匹配显示）。

推流信号绑定

　　1.设置—推流—服务自定义，准备打开视频号助手，复制信息填写服务器和串流密钥。

2.打开视频号PC助手，直播管理—上传直播封面，填写直播主题和直播标签—创建。

3.出现推流信息页面，复制推流地址到OBS服务器，复制推流密钥到OBS串流密钥。

4.点击开始推流+开始录制。

随后在视频号PC助手上点击"开始直播"。

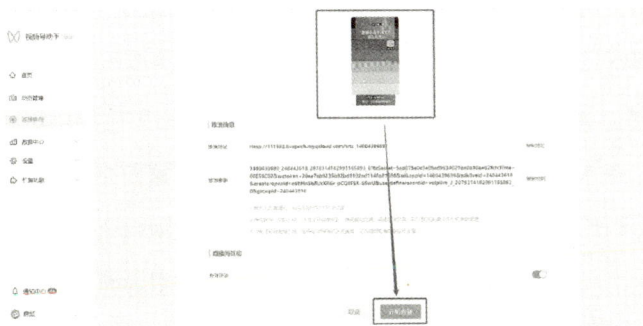

2.3.3　视频号的传播特征

1.广泛的群众面和覆盖面

不管是账号的运营者发布，还是视频号用户观看内容并分享，视频号的操作都非常简单方便。视频号正在成为一个人人可以创作的平台，更符合现在大众短平快的生活节奏。

2.快速传播和分享

对于推广营销来说，时效性和便捷性都非常重要。时效性如果跟不上，就会出现消息滞后的情况；分享方式如果过于复杂，就不利于在大众群体中推广。现在微信视频号的分享操作都非常便捷，再加上"熟人社交"的传播属性，更容易得到好友的信任和背书，可以关联打通原本零散的社交圈、内容创作和商业变现圈，让微信生态圈有了更多的机会。其他平台好友的分享可能会让用户感觉"被打扰"，而视频号本身就是微信内的一个组成部分，这种打扰的感觉会变弱，更利于它的分享和传播。

3.公域—私域的流量循环体

现在，各大平台的公域流量获取越发昂贵，商家及企业建立自己的私域流量池成为必然选择，而当下各电商平台与其他短视频平台没有一个稳定的私域聚集地，只能通过短信等跨平台的形式将用户引导至微信中，而这一过程会产生大量的用户流失。视频号的传播优势之一，就是实现对公域流量的引入，以及对私域流量的沉淀。现阶段，视频号官方对进驻视频号直播带货的企业及商家给予微信内公共流量的补贴，将更多商家内容推送至微信用户面前，并根据用户与视频的互动，向用户好友继续推送，成为公域—私域流量循环体。

2.4　视频号与其他平台的区别

视频号作为短视频平台，我们有必要比较一下它与其他主流短视频平台在产品价值观、内容策略、产品设计策略、运营策略上的差异，这样才更便于我们在日后的学习运营中找到更适合视频号的方法。要知道，能做好抖音的运营人员，他的经验方法并不能完全照搬到视频号中。下面分析一下视频号与其他平台的区别。

1.产品价值观

抖音和微博都有较强的媒体属性，平台主控流量，从而通过人工干预和算法机制设定来筛选出精品内容，为用户呈现更好的观感体验，这样才能保持更好的用户互动数据，最终实现以广告为主的商业模式闭环。因此，有专业化运营团队的MCN和PGC机构，更容易符合平台的需求，拿到比较好的流量结果，最终也会达到名利双收的多赢局面。所以我们在微博上仰望明星，在抖音上羡慕一夜成名的网红，是非常普遍的现象。除了头部以外，绝大部分内容创作者能满足自娱自乐的展示需求，但从商业化角度来看，不容易获得规模性回报。

而视频号、快手、小红书这几个平台，相对来看有比较强的普惠产品理念，即流量也向普通人倾斜，哪怕内容质量无法和专业机构相媲美，但真情实感是更容易打动用户的要诀。真实带来的就是信任的建立。所以信任度变成了这几个平台的内容创作者所特有的标签，粉丝不多，但商业转化比抖音、微博好。

从企业基因的价值观来看，腾讯在互联网行业中被公认为是产品驱动型的公司。拨开云雾看本质，微信非常符合这样的定义，微信是以产品策划为主导的。张小龙曾经在2012年做了一场8小时的内部分享，其中有一句扎心的话就是"好的产品不需要运营"。大家可以看看朋友圈这个产品已经推出11年了，它几乎没有做任何运营。正是这个细节的差异，决定了微信的成功是产品力的成功，而不是外界所简单理解的"靠QQ给微信导流"这样一种外力运营的原因。这是一个非常重要的价值观，微信已经坚持了12年。正因为存在这样的价值观，并被微信团队视为做事的基本原则，所以你就可以理解在视频号上看到的种种不可思议。

从平台领头人的价值观来看，张小龙经常在内部对产品经理们说"善良比聪明重要"。这句话在公众号时代就体现得淋漓尽致，平台不参与内容的分发，也不展示公众号的粉丝数和真实阅读数（超过10万+的阅读数不展示），也不做各个类目的数据榜单（也不提供数据接口），这些其他同类平台的标配基础设施在张小龙看来都是"聪明的产品设计"，确实可以让更多的内容创作者学习到头部公众号的案例和运营手法，从而为平台带来更好的内容质量。但长期来看，就会出现头部效仿效应，内容生态会出现同一模式的内容运营手法，互相借鉴，互相卷，最终就是专业玩家把流量全吸走了，小微玩家只能坐以待毙。公众号时代当中的"营销号"就是靠这样的策略获取了大量的流量和收益。"营销号"因为机构化运营，有资本的加持，会把原创头部公众号的流量都抢走，而它们自己也都是只赚快钱，无法长期做优质内容产出，能很快卖给上市公司或者直接借壳上市。这样的结果会让大家都赚不到钱。所以微信公众号时代做了很多类似这样的"出于善良的设计"。到了视频号时代，张小龙依旧坚持"三不做"——不展示视频号的粉丝数，不展示视频号真实互动数（超过10万+的不展示），不做各个类目的数据榜单（也不提供数据接口）。这样就不会出现抖音、快手的一些第三方数据平台，也不会出现一批天天拆解头部达人数据的达人和培训机构，有效地避免了快速抄袭和内卷。这样的策略，短期会让大批新手玩家进来摸不着门道，老手玩家在围城里没事偷着乐，但平台还是非常适时地推出"服务商机制"，让很多老手玩家"老带新"，一起做内容搞流量分钱，通过流量券激励老手玩家，再通过团长功能来分销爆品给新手玩家。

2. 内容类型

虽然各个平台都提倡平台内容的丰富多样，但我们仔细分析各大平台的爆款内容，就会发现在各个平台能大火的内容类型完全不一样。在抖音上，娱乐搞笑类的视频是最容易出圈的，这也和抖音自带的强大的娱乐编辑功能有很大的关系。抖音有配乐、滤镜、自动字幕等非常丰富的后台编辑功能，这些编辑功能可以使用户的视频在经过剪辑和特效强化后，变成一个耳目一新的版本。快手上更火的是剧情类的短视频。而在视频号上，获得更多点赞或者转发的则是新闻类、知识类和生活类的视频。其原因一部分是在"熟人社交"中，用户更愿意通过视频号向好友展示自己的品位。同时视频号本身也更提倡用户以真实、接地气的表达方式展示更多样化的生活状态，普通人拍摄出的视频被更多人看到，而不像其他平台那样充满较多的娱乐化元素。所以从内容专业化程度来看，抖音最专业，快手其次，视频号最后，这就是普通人也能拿到结果的乐土。

总结来看，抖音、快手要想拿到好结果，内容第一；视频号要想拿到好结果，人设第一。

3. 用户生态

我们常听见一句话：南抖音，北快手。在我们的印象里，快手主攻三、四线的下沉市场，粉丝黏性强；抖音则主攻一、二线城市，用户增速快。而视频号则背靠微信这棵大树，突破圈层的限制，各年龄段、各地域的分布都相对比较平均。从日常内容消费活跃度来看，视频号的下沉用户比较活跃，而从日常商品消费规模来看，视频号的高线用户比较敢于在视频号上高频消费。这主要归功于社交功能的加持，后面第六章会有详解。

4. 推荐算法

推荐算法是几大短视频平台之间最大的区别。

我们先引述一位媒体前辈对于今日头条的解读文章，让大家对推荐算法有个新维度的认知。这篇文章强烈推荐大家去得到App上查阅，我们先把这篇文章的标题给大家打出来，谜底就在谜面上，《吴伯凡·每周商业评论》的《字节跳动为什么能持续出爆品——从label到tag》。

当年看这篇文章的时候，我一下子就明白为什么其他平台打不过抖音了，光是认知就差了多个维度，大部分平台是以Label模型构建的，那是一维的，而抖音是以Tag模型构建的，它是多维的。它把时间、空间这些可以切割到无穷小的参数都列入算法的范畴。

Label：是把一个名称、一个头衔，或者一个Logo、一句有标识性的话贴在一个人身上，以便很好地识别这是有钱人还是穷人，是精英还是平民等。

Tag：是一种碎片式的标签；在互联网中，更偏向于日志类的标签。比如购买了任何一件产品，浏览了任何一条新闻，都会被记录一个Tag。精密的颗粒度记录，组成高像素的用户画像，更有效地用于个性化推荐。

那我们先来看抖音的推荐算法。

首先，抖音采用的是中心化流量分发机制，使用多级流量池分级流量，更加注重头部、精品、热点，强媒体性质。抖音首先会根据用户标签与该类用户喜爱的内容进行匹配，向200~300名用户的初级流量池投送，再根据用户的完播率、点赞、评论、转发等反馈效果来判断内容效果。如果内容的得分较高，就会进行二次推荐，向更高等级流量池进行一周推荐，叠加推荐形成爆款内容。

其次，抖音的完播率推荐机制要求内容创作者有非常强的内容提炼能力，把精华片段前置到片头，确保用户不会在前5秒内跳出，完成最基础的5秒完播率，才能有机会获得更好的流量推荐。在抖音的数据后台，每条视频都有2秒跳出率、5秒完播率和完整完播率的数据分析，帮助内容创作者根据数据来调整自己的内容结构。这就是在抖音上经常会刷到很多视频的前5秒都是冲击力非常强、吸引人，甚至有点吓人的噱头设计的原因。比如开头就点燃一个爆竹放在别人的碗里，或是开头就冲着一个男人全身猛泼一盆冷水。这些内容就会有非常好的完播率数据表现，从而获得更好的流量分配。

最后，抖音还有内容环境流量推荐机制。这一点也是远远领先同行的产品技术能力。抖音可以根据用户在不同的环境下，比如时间、地点、有无无线网络、消费抖音内容的此次时长、消费抖音内容的此次偏好，来给用户打标签，并快速做算法匹配，使得下滑出现的内容会根据此次环境的特性来推荐。比如一位男性白领用户午饭时间正在办公室吃外卖，他刷抖音的时候，大概率不会刷到跳舞小姐姐的内容，一方面因为用户刷到此类内容时会不好意思看而快速刷走，于是算法马上理解他此刻不感兴趣这类视频，后面的视频推荐就降权这类内容的出现概率；另一方面因为抖音通过大量数据会判断出用户在这个时间、地点、网络环境下，其他同类标签的用户也不看这类内容，所以平台就会从源头上给这类内容打上特殊环境的标签。

相比之下，视频号的推荐算法就很难与之抗衡，这也是很多在抖音拿到结果的达人或商家来到视频号非常不适应的原因。一方面前端推荐不准，一方面后端的数据分析不全。但正是这样的现状，才代表视频号处于红利期。因为视频号推荐机制有个核心武器是社交推荐。这是常规的公域流量和社交链私域相结合，正所谓"物以类聚，人以群分"，你感兴趣的内容，你的朋友们也有一定概率会感兴趣。与此同时，视频号依托在微信这样一个社交母体上，好的内容更方便用户转发，这是其他平台可望而不可即的能力，后面的章节会重点指导大家如何利用好这个武器。

综上所述，抖音推荐机制的优点是可以通过大数据将用户浏览过的内容进行分析、统计，让用户总能看到自己想看的内容。而缺点则是用户一旦对某个内容产生兴趣后，平台将不停地推送这类内容，导致用户接收信息的严重同质化，形成"信息茧房"，很有可能使用户逐渐产生"视觉疲劳"，对这类内容丧失兴趣。视频号则尽量避开算法推荐的缺陷，加入社交推荐因素，用户会优先看到好友看过的视频，并能看到对方的评论，这大大提升了社交互动感。这就是微信创始人张小龙的神来之笔，弯道超车一定不是靠跟随，而是靠挖掘自身优势做出"微创新"。

第三章

手把手教你玩——视频号的
基本操作

3.1 视频号的开通与认证

3.1.1 视频号的开通及注意事项

打开微信App，依次点击"发现"—"视频号"，再点击屏幕右上角的小人头像，就可以看到新页面最下方有一个"发表视频"选项，点击后就可以进入创建视频号的界面。一个微信号只能注册一个视频号。

点击"发现"—"视频号"

点击"发表视频"

创建新视频号的界面

进入创建页面后，按照要求填入姓名，更换好头像，点击阅读并同意相关条款后就可以创建一个新的视频号了。操作很简单，不过依然有一些细节值得大家注意。

首先是创建视频号的时候，系统会把你的微信头像、名字等信息默认为视频号的信息。建议把视频号当作一个独立的账号来对待，与微信号要有所区别，尤其是想打造个人IP的用户，应该先认真规划好这些信息，再进行填写。如果是企业注册视频号，应尽量选择专门用于宣传营销的微信号来注册，避免因为员工流动而造成管理上的不便。

视频号的名字最多可以设置10个汉字，有些特殊的字符，例如#、@之类是不能出现在名字中的，带有"视频号"三个字的名字也不能通过审核。设定好名字之后，视频号一年有两次对名字进行修改的机会，在进行名字规划的时候，一定要把这一点也想好，不要随意更换。

视频号申请好了之后，我们就要及时对我们的视频号进行认证了。视频号的认证分为三种类型：兴趣认证、职业认证、企业和机构认证。前两种属于个人号认证，后面一种属于企业号认证。同样，每种类型一年也有两次认证的机会。

3.1.2　个人号的认证

首先我们来看兴趣认证。兴趣认证目前包含三种类型：自媒体、博主、主播。每一种类型下面还有更详细的内容分类，如美妆、美食、科普等。选定认证类型之后，需要提交以下任意一种证明资料。

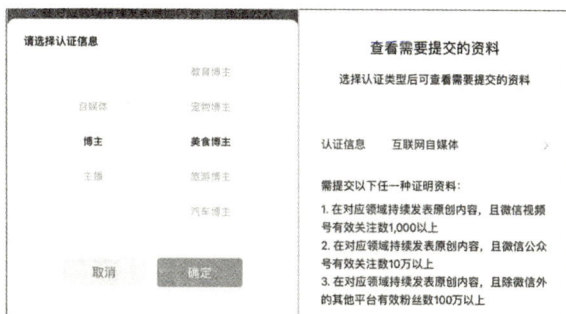

我们可以看到，这种类型的认证需要满足两个条件：持续发表原创内容以及真实有效的粉丝数量。这也是提醒想要认证的用户，一定要坚持发布原创内容，一般来说，在有粉丝数量的基础上，已发布10条左右的认证相关领域原创内容的账号比较容易通过认证。另一个需要注意的细节是，在认证的时候，视频号的头像也一定要符合你的账号人设，并遵守平台规范，二维码以及包含色情、暴力等元素的头像一定会被审核团队拒绝认证的。

接下来我们来了解职业认证。职业认证需要用户向审核团队提供各级人事部门颁发的职称证书，或是具有社会影响力的相关获奖证明，要同时满足以下要求：

认证者最近30天内发表过一个视频号动态；已填写视频号简介；提交在职证明、职称证明等。

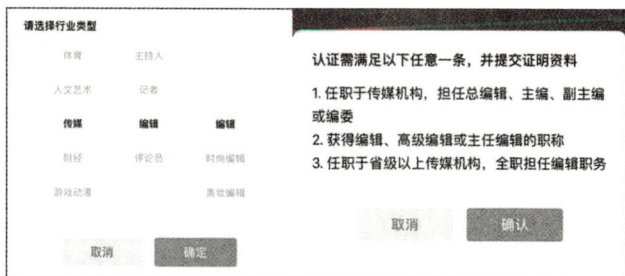

个人号的认证还可以邀请已被认证的好友辅助。好友必须满足两个条件：第一，好友的认证领域和用户申请的领域一致；第二，两人必须是超过三个月的微信好友。从这一点上我们也可以看出视频号尊重熟人社交的底层逻辑。

3.1.3　企业号的认证

企业号的认证包括企业和机构认证，认证通过后的企业号，会在名字后方带上蓝V标识。企业号认证需要通过已认证过的同名公众号来认证，所以这里要提醒大家，在认证视频号之前，先要认证企业的公众号，同时使用专用于企业宣传和营销推广的微信号来注册账号。每个公众号只能认证一个视频号，每个视频号每年有两次认证的机会。

视频号在通过企业认证后，系统会出现一个认证详情页面，内容包含"企业全称""认证时间""工商执照注册号/统一社会信用代码"三项，同时账号名称旁会出现相应登记的图标。

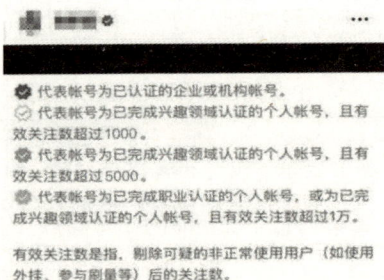

目前，视频号的黄V和蓝V还没有出现明显的流量优势和其他特权，但在版本更新后，有可能会给不同等级的账号赋予不同的权益。

3.2　细节决定成败：主页的装修指南

3.2.1　视频号取名原则

在所有短视频平台上，名字都对陌生用户的留存非常重要。从营销的角度讲，一个好的名字ID会让用户迅速记住你，并留下深刻的印象，并且有利于减少双方沟通的成本。同时，名字一旦被别人注册，同平台的其他用户就不能再使用了。所以，一定要重视关于名字的注册和使用。如果个人或企业已经具备了一定的社会影响力，最好能在平台上沿用已经被大众所熟知的名字，这样更具有品牌识别度。如果名字被占用，我们可以考虑将名字和一个专业标签相互搭配来命名，例如"美妆达人–Lily""小萌爱搞笑"之类的，这样还可以加深受众群体对专业标签的印象。

我们建议取名要符合以下几个原则。

首先名字要简单易记，易于传播。一个好名字的字数不宜过多，建议2～5个字为宜，也不必过于复杂。

想要打造个人IP，建议所有平台的名字都有一定的关联性，保持个人品牌的一致。

同时提醒大家，好名字一定要方便用户快速输入和搜索，名字里不宜加入太多生僻字或网络化元素。如果你的名字别具一格，没有其他账号重复使用其中的几个关键词，那么用户在视频号上搜名字时，就很容易搜索到你的名字。

在想名字之前，最好在视频号的"搜索框"里搜一搜，调研一下和你有相同关键词的视频号主的影响力。如果已经有很热门的号主使用关键词，那你就要考虑使用其他关键词了。

好的名字最好还要突出人设，强化定位。如果你希望别人能记住你的视频号，那么你的名字里最好能带上鲜明的个人信息，可以加上一些个性化的标签，方便别人一下子记住你。

3.2.2　如何设置一个"加分"的头像

除了名字，我们还需要一个高辨识度的头像。用户在看到一个陌生的视频号时，一定还会看头像，甚至有些用户只看头像。一个讨人喜欢的、辨识度高的头像，是能够吸引更多用户关注你的。

在任何平台，头像都是你给陌生用户留下的第一印象，如果你的头像刚好卡住他的兴趣点，这无疑是加分项。甚至，长时间不换头像，都会潜移默化将头像产生的作用直接投射到人本身，成为你的专属特征。

选择头像的原则很简单：真实、有个性、能够传递品牌信息。和名字一样，如果你想加深用户对你的印象，最好在所有网络平台都统一使用一个头像。从品牌推广的角度来看，尽量不要频繁更换视频号头像。

有的用户喜欢用明星头像作为自己的微信头像，但是在视频号上，这样的设置存在一定的侵权风险。有的创作者希望能尽可能多地将粉丝引流到自己的私域，就会在头像上加上自己的微信号或者二维码，这种行为极可能被举报，并被微信官方提示要更改照片。

同时提醒大家，在上传头像的时候记得选择清晰度高的照片，当你使用一张模糊不清的图片当头像时，会降低用户对你的好感度。

下面我们具体来看视频号头像的几种类型。

1. 人物照

人物照的头像适合经常真人出镜的创作者。通常美食、生活、娱乐类的创作者会选用优质的生活照作为头像，富有生活气息的照片能够快速拉近与用户之间的距离，同时也可以通过头像彰显创作者的内容领域。例如美食博主放上自己和美食的合影，母婴博主选择自己和孩子的合照等。

还有一些垂直专业领域的创作者会选用一些相对正式的形象照作为头像。例如律师、医生、房产中介等专业人士通常都会选用干练的个人形象照，让用户在第一时间感觉到你的专业和认真。

2. 萌宠

萌宠类博主一般会选择上传宠物的照片作为头像，加深用户对宠物的喜爱。如果你的内容和宠物不相关，使用萌宠做头像的效果并不会很好。

3. 动漫类型

不想真人出镜的用户可以考虑使用动漫类型的头像，这特别适合游戏、剪辑、测评等类型内容的创作者。选择一些知名度较高的动漫人物还可以给用户传达你的一些观点及个性。

4. 风景照

分享风景、摄影师、生活经验等相关内容的创作者喜欢选择自己拍摄过的一些漂亮风景和宏伟大气的建筑等作为头像。做旅游内容体验分享的创作者则不太适合用这类头像，选择人物照反而更合适。

5.品牌Logo

企业视频号、各行业的品牌、新闻媒体等相关的达人可以选择这类头像。Logo的输出不仅会让用户对公司或品牌形成一个强烈的认知，还会起到统一品牌的作用，真正将品牌矩阵做到落地。

3.2.3 如何写好视频号简介

进入视频号，点击右上角的人像小图标，就可以进入账号设置，再点击"我的视频号"中的ID选项，进入视频号简介的编辑界面中。视频号简介就像是个人名片，当用户点击你的头像，就证明对你感兴趣，这时一段简要清晰的简介可以帮助用户用最短的时间了解你。从某种程度上讲，简介可以影响用户是否会关注你，从而进入你的私域流量中，因此我们一定要重视简介的写法。

这里要注意，我们写简介的目的，并不是告诉别人你有多厉害，而是告诉用户你可以帮他解决什么问题。我们一切行为的目的都建立在"利他"的基础上，好的简介也不例外。

那么一个好的简介到底应该怎么写呢？首先我们可以给大家介绍一个万能公式。

我是谁？——一句话介绍你自己。

我是做什么的？——告诉粉丝你是做什么内容的，定位要明确清晰，可以展示成就，比如奖项、粉丝数等。

我能带给用户什么？——让粉丝知道关注你是有价值的。

我的联系方式——方便积累私域粉丝和拓展商业合作。

　　视频号简介总长度不能超过400个字符，这要求我们在表达时要尽量简洁明了、通俗易懂，能让人一眼就知道你想说什么，切忌高深莫测、含糊不清。现在大多数粉丝用户都是利用碎片化时间观看视频，对需要花费精力思考的事物很排斥，所以简介要简单易懂，容易让人记住。在简洁的基础上如果能加上一些个性化和有趣的内容，那就再好不过了。

　　有的创作者在写简介的时候，什么标签都往自己身上贴，恨不得把400个字符用得满满当当。这个时候我们需要做的其实是个人定位的梳理，用我们最擅长的领域去吸引想要吸引的用户即可。其他才华和亮点可以作为后端延伸的产品，会使得我们个人IP更饱满、更立体。只有自我定位更准确，通过一段时间的垂直输出，我们才能吸引到更精准的目标用户。

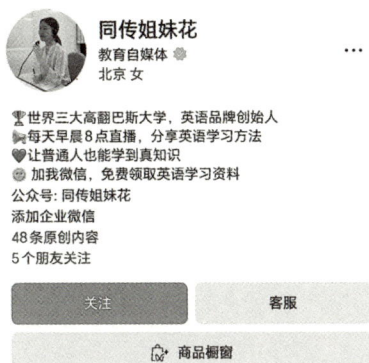

　　视频号简介还需要突出自己的独特性。比如，自己在哪个领域比较擅长，关注后能给用户带来哪些实际价值，这样可以方便用户快速了解你的身份和内容定位。

　　如果你是律师、医生等专业人士，那么在简介中可以强调你的职业属性，这样内容可信度会比较高。而你发布的视频，自然也会带有权威性。

　　有些地域性强的账户则可以强化自己的属地。人们往往对自己所在的城市拥有天然的亲切感，简介里添加上城市名称，更容易引起同城人的关注，而且名称越是具体到某一点上，就越能获取更加精准的用户，同时用户的黏性也会越高。

有的时候我们还可以在视频号简介中加入emoji表情，并配合使用一些排版技巧，使简介看起来更加生动活泼，更符合年轻人的审美。

需要注意的是，不要在简介中引导用户去其他平台关注。有的创作者会在视频号简介中留下小红书号、微博号、抖音号等信息，这极大可能会被平台认定为违规信息。我们可以通过视频号插入公众号链接，再在公众号上添加其他平台引导信息来实现引流转换。

3.3 如何找准账号定位

3.3.1 账号定位的三大原则

不论你是想从事专业短视频创作，还是只想通过视频号做做副业，你都需要有一个清晰的定位。只有定位清晰、布局准确，才能更精准地吸引粉丝，从而实现商业变现。一些刚上手做视频号的创作者往往定位不够明确，发布的视频内容跨度大，一会儿美食，一会儿旅游，或者完全做成毫无意义的生活分享，封面标题乃至文章调性都没有统一。可以说，有很大一部分用户在入局视频号的时候方向就是错的，最后只会达到事倍功半的效果。

所以我们在运作视频号的时候，一定要从一开始就找准自己的定位。如果对账号定位还有疑问，我们可以参考定位的三大原则。

1. 价值原则——要么杀时间，要么省时间

我们常把"内容为王"挂在嘴上，而什么样的内容才是好内容呢？对于用户来说，有价值的内容才会吸引人去观看，才值得关注，所以我们输出的内容一定要有价值。这里的价值有很多种：视觉享受价值、娱乐享受价值、知识获取价值等。好看、好玩、有趣和实用，这些都是用户比较喜欢的内容方向。除此之外，还要去挖掘更深层、更有价值的内容提供给用户，如观念、方法、价值观的输出等。总之，要让用户觉得关注你的账号能获取到对他有用的信息，"利他"是我们运营账号的第一原则。

2. 垂直原则——少即多

前面的章节已经分析过，视频号庞大的流量池非常适合对垂直内容进行深度挖掘。记住，一个账号只专注于一个细分领域即可，俗话说"贪多嚼不烂"，你越是想要迎合所有的用户，做各种各样的内容，越会适得其反。在一个细分领域精耕细作，反而能更快收获精准用户实现变现。我们前面强调的视频号人设第一，就是这样的道理，一个真实的人更容易被人看到他的魅力。

3. 差异原则——与其更好，不如不同

现在用户每天面对海量的内容，想要让用户记住你、关注你，就一定要有自己的特色，而差异就是制造特色的最好方法。当你和其他账号有了差异，你才能从众多的账号中脱颖而出。

制造差异的方法有很多，我们可以从内容结构、表达方式、表现场景、拍摄方式、视觉效果等多方面寻找。大差异很难做到的话，那么可以先从小的差异来。

根据以上定位原则找准自己账号的定位，持续、稳定地产出优质内容，这样做出爆款视频的概率会大大提升。

个人想要做视频号的话，可从以下几个方面去挖掘自己的定位。首先可

以从自己擅长的专业和兴趣领域入手。每个人都有自己的特长和爱好，从这两个方面来做视频号，更容易做出好的内容，也更容易坚持下去。不要以为只有唱歌、画画等爱好才可以做视频号，如果你喜欢看电视剧、看小说甚至聊天，只要找到合适的方向，都可以做成内容和大家分享。

你还可以根据自己的职业来做视频的定位。曾经有位在工地卖盒饭的女生，每天都录制自己制作盒饭和卖盒饭的过程，慢慢地就收获了不少粉丝的关注。现在她的视频可以吸引到不少餐具、调味料厂商的广告投放，这部分的收入已经超过了她卖盒饭的本职工作。

如果是企业品牌账号，又该如何找准自己的定位呢？最核心也是难做到的要求就是要"换位思考"。要放下品牌的架子和高高在上的视角，要以小白用户的心态去思考什么内容才能唤起用户的好奇心。品牌方在布局短视频的时候，要在内容层面重点挖掘自己的"短视频基因"——产品哪些地方有趣，找到最适合引爆的内容话题点，然后针对这个点来持续开展短视频制作。不同的企业会提供不同的产品和服务，所以内容和话题方向也是不同的。我们也可以研究竞品的账号和他们的爆款视频，通过拆解分析，找出模式和规律，找到适合自己的调性和风格。在研究时，可以参考类似百准、友望、新榜、阿拉丁这样的数据平台来做参考，虽然视频号官方没有提供数据接口，但这些公司都有自己的门道获取部分数据来推演大盘的走向，这些数据可以为品牌方更快地找到视频号的"内容气场"。

3.3.2　如何根据定位打造人设

人设是"人物设定"的简称。这个词最早用来定义游戏、动漫等作品中对虚拟角色的外貌特性、性格特点的塑造。现在这个词已经出圈，应用在更多的场合，比如我们常听说某某明星"人设崩了"，就是指明星的自身形象定位不到位，或是明星做了有损自己原本形象的事情。那么做视频号也需要人设吗？答案是肯定的。不仅仅是视频号，凡是涉及自媒体的个人IP运营，都需要注意人设的问题。

前面我们提到过，在寻找账号定位的时候要利用差异化的原则，而树立人设则是最直接、最明显的账号差异化。在短视频账号运营中，账号人设可以在最短的时间内解决"我是谁""我能做什么""我有什么特色"等问题。人设就像商品的包装，好的人设可以更精准地吸引粉丝，有利于后期的变现，这关系到用户对你的认知标签及记忆点，是账号定位中不可或缺的一部分。同时，账号的生命周期和变现能力也离不开人设。

除了增加辨识度和差异化，一个成功的账号人设还可以增加用户的关注度，更容易吸引同质的粉丝，简单说就是更容易让用户记住并爱上你。

那么通常打造人设需要哪些方法呢？首先，我们要明确人物出现在视频中的外形、声音、姿势等特点，然后尽量通过某些特定环节和手段把该人物形象体现得淋漓尽致，最后在多个视频中重复使用。

首先我们可以设定好人物的外表特征，包括穿衣、配饰、化妆风格的统一等。穿衣风格既可以贴合自己的视频内容，也可以通过制造反差来加深用户的印象。例如早期李子柒的视频以"古风"为特色，她的穿衣打扮大都古香古色、仙气飘飘。而在朱一旦的枯燥生活系列短视频中，朱一旦的那块劳力士手表既是他老板身份的重要设定道具，同时也为他的视频增添了特别的喜剧效果。

我们也可以抓住人物性格上的细节特征来打造人设。人设的性格塑造新颖，也可能成为视频的爆点，提升账号互动率。细节特征如吃货、迟钝、反差萌等。贵州本土达人"拜托了小翔哥"在刚开始做视频时一直不温不火，结果某期因"大意"，套着塑料袋煎牛排的视频突然在互联网走红。第二次同样因为"大意",用爆米花机爆小龙虾的视频再次走红。

我们还可以在视频中设置一些体现人物性格的固定元素。固定元素是指每期视频都会出现的记忆点,属于账号特有标签,它可以是台词、字幕字体、声音、拍摄视角,甚至有特色的背景音乐都可以成为固定元素,让大家一听到这个音乐,就会想起做视频的人物。例如账号阿沛制作的"当我转入尖子班"系列,每次出现尖子生吐槽差生的神转折之前,都会出现一段固定的背景音乐和特效场景,让用户知道,尖子生又要开始"毒舌"了,对下面的转折充满期待。

如果单人表现力比较单薄,缺乏感染力,则可以用多人角色和关系构建账号节奏。现在比较流行的"一人分饰多角"账户,都是通过换装+切换镜头的方式来塑造多个人物形象,对日常生活中的人物关系进行细节描述,引发观众共鸣,这也不失为一种塑造人设的手段。这里面的天花板就是李蠕蠕。

最后我们还要强调,在设计了这些特色或固定元素之后,一定要反复使用,才能在用户心中成功制造标签,形成对你的"人设"认知。

第四章

内容为王——视频号的内容策划

4.1 好的选题是成功的一半

4.1.1 热点与选题

视频号拥有庞大的用户流量，但不是每一个创作者的视频都能获得流量。诚如这一节的标题所言，好的选题是成功的一半。在用户每天都会接受海量信息的当今时代，如果你的选题不能切中用户的需求，那用户看到这个视频就会快速划走。一段视频要表达什么观点，传达什么信息，都需要结合目标用户的需求。而用户想看的内容，其实就是我们的选题，选题的好坏，能直接决定一个视频的成败。那么如何寻找合适的选题，就值得我们每一个视频号创作者、运营者重点关注。

我们做选题的时候，应该遵循四个原则，分别是用户导向、价值输出、垂直细分和热点跟进。

1.选题内容一定要坚持用户导向，接地气，贴近用户，以用户需求为目标，千万不能脱离用户对内容的需求。换句话说，我们在做选题时应该优先考虑用户的需求和喜爱度，这也是保证我们视频播放量的重要影响因素，往往越是贴近用户粉丝的内容，越能够得到他们的认可，完播率也越高。

2.视频选题内容应该以价值输出为宗旨，要输出有价值的干货。干货内容的一大特色就是会直接触发用户收藏、点赞、评论、转发等，帮助我们传播内容，从而达到裂变传播的效果。

3.保证选题内容的垂直度，垂直内容才能精准吸引粉丝，提高我们在专业领域的影响力。做短视频，定位好领域之后，不要轻易地换领域，否则打造的短视频账号垂直度不高，内容选题比较杂，用户粉丝也不精准。我们一定要在某一个领域长期输出内容，这样更容易占领头部的流量。

4.选题内容应多结合行业热点或网络热点，网络热点跟得紧，可以在短时间内得到大量的流量曝光，对提升视频播放量和吸引粉丝有非常重要的影响。我们在做选题时除了做常规的日常选题外，一定要提升新闻敏感度，善于捕捉热点、蹭热点。

根据热点来制造选题。追热点是每一个自媒体人的必备技能。下面我们就来详细讲一讲如何利用热点。

热点就是网络上自带高流量的话题，只要我们紧跟热点内容，无论多么简单粗糙，几乎都能得到比平时多得多的流量，可以说是用较低的成本获得高关注度。利用热点事件来确定选题，制作的内容结合热点事件，可以用网络热度更快获取用户的关注与传播，算是我们制造选题的一个捷径。

热点话题又从哪里找呢？热点可简单分为突发型和可预测型。可预测热点多是大型活动、节日、节气、纪念日等，如每年的苹果新品发布会、各大卫视的跨年晚会、高考、情人节、七夕节、春晚等。而突发热点一般与社会、民生、娱乐事件引发的爆款有关。突发热点比可预测热点对速度及制作能力要求高，不容易把握，但与此同时，突发热点更容易带出高流量。

我们给大家推荐几个常用的热点网站：今日热榜、考拉新媒体、微博热榜、百度热榜和抖音热点宝等。大家可以养成每天早上打开这些网站浏览热点的习惯，这样可以帮助我们提升热点敏感度，并为选题存储一些素材。

有了热点，接下来该怎么结合热点做适合自己账号定位的选题呢？我们要学会从以下几个方面来切入热点做选题。

1.利用用户的痛点

痛点指的是市场不能充分满足而客户迫切需要满足的需求，一般是刚性的、可以量化的需求。例如在婚恋市场上，90%以上的女性不会对秃头、脱发的男生产生好感，那么脱发就是一个绝对痛点。又比如，妈妈需要返回职场，但不满3岁的婴孩很难找到合适的照料人，这也是职场妈妈的一个痛点。

现在很多爆款视频都在描述人们的恐惧，因为这是最能够引起用户注意的话题。在策划选题时，选择与品牌或产品相关的痛点话题，可以迅速吸引关注。我们可以从热点中挖掘出某一用户群体的痛点，用户的痛点就是他们的关注点，抓住了痛点就抓住了用户的眼球。

2.利用用户的情绪

带有情绪的热点视频更容易在用户之间传播。人们在日常沟通中，很多时候都是在做情绪上的沟通。某些带着情绪价值的选题能很快激发用户的观看兴趣。高等强度的情绪词，比如愤怒、紧张、兴奋、愉快，这些词能够瞬间吸引读者。而中等强度的情绪词，比如悲惨、厌烦、满足、宁静，这些词虽没有直击读者的痛点，但是也能渗透读者内心。

具体到视频创作，我们可根据不同内容，设定标题传递出来的情绪。例如讲"失去"比"得到"更吸引人，利用的是用户的恐慌情绪；在视频中设彩蛋，讲转折或转机，利用的是用户的惊喜情绪；针对用户的同情心，讲不公平待遇等，利用的是用户的悲愤情绪；让用户有好奇心，主动提"为什么"，利用的是用户的猎奇情绪。

3.利用热点中的争议

对于一个热点的是与非、对与错、好与坏，不同的用户往往有着不同的立场和见解。从热点中，创作者要挖掘出争议点进行表达。面对同样一个热点，支持A观点的用户，会点赞支持，评论转发。而反对A观点的用户，会说出自己的看法。激烈的讨论会带来更多的观看和评论，而评论数据会对视频的流量产生助推的效果。

4.利用热点赋能垂直领域

我们在借势热点时，一定要与自己账号定位的垂直领域紧密结合，对准某一用户群体，这样有助于精准地吸引用户，留住粉丝，进一步形成服务转化和交易收益。同时我们的选题必须和我们的品牌或产品有相关性，不能生拉硬拽，否则会引起粉丝反感，让粉丝有一种"强行蹭"的观感。

5.提出另一维度的认知

大热点必定人人都追，除了要与自身定位领域紧密结合外，我们还要进行多层面的思考，看看能否给用户带来新的观点或体验，做出差异化也是成为爆款的一个因素。

当然，也不是所有的热点都可以追。如果和账户定位差异太大，或者热度周期很短的热点，我们就不用勉强去做选题了。例如一个事件从开始就非常清晰，公众的立场有明确的统一倾向，那么这个热点就很难持续太久。另外，不确定真实性的热点也不要去追，避免造成"翻车"。

除了热点，日常的选题又从哪里来呢？首先我们可以在自己的领域选择一些类似的作品来参考，学会做"竞品分析"。只要是同一个领域，就总有人做得好，但也会有一些没有被发现的点，所以，也可以向同行学习。把和自己的视频号定位相关的"爆款"都收集起来，分析他们的选题和标题，试着做同样选题的视频。事实证明，被验证过的爆款选题，是有很大概率再次成为爆款的，视频播放量也是有保障的。我们完全可以通过拆解分析，做出相似的视频。这一点后面的章节会详细介绍。

内容发布后，我们浏览评论区及留言也会获得一些灵感，能够知道用户喜欢什么，更想看什么，这对接下来的视频内容选择是比较有意义的。选择视频题材时，我们也可以利用一些数据分析工具找到用户关心的点。

　　此外，我们还可以尝试做系列化的内容选题。短视频为用户提供的是碎片化的知识，我们可以围绕相同内容做多个选题，从而形成体系。找到一个用户关心的关键词，进行树状图的分支拓展。例如关于新手妈妈，我们的分支可以包括新手妈妈的产前产后准备、新生儿喂养、新生儿睡眠、产后心理建设等。还可以在这个问题上再次拓展，例如新生儿睡眠，可以细分为睡眠习惯、床品准备、睡眠安全等。这样，一个主题就会变成一系列选题，不仅丰富了选题，也更利于在用户心中树立起账号的"人设"。

　　我们也鼓励创作者们建立自己的选题库。例如爆款选题库，就是关注各大热播榜单，比如抖音热搜、微博热搜、头条指数、百度指数，以及三方平台的各类热度榜单，掌握热点话题，熟悉热门内容，选择合适的角度进行选题创作和内容生产，热度越高的内容越容易引起用户的观看兴趣。同时还要建立一个常规选题库。日积月累很重要，不管是身边的人、事、物，还是每天接收到的外部信息，都可以通过价值筛选整理到自己的常规选题库中，也可以根据专业性和资源性来筛选整理到选题库中。

4.1.2　模仿还是超越：为什么要做别人做过的选题

　　模仿是短视频行业内的一个常态，当一个视频成为爆款，引发巨大关注和议论的时候，就会有无数账号竞相模仿，分享这个题材或者模式带来的热度和关注。曾经有从业人员分析全网某细分领域最火爆的100条视频，结果发现在这100条视频中，大部分的选题或者创意都是相似的，真正不同的创意只有5个，其他的视频都是对这5个内容的重新演绎。在短视频领域，我们可以得出这样一个结论：爆款视频大部分都是重复的，绝大部分短视频创作者都在做模仿甚至直接搬运的工作。

　　模仿好的作品并不是一件丢人的事情，相反，在很多领域，模仿都是一种行业常态。苹果公司的产品以颠覆式的创新闻名，而"教父"乔布斯曾在公开采访中引用毕加索的名言：优秀者模仿，伟大者剽窃。这是因为模仿其实是一个非常好的学习法则，想要快速学好任何一种技能，都需要摸清它的运作规律，以寻找学习的捷径。而模仿，就是我们的捷径之一。

　　在视频号的创作上，做别人做过的选题，尤其是那些成为爆款的选题，对初创者来说非常有必要。爆款视频之所以成为爆款，必定在它的演员、场景、背景音乐、标题文案甚至评论上有独到之处。直接把别人做好的东西拿来反复拆解、模仿，就是最好的学习方法。

　　对于想要做出爆款短视频的初学者，我们提倡首先要学会观察同领域的爆款短视频。看看他们都做过哪些选题，又都具有哪些共同点，再根据自己的实际情况进行创新优化。我们可以先分析这些选题的内容，比如主题、风格、人物、场景等，这能帮助你更好地理解爆款视频的成功之处，然后制订自己的内容计划，明确你的视频在内容、长度、风格等方面的目标，这样能帮助自己寻找到适合的选题和灵感。

　　需要注意的是，我们并不提倡抄袭别人的东西。模仿的目的，是吸收别人的优点，再加上自己的创新。如果一个账号只是简单做搬运类的视频，虽然可以收获不错的浏览量，但它不具有自己的生命力，没有长期存在的价值。模仿的最终目标还是要对原视频进行超越。我们需要模仿的是原生需求和爆款背后的价值规律，这也是我们提升爆款概率的最大因素。

4.1.3 爆款选题是如何诞生的

我们再来定义一下爆款视频。有人说出现在推荐中的视频就是爆款，这个看法还不太准确，推荐的视频并不一定都能成为爆款。真正的爆款是拥有极高的点赞量、评论量和转发量的视频内容，它的传播范围非常广，传播价值大，可以引起用户强烈的情绪共鸣和波动。一个好的爆款内容可以让创作者涨粉上万甚至几十万。作为短视频的创作者和运营者，制造爆款视频是我们最重要的目标。其中的第一步，就是做好一个爆款的选题。

在这里，我们根据多个爆款视频总结出了做出爆款选题的三大规则。

首先，视频选题的受众范围要足够广泛。这一条并不和我们之前强调的账号定位尽量垂直原则相矛盾。对于爆款选题来说，单纯细化受众会限制短视频内容覆盖面，所以创作者在做选题时，不仅要从垂直领域切入，还要尽量融入大众化的元素。

其次，爆款选题一定能够戳中受众痛点并引发情绪共鸣。

最后，选题的时间节点要足够精巧。这里的选题节点巧并非指简单地蹭热点，只有把握好热点的时间节奏与切入角度才能避免内容同质化。

账号"林语view"是一个摄影自媒体，通常他的视频点赞量在100左右，可以说是不温不火。2021年6月，他发布了一条"广州加油，广东加油"的视频，其实内容非常简单：航拍的广州城市景色，再加上鼓励人们战胜新冠肺炎疫情的文案。他写道：2003年广州是非典的终结者，新冠也敢来此地，就让它在这里终结，广东加油！再配上话题#共同防疫#广州疫情等，结果这条9秒钟的视频收获3.8W+点赞。这条视频成为爆款的原因之一就是，在新冠肺炎疫情防控期间，"抗疫"的话题总能引发人们的共鸣，创作者在合适的时间找到了合适的内容。

　　爆款选题的策划是在计划、创新的基础上进行设计包装的结果。制造爆款看似是一门"玄学"，其实也有一定的规律可言。保持定期定量的内容输出，对于创作者尤其是初创者来说并不是一件容易的事情，所以做好爆款选题的策划非常有必要。在这里我们建议所有创作者都要建立好自己的选题库，做好一定的内容储备。

　　选题最初可能只是一个非常小的想法，或者是一个根据微博热搜、朋友圈刷屏文章及知乎讨论的热点闪现的灵感。从提出一个选题到最终打造成为爆款，其间需要经过细致的打磨。当我们学会了选题分析和选题策划，思考了每一个选题中有什么是值得我们学习、借鉴的，制作出爆款也会变得相对容易。

　　我们还要从视频号平台的品类分布上找到爆款选题的规律。

　　结论是这两类标签的内容最受欢迎——眼前的苟且+诗和远方。

　　眼前的苟且，就是鸡毛蒜皮的生活琐事，奇闻逸事，普通人的不普通；

　　诗和远方，就是美好的过去，美好的别人家，美好的未来。

　　由此可以推测哪些人是这类主流内容的消费主体：

　　1.有较大生活压力的人群；

　　2.有较多空闲时间的人群；

　　3.有现实表达意愿，但缺乏表达能力的人群。

　　所以你需要贴合这类人群，只要做出能帮他们解压，消遣他们时间，把他们心底里的话说明白的内容，就可以迅速引爆视频号。

　　举两个例子，来看看什么叫"眼前的苟且"，能引发共鸣、共情的传播：

　　2020年见到何子龙的时候，在场所有人都很受鼓舞，我当时就坚信他的内容一定会在视频号上获得好的结果，而且最能破圈的领域就是视频号。他坚持了两年，确实达到了常人难以企及的高度——4项10万+的内容（收藏、转发、点赞、评论）。

同样对比他的抖音，有6万粉丝，只有2条过万点赞。

他的不易与他的坚韧，激励几十万人的自省与自勉，而表达的方式就是动动手指。他视频号的评论区简直就是《感动中国》现场。

而林师傅的内容更适合大家效仿，这一条3项10万+（收藏、转发、点赞）的内容手法就是把日常的工作艰辛和创业必备的待人接物心法结合起来，将感性与理性融合在一起，击穿备受压抑的受众。

这条爆款视频最扎心的话术是你帮助过的人最会让你失望！

这是只有经历过的伤心人才能懂得的道理，在当下，会显得更深刻精辟！

"比惨"完，再"比美"。"意公子"的指数级增长就是典型"诗和远方"的代表。

她的奇葩表现有三：

1.多个双10万+（点赞和转发）的内容，全部关于美好过去，主旨是文化自信；

2.所有内容都是中视频，平均时长6分钟，但从数据表现可推断完播率很高；

3.高赞高转发的内容里有多条是广告植入的商业内容，如张裕葡萄酒/安踏。

那对入局视频号的选手来说，她的成功给我们的启发有三：

1.把你的产品或服务提升到文化层面的社会价值，相对容易产生传播；比如安踏怎么让冬奥会展现出科技与艺术的大国气质。

2.每个月找到一个当月爆点的预案非常必要，不打无准备之仗。如2022年春晚最火的是孟庆旸的舞蹈表演《只此青绿》，她第二天就发出内容为"《千里江山图》背后的文化符号"的视频，而且一发就是三条不一样角度的内容。如果没有提前的内容储备和节日热点的预估准备，是不可能在放假期间这么敏捷地跟进热点的。我们在达人群里调侃她，"这套视频组合拳应该最终涨粉50万"，她笑而不语。

3.回忆杀选题是视频号高龄人群比例高导致的独特风格。如苏东坡、诸葛亮的人生历程对于中老年人来说，听到的是别人的故事，联想到的是自己的故事，所以你的内容也要怀旧。现在做个人IP的博主都已经标配置顶自己的"十年Plus"就是这样的逻辑，非常有效，让用户在几分钟内了解你的过往，最终建立对你的信任，并表现为对你的产品的兴趣及信任。

4.2　视频号常见的表现形式

不同风格的视频号账号，内容的表现形式也不尽相同。创作者和运营者要不断思考和摸索适合自己账号的表现形式，例如到底是选择多样化的表现形式还是单一形式？表现形式之间如何组合排列？是要促进整体风格和谐统一，还是以为用户留下记忆点为目的？

想要找到最适合自己视频号账号的表现形式，首先我们得先知道常见的表现形式都有哪些。

4.2.1 真人口播类

真人口播是最常见的短视频表现形式。这类视频看似形式简单粗暴，但总能获得用户的青睐，流量表现非常优异。视频号生态服务商日榜数据显示，在日爆视频Top10中，真人口播类短视频必有立足之地。

真人口播短视频是通过真人出镜来进行知识讲解或者情节演绎，通常包括特定领域的专业性内容讲解、热点事件的分析讲解、真实经历讲述等。这种视频的创作门槛很低，有的创作者甚至只是简单地对着镜头说几句话，没有背景音乐和特效，都能获得10W+的点赞。

为什么大家都喜欢这种类型的短视频呢？首先真人出现在镜头里，对用户来说有着天然的亲切感，尤其是一些带着方言口音、台词自然的创作者，很容易让用户持续看下去。对于想要打造个人IP的创作者来说，真人口播是最简单的方式。同时口播的内容大都是通俗的、接地气的，受众范围非常广泛。对于中老年微信用户来说，这种短视频其实很对他们的胃口。例如视频号"长春奇点"，出镜的女孩并不算美貌，略带东北口音说出一小段积极励志的正能量语言，看似平平无奇，却经常获得10W+的点赞。

从现在用户的接受程度来看，情感类型的内容特别适合采用真人口播的形式来制作。这一类内容制作难度低，文案获取也很方便。定位是专家或者老师的账号类型，也常用真人口播的形式来"答疑"。

但这种表现形式的账号也存在诸多问题，例如商业价值并不高，中年用户对它的接受程度很高，愿意花时间并分享，但很难付费。同时，这类账号门槛低也意味着竞争激烈，溯源和保护原创难度极大。如果不做出"长春奇点"这样的风格，如有些台词文案"戳心"，粉丝可能很快就变成别人的粉丝了。

4.2.2　编辑配音类

网络上曾经出现过这样一段对话，两人讨论电影《肖申克的救赎》，一人问电影的主角叫什么名字，另一人回答说叫小帅。虽然我们可以把这个对话看成一个段子，但无疑也从侧面反映出影视解说类短视频有多火，例如"三分钟看完××"系列曾风靡一时。

影视解说类短视频其实就是编辑配音的一种，还有一些是剪辑多个类似的人物、场景或故事，然后进行盘点或者对比。此外，我们还可以看到体育类、动物类、美食类、旅游类等各种场景或者故事的编辑配音。这类视频做起来也比较容易，从网上收集大量素材后，撰写一段文案进行剪辑配音，或者加滤镜就可以完成。也有的创作者选择自己拍摄一段视频再加上配音，这种方式对不喜欢露脸的创作者比较友好。

编辑配音类短视频的制作难度相对较低，只需要学习简单的剪辑技巧，使视频的声音和画面能相互匹配即可。很多垂直行业都适用这类表现方式，尤其是影视类、娱乐类，上手和涨粉都非常快。数据显示，2021年三季度，影视解说类账号就以占据6席的明显优势，跻身某短视频平台涨粉排行榜TOP30。用户非常接受这种节省时间又能达到消遣目的的娱乐方式，同时也造就了百万粉丝甚至千万粉丝的短视频账号。

但需要创作者们注意的是，2021年12月，中国网络视听节目服务协会发布了《网络短视频内容审核标准细则》，其中规定，短视频节目未经授权不得自行剪切、改编电影、电视剧、网络影视剧等各类视听节目及片段。这个消息公布之后，大量"××分钟看电影"之类的影视剪辑内容开始被各个平台禁播。现在大家如果还要做这类内容，一定要注意对违规内容的规避。不过，对于影视剧剪辑传播行为，各大平台的规则都较为模糊，例如视频号在审核规则中提到，作品含有对影视综艺内容进行低成本剪辑、录屏、图片轮播等行为属于不合格，但何谓"低成本剪辑"，平台并未明确。

4.2.3　情景演绎类

在短视频时代，观众用二倍速看剧成为常态，用户的耐心都被耗尽。在这种形式下，短小精悍，在短时间内充满各种反转和剧情冲突的情景演绎类短视频受到了大量用户的喜爱。在各大短视频平台上，这类短视频最容易成为流量收割机。

情景演绎类短视频，也就是剧情类短视频，是演员根据脚本演绎一段故事，几分钟的视频呈现给用户一段剧情。这个剧情可以是各种风格的，就像电视剧一样。有的有笑点，引起观众大笑，有的有剧情的反转，有的可以引起共鸣，有的还可以触及观众的痛点。

这一类短视频通常具有以下特点：竖屏、个性化、用反转营造沉浸式体验。

在剧情类短视频中，大部分的视频选择以竖屏来呈现。竖屏形式将视觉重点放在了人，以及人与人之间的互动关系上，不仅演员之间的关系在荧屏上被拉近了，而且也使得主人公与用户之间的距离得以被拉近，给用户带来沉浸式体验。

在叙事风格上，剧情类短视频最常用的就是反转，这是因为短视频的时长短，想要在短时间内激发用户的其他情绪就显得较为艰难，而反转的模式则在一定程度上加快调动用户的观看体验，反差程度越大，越容易调动用户的情绪。例如某个短视频中，丈夫、妻子选"在家吃"还是"出去吃"，妻子一脸兴奋地说"出去吃"，结果下一个镜头，便是妻子蹲在家门口吃饭。这则短视频利用"出去吃"引发的不同含义造成反转，妻子前一秒的兴奋和后一秒的失落造成强烈对比，让用户忍俊不禁。

剧情类短视频迎合了人们的娱乐需求，现在也有越来越多的创作者开始思考在娱乐化的同时加入更多的实用性与个性，这样才可以吸引更多用户，"剧情+知识"的打法既满足了用户对知识的渴求，又将场景融入娱乐中。多领域的融合可能是剧情类短视频的未来。

4.2.4　图文类

有人会问，如果我既不愿意露脸做真人口播，也不会剪辑和配音，是不是就不能做短视频创作了？当然不是！前面我们已经提到过，短视频尤其是视频号平台的准入门槛非常低，任何人都可以创作自己的短视频。对于那些既不想露脸，也不想剪辑配音的人，还有图文类短视频可供创作。

图文类短视频其实就是将图片与文案相结合，可以是几张图片分享，也可以是图片合集，例如名胜古迹的历史照、锦绣山河的风景照、活泼可爱的宠物照、稀奇古怪的头像合集、手机或者电脑壁纸等图片的分享，都可以采用这种形式。一些生活类的分享，甚至是热门观点、励志短句也都可以使用。

图文类短视频没有对视频拍摄和剪辑能力的要求，只需要上传图片，配上合适的文案及音乐即可，但注意要有图片的版权。在收集素材时要注意图片是否免版权，以及图片的质量与美观程度。摄影博主就特别适合这种类型的分享。

图文短视频看似简单，但也不能忽视它的庞大市场。2022年抖音在第四届创作者大会上公布了图文领域的数据，图文内容单日阅读量超过100亿，有阅读图文内容习惯的用户占比达到70%。这表明，图文一直是短视频平台一个重要的内容形式。

在所有的短视频表现形式中，图文短视频有它独特的优势。一般的视频账号，写脚本、拍摄、找素材、配音、剪辑……每个环节都很重要，也比较烦琐，尤其是新人操作，虽然也能完成，但效率低、质量差。如果没有经过细细打磨，就难以做出高质量作品。图文类则制作简单，适合新手入门，也容易批量复制。图文内容常以知识清单形式出现，信息密度集中，简洁直接，容易获得收藏。适合图文类视频的内容领域也不受限制，只要是其他形式在做的视频分类，拿到图文这里照样能做。

图文类短视频虽然不如其他类型的流量高，但也有一部分受众。只不过相比其他类型的视频，图文短视频涨粉慢、变现慢、粉丝黏性不高，创作者在前期需要进行大量积累。

4.3 制作短视频的黄金法则

4.3.1 时长的重要性

短视频之所以能成为时下最流行的媒体表现形式，和它的时长有着密不可分的关系。在移动端兴起的时代，用户上网多半依靠手机等移动设备，上网时间也呈现出碎片化的特征。短视频短小精悍，更符合用户的上网习惯。

用户们观看短视频的目的非常简单，就是寻求简单的刺激。

但对于短视频时长的定义，各大平台一直没有统一的标准。有的说15秒才是标准的短视频，有的说10分钟之内的都是短视频，但我们要讨论的核心问题是到底多长的短视频才能吸引更多的用户留下观看。短视频两大平台——快手和抖音在短视频的最佳时长上给出了不同的答案。快手认为，短视频的最佳时长应该在1分钟左右，竖屏的形式播放效果最佳。抖音却认为4分钟时长的短视频能给用户最佳的观看体验，也是短视频最常见的时长。

视频内容和类型是影响时长的关键因素。根据经验，不同内容的短视频都有最适合自己类型的时长，例如搞笑短视频通常不超过30秒，剧情类则最好不超过50秒，情节要紧凑，节奏太慢很容易失去观众。科普短片通常在1分钟左右，过短的话容易讲不清楚，太长观众又容易失去兴趣。而影视解说类的视频通常在5分钟左右。

这里我们要介绍一个重要的概念："黄金三秒原则"。"黄金三秒原则"是短视频领域公认的一条金科玉律。它指的是在现在这个信息爆炸的时代，用户每天都被大量信息淹没，难以长时间集中注意力。而短视频如果不能在它的前3秒引起用户注意，就很难再次吸引观众。这就要求短视频创作者要在3秒内就锁定用户的目光。那具体又该怎么做呢？

首先，我们要学会把所有具有诱惑力的信息往前放，用最短的时间激发用户的好奇心，引起他们的共鸣，并给出一些具有吸引力的利益。例如我们可以采用这样一些话语来开场："让8个心理医生来玩一局狼人杀，是一种什么样的体验？""不饿肚子，一个月就能瘦5斤的三个食谱，你知道吗？"这类信息的原则就是，我们要在最短的时间内告诉用户，看完这条视频你能得到什么，用那些具有悬念性、有治愈力、与用户日常生活关联度较高或者有冲突感的信息来吸引用户观看。

创作者们还要学会打破"第四堵墙"。戏剧里有一个术语叫"第四堵墙"，说的是在舞台上，一般写实的室内景只有三面墙，沿台口面向观众的一面不存在的墙被视为"第四堵墙"。"第四堵墙"将观众和演员隔开，演员眼中应该有实体的墙，忘记观众的存在，按照自己的节奏或剧本去真实地展示演技和生活，观众眼中则是虚拟的墙，不能冲上舞台，但可以透视，看到戏剧所要呈现的一切。当观众在电影、电视中出现，甚至和演员产生对话、影响剧本进程的时候，我们就把这种行为叫作"打破第四堵墙"。

在短视频平台上，创作者也可以通过打破"第四堵墙"的方式来吸引用户注意。比如在视频的一开始，视频表演者就对着屏幕说"别划走，这条绝对对你有用"，或者"听完觉得有用别忘了点赞、分享"，这其实就是采用了打破"第四堵墙"的手法，直接与用户对话，以增强用户观看体验来达到吸引用户注意力的目的。

在视频的开头，我们还要善于利用音乐元素来构建观众对内容的期待，吸引他们的注意。对于短视频而言，音效也是一个非常重要的元素。各大平台上的高流量作品，往往离不开各种流行的音乐片段，也就是所谓的"网红神曲"。这些音乐因为出现的频率高，往往能形成"耳虫"效应，让这些音乐片段不由自主地反复在用户的脑海中播放。

当用户刷视频听到这些"耳虫"音效时，就会形成条件反射，激发出一些特定的情绪，从而形成对内容的特定期待。比如有的背景音乐自带转折效果，有的背景音乐自带正能量风格，视频一开始响起音乐时，用户就大概知道这则短视频的风格是什么，从而能迅速进入视频氛围。

4.3.2　吸引用户的黄金文案有哪些

不要以为只有公众号这样的图文自媒体才会在意文案。对于短视频来说，标题、内容描述等文案内容同样重要。

标题是用户看到视频的第一印象，好的标题能立马吸引用户的注意力，让用户能继续看下去，从而影响平台的推荐算法，慢慢扩大影响。如果你的标题不够吸引人，在这个内容爆炸的年代，你做的内容很有可能被用户轻易划过，最后沉入大海却激不起一点点水花。下面我们就来看看，一些制作标题的黄金套路。

1. 制造悬念

悬念是最常见的一种标题风格，往往采用"说一半留一半"的方式来激发用户的好奇心，让用户在猜疑、揣测中看完视频，并期待视频接下来将发生什么。例如："女子在产房和婆婆大吵一架，可结局万万没想到""亿万富翁的提问难住了所有人，大妈的回答亮了""随意在路边拍的一张照片，没想到竟引发她们做出如此举动"。

需要注意的是，在使用这类标题时，要保证视频本身内容能满足用户的期待，如果标题过于夸张，成为名副其实的"标题党"，很容易引起用户的反感。

2. 列举数字

和文字相比，数字给人的感觉更直观，一些数据的展示也可以让标题更具有说服力，更便于用户了解你的内容要点。有时候我们可以利用数字来让用户形成强烈的心理反差，例如用很少的时间学会一件很难的技能，打破用户以往的认知。一些教学、技巧方面的内容就非常适合使用这种标题。我们还可以通过例如"3个步骤""5个技巧"这类关键词，快速告诉用户这条视频的内容逻辑是什么，很容易让用户想象到底是哪3个步骤，这样用户观看时目的性也较强，学习吸收视频里的知识点也更有效果。例如："3分钟让你学会画眉毛""学会这5个动作，两个月可以减掉10斤""这个Excel小技巧，99%的人都不知道""掌握这3点，再也不怕面对众人的提案汇报"。

我们还可以利用数字直接给出视频带来的利益，让用户迅速获取这条视频的价值，给用户一种可以提升自身技能或知识甚至"白嫖"的内心感受。例如："牛人总结！10个爆款标题的套路！"

3. 提出问题

疑问类型的标题往往能够引发用户强烈的好奇心。而抛出一个观点再进行反问，可以引发用户思考，并引导他看完视频获取答案。我们常见的疑问词：如何、怎么样、什么、为什么、难道、岂、居然、竟然、究竟、简直、难怪、反倒、何尝、何必……都可以运用到标题中。例如："这五个区域的楼盘真的不能卖吗？""小户型的厨房到底应该怎么装修？""孩子真的会被'宠坏'吗？"

干货、科普类型的视频非常适用这一类标题，同时还可以利用问题引导用户进行留言、点赞，从而提高视频被推荐的概率。

4. 强调时间

对于有时效性、热度的内容，可以强调时间，给用户造成一种紧迫感，让用户想立刻了解最新发生的资讯。例如："首批上新！这些业务现在地铁站也能办""本月截止！抓紧时间退钱"。

通常可以在标题开头使用"刚刚""近期""最新消息"等字眼，能引发用户求知的心理，当然也要求内容足够"新"。

5. 引发争议

如果视频内容本身就带有讨论度和争议性，我们的标题就应该对这些争议点好好地提炼，让用户自发进行讨论，提升视频的热度。但需要注意的是，我们的内容一定要站在公正的立场，只陈述事实，不偏不倚，不然很容易引发用户的反感。例如："又到端午节，你是选甜粽还是咸粽？""成都or重庆，谁才是西南第一城？"

6.指向明确

当我们的视频针对的用户比较明确时，我们就可以在标题中点出来，让用户看到后会不由自主地自我代入，从而吸引他们观看完视频。例如："脱发的小仙女有救了""这篇送给还在为装修发愁的你""想给躺平青年说的几句话"。

7.引起情绪共鸣

我们在前面提到利用用户情绪的重要性，好的标题同样可以调动用户的情绪。例如一些可以引起用户的思考、反思、回忆的视频内容，如果引起用户的"共鸣"，很容易让用户分享转发。通常这类视频标题带有一些情绪化的字眼，例如"暖心""泪目"等，能准确击中用户的内心。例如："妈妈夜班回家看到这一幕，瞬间泪目""看到同伴受伤，小狗的做法让无数人动容"。

同时提醒各位，我们在设计封面标题时，最好形成统一的风格和模板，包括字体、颜色、字号大小等，每次只需要替换文字即可。当封面标题形成统一风格后，也对账号的定位人设有利，更容易在用户心中形成标签。

标题也存在一些雷区，大家一定要留意，千万不要"踩雷"。例如，标题要避免生僻字、冷门词，这类词语不利于系统推荐；同时要注意平台的审核标准，带有低俗、暴力、敏感词的标题尽量不要使用，因为这类标题容易造成审核不通过甚至封号等问题。

标题的字数也不要太长，尽量不要超过20个字，太长的标题也容易引起用户的反感。一些流行的缩写词汇也要注意使用，使用缩写后，可能会导致内容的推荐量和点击量降低。

在讲选题的时候，我们建议大家要建立选题库，避免内容枯竭。同样，我们也建议创作者和运营者建立一个标题库，收集整理一些好的标题，拆解他们的结构和规律，分析哪些词语能引发用户强烈的点击意愿。只有经过不断的累积和实践，我们才能真正掌握起爆款标题的诀窍。

除了标题，内容描述区的文案同样重要。短视频用户是短视频最终的接收者，文案自然要从用户的角度出发。感情是最容易打动人心的，因此文案最好要能够引起用户的情感共鸣。平台方是决定视频推荐范围的，所以一方面描述里需要有适合的标签，另一方面要引导用户评论，互动率越高，视频推荐就越多。

这里我们也提醒大家要注重一些描述文案的技巧。首先要尽量把视频的重点写在前面。视频描述虽然是150个字符，但后面的内容大多会被折叠，所以我们要将重点提前，让用户产生想接着看的欲望。如果我们在前面放了一些无意义的描述，用户就找不到重点。在文案中，我们可以保留一定的悬念，能够促使用户点开描述详情。有时候我们也可以使用提问的方式，问题一方面能够吸引用户停留下来进行思考，另一方面也能引导用户在评论区进行互动。描述区别忘了加标签，标签能够确保你的内容被适当的人看到，因此标签必须是准确的，记得选择和你的帖子相关性最高的标签。最后建议大家多看一下热门视频的描述是怎么写的，模仿别人的写法，后期熟练了，卖家就可以自由发挥了。

4.4 常见内容类型

4.4.1 搞笑类

搞笑类是最常见的短视频类型之一，很容易出爆款。背后的原因也很简单。首先，搞笑的形式适用于所有人，基本上不分年龄段，大家都喜欢轻松有趣的内容。大多数人看短视频是为了打发时间，他们更愿意选择让人放松的视频来看。同时，搞笑类短视频很容易让人上瘾，当人们看了一个视频觉得不错后，往往会一个接一个地看个不停。

搞笑类短视频基本有以下3种类型。

1. 生活吐槽类

生活吐槽类短视频是一种比较常见和流行的搞笑视频，创作者以自己为视频中的主角，对日常生活、影视剧集或当下热点事件进行吐槽。它的特点是紧密结合社会热点时事和观众的切身体会，进行搞笑真实地吐槽，从而引起观众的共鸣。这类视频的形式多样，既可以针对流行的影视剧集进行吐槽，也可以对日常生活中遇到的人和事进行吐槽。以这一类视频的头部创作者papi酱为例，她的系列作品《papi酱的周一放送》中的每个视频都拥有百万以上的点击量。

2. 情景剧类

情景剧类是指将生活中的情景通过表演的方式再现。这一类视频通常制作简单，很多都是在生活中常见的地方拍摄的，如阳台、家、办公室等，不需要依靠特定场景进行拍摄。在装扮角色时，用一种夸张、神似而形不是的手法完成。拍摄时不强调拍摄手法，制作方式随意，贴近表演本身。其内容大多是生活中能引起强烈共鸣的事情，如南北方文化差异、一个人去外地上学的感受、职场故事等。日常生活中任何能产生共鸣、引发搞笑的事物，都可以用这种生活情景剧再现出来。在表演方面，很多演员采用了非常规的表演形式，并融入了特定元素，如一人分演多角、使用方言、男扮女装等。角色反差配合剧情上的反转能加强喜剧效果。

3.恶搞鬼畜类

恶搞类视频大多是运用大众熟知的影视作品或者视频来进行二次创作。例如，《甄嬛传》《西游记》等影视剧衍生出了非常多的恶搞类视频，其中大部分是在原有视频素材的基础上，运用夸张的创意和剪辑制作而成的，并深受现在年轻人的喜爱。鬼畜视频则是以高度同步、快速重复的素材配合BGM（背景音乐）的节奏来达到"洗脑"或喜感效果的一类视频，是一种影响力和传播力都很强的"病毒视频"。

4.4.2 才艺技能类

才艺技能类是短视频赛道中最为亮眼的类型之一，往往能最大限度地吸引用户的注意力。常见的内容包括唱歌、跳舞、绘画、健身、厨艺展示等，五花八门。还有很多另类的才艺展示往往也能吸引用户的注意力。例如手工耿，它的特色就是制作各种"不实用"的工具，最后火爆全网。

才艺技能类短视频符合当下"创作者为先，内容为王"的理念，创作者的才艺技能是一种隐形资源，创作者通过短视频将自己的才艺展示给观众，观众对创作者表示欣赏支持，这个过程就形成了价值转化。比如一些唱歌类达人在展示自己的唱功时，会对观众唱歌方面进行一些指导，如此就实现了价值的双赢。

才艺创作者往往通过展示才艺来吸粉，再通过直播增加粉丝黏性，并通过售卖一些相关课程来实现账号变现。创作者独特、出色的表现能轻松抓住观众的好奇和欣赏心理，所以也极易出现爆款，甚至占据热榜。现在，更多的颜值类博主也加入了才艺类的行业，两者结合，再增加识别度高的个人特色，就会产生更大的流量。

制作实用技能类系列短视频时，要注意每个技能之间有没有直接的联系。如果技能类别的跨度比较大，那在制作的时候就要注意视频风格的独特性。有辨识度的短视频风格可以形成一个系列IP，不断加强用户的记忆，使其留下深刻的印象。

生活中的小技能均取材于生活的方方面面，虽然对用户的吸引力较大，但是被其他短视频团队模仿或者超越的风险也较大。在制作这方面内容的时候，可以参考以下几种方法。

1.技能实用性要强

制作生活小技能类短视频时，选择的技能必须与日常生活非常贴近，并且确实能够为生活带来便利。如果用户在看完整个短视频之后觉得并没有实质性的收获，那么这个视频就可以算作一个失败的作品。不同的用户在生活中会遇到不同的麻烦。团队在制作生活小技能类短视频前，需要先收集、整理、分析数据，确定自己的目标群体，以及该目标群体中的用户在生活上有怎样的困难，然后据此量身打造，完成短视频作品的制作，这样才能真正解决用户的问题，使其感受到较强的实用性。

2.讲解方式要有趣

一般讲解生活技能的视频由于有一定的专业性，往往比较枯燥，观众会感到无趣，难以专注地观看。为了能更好地引起用户的兴趣，增加曝光度，在制作过程中可采用较为有趣的讲解方式，以调动起用户的积极性。例如采用一些夸张的手法，或者选用高颜值的讲解者，都可以吸引更多的用户。

3.注意标题的使用

标题要尽量生动，并且要对短视频内容进行高度总结。此类短视频的标题越具体越好。例如，"勺子的妙用"就不如"勺子的8种妙用"具体。用户观看生活技能类短视频就是为了解决自身遇到的麻烦，在标题中标明结果更便于搜索，也会给用户带来更直观的感受。还要注意避免使用过于专业的词语，标题要通俗易懂，便于用户理解。

4.4.3　萌宠类

萌宠类短视频是潜在用户较多、容易实现商业化变现的一类。进入短视频时代，宠物吸睛的程度远远超过我们的想象。2018年，宠物消费市场规模在经历了多年增长后，突破了1700亿。伴随着城市空巢青年、晚婚晚育人群的增多，在关注个人价值实现等方面因素的影响下，北京、上海等经济发达的地区和城市逐渐成为宠物市场的消费主力。越来越多的人喜欢上了饲养宠物，因条件限制养不了宠物的人就通过互联网"云养宠"。

目前，这一类短视频有的以宠物的视角拍摄宠物的行为，有的把宠物拟人化，还有的通过为宠物配音给用户带来解压治愈的内容，满足用户的消遣娱乐需求。萌宠账号在网络走红后，最普遍的三种变现形式就是开网店、接广告、卖周边。就开店而言，网店多以售卖宠物食品、用具为主，借助宠物IP的影响力，带动网友买单的积极性。贩卖宠物周边也是目前市场中萌宠变现的一大有效途径。将萌宠元素融入更加实用的日常商品，如抱枕、日历、杯子、手机壳等，不仅能吸引"铲屎官"们买单，还能令更多大众用户参与其中。

虽然目前国内萌宠类短视频仍然存在内容同质化、无版权抄袭、变现方式单调等众多问题，但随着互联网与市场经济的进一步发展，短视频与"宠物经济"的结合还将迎来更大的发展空间。

4.4.4　情感类

情感是最原始、最广泛的人性需求，从传统媒体的《非诚勿扰》《老娘舅》等情感节目火爆全国，到短视频时代的情感类短视频，不难发现，平台在变，形式在变，但情感内容的热度始终不减。

人们生来就有着窥伺欲与对事物的猎奇心理，而情感类短视频某种程度上则是对这种心理的迎合。通过这类短视频，那些原本属于个体默默承受或少数人了解的特殊遭遇和人生况味，瞬间扩大为人们共享共悟的人生经历和情感体验。在生活节奏加快、生活压力增大的当下，人们对于情感的需求与日俱增，而情感类节目和视频恰恰为受众提供了情感上的抚慰，并让他们获得了心理上的满足感。

人们喜欢看情感类视频，还在于其接收门槛较低，观众不需要拥有多么高深的理论知识，就能全盘吸收。这类视频就像影视作品里的爽剧一样，能够在短时间内给观众输送刺激性元素。

总的来说，情感类短视频是一种低投入、高收益的内容形态。进入短视频时代，拍摄只需一部设备，几乎没有门槛。同时情感类内容对专业知识和拍摄剪辑技巧要求都较低，即使是普通人也能从生活经历中提炼出对于感情的感悟或建议。情感类视频的低门槛也使得此类视频在数量上占据着优势。

情感类电视节目可以通过广告获得收益，情感类短视频也可以通过情感咨询等方式变现，大V的收益十分可观。

目前，情感类短视频可以简单分为以下几类。

1.剧情类

很多情感类短视频都属于这种类型：收集网友的真实经历或者编写一个情感故事，拍成短视频，向大众传递某种观念。大多数的情感类短视频主播也会采取这种表现形式。

2.动画类

这类账号主要用原创动画的方式来展现一个情感故事，这类账号内容的制作成本并不低，好在头部账号相对来说还不是很多，所以还有很大的发展空间。最重要的是，IP变现非常容易。

3.单人口播类

这类情感短视频账号的主人公一般都以"情感专家"的形象出现在视频中，他们会提前根据热点话题或者容易引起用户共鸣的情感问题设计好文案，直接对着镜头做口播。这类账号的制作成本比较低，他们的文案也非常简单，大多只有200～500个字，言简意赅。大多数段子都是伪原创，在知乎、微博、小红书、B站、喜马拉雅、网易云等平台上都能找到相似的文案，创作成本很低。

4.4.5 旅行类

旅行类短视频主要是通过分享个人的旅游经历，介绍各地的风土人情或者推荐当地适合住宿玩乐的好地方。在这类短视频中，最常见的主题是美食和景点。很多人在旅行的时候会尝试当地的美食，这些美食往往是当地文化的一部分，可以让我们更好地了解当地的文化和生活方式。而景点则是旅游的重要组成部分，通过旅游类短视频，我们可以了解一个地方的自然风光、历史古迹、博物馆等各种景点，从而更好地了解当地的历史和文化。

在视听化、碎片化、快节奏的网络时代，短视频开辟了旅游营销的新模式。从查找纸质攻略、跟团游到"跟着短视频去旅行"，人们的旅游习惯在不知不觉间发生了变化，短视频中的热门推荐景点也往往成为游客的"打卡"地点。短视频录制简单、成本低廉、集视听于一体，易于带来沉浸式体验，可以激发出巨大的旅游市场潜力。

旅游类短视频的特点之一是生命周期长，能够重复获得搜索流量，有机会被多次推热。因为用户搜索旅行视频的习惯取决于出行需求，因此排名靠前的视频能够重复获得搜索流量。相对的，旅游类短视频在制作上有着不小的难度。例如，旅游景区动辄有十多个重要景点，选择拍摄单个景点可能不吸引人，视频过长又会拉低数据。同时这类视频对设备要求高，一般来说，拍摄风景需要专业度更高的单反相机甚至无人机。相比其他类型的短视频，旅行类短视频需要成倍增加拍摄制作的时间和投入，专业创作者会面临更大的压力。

4.4.6　美食类

俗话说："民以食为天。"吃是人们日常生活中最重要的事情。因此当短视频进入人们的日常生活时，不少美食博主或者自媒体人通过分享美食类短视频而获得了许多关注，美食类短视频也出现了不少爆款，在短视频市场拥有一席之地。

美食类短视频主要有以下几种。

1. 教程类

美食教程类短视频以美食教学为主要内容，通过美食制作的时间线展开叙事，呈现菜品从前期准备到中期制作，再到后期收尾的全过程。这类短视频以俯拍为主，侧重食物的特写镜头，目的是用最简单易懂的方式教受众学会制作菜品，同时用画面呈现出精美的食物。

2. 测评类

美食测评类短视频一般以线上购买或线下探店两种方式进行，创作者一般边品尝食物，边讲解并评价该食物。线上购买是指博主按照网友喜好或某食物的火热程度进行线上采购，再录制自己试吃该类食物的过程及感受，这类短视频的内容创作目的在于帮助受众选择更好的美食货品，但由于个人味觉的差异，此类短视频的内容具有一定的主观性，并不能体现所有观众的口味偏好。部分创作者以网红食物测评以及粉丝留言最多食物测评为主，在满足观众好奇心的同时，推荐博主认为值得购买的产品。

3. 猎奇类

美食猎奇类短视频利用观众的猎奇心理，以"不按套路出牌"为视频看点，致力于创造令人眼前一亮的美食创作场景。例如，有的创作者将家庭环境作为视频的创作背景，并采用夸张的做菜方法。还有的创作者会采用剧情与美食结合的方式，让制作美食的过程产生戏剧化的效果。

4. 情怀类

美食情怀类短视频以打造受众向往的生活范式为创作理念，通过对人物情感关系的塑造及场景格调的搭建，引发受众对美好生活的向往，产生"宁静以致远"的情感诉求。例如，古风类美食的头部创作者李子柒，就是这一类创作者的典型代表。李子柒的拍摄场景选择风景优美的农家小院，充分展示环境的优美、食物的诱人，引发了无数国内外网友的追捧。

5.吃播类

吃播视频也是美食类短视频领域比较受欢迎的一种。美食博主往往通过呈现美食带来的幸福感或展示自己的超大饭量为亮点来吸引观众。人们看到美食博主大口吃着自己平时可能不敢吃的高热量食物时，会产生一种替代性满足。

4.4.7　知识科普类

移动化、平台化的知识分享及获取，成为多元时代教育的新趋势，短视频也成了知识传播的重要工具，知识科普类短视频开始吸引越来越多用户的关注。这类短视频消除了年轻人的知识焦虑，让用户能即时、迅速地获取到能够满足其个性化需求的知识，同时也激发了不少用户的学习兴趣。

相较于传统的图文形式，用短视频传播知识具有四大特性：知识传播的即时化、知识呈现的人格化、隐性知识的显性化、复杂知识的通俗化。相对于其他载体，短视频可以把知识点浓缩，以更加形象的方式传递给受众，生动、有趣、互动性强，一改知识艰深枯燥的特性，拉近了大众与科学知识之间的距离。

做知识科普类视频的最大难点不在于"科"，而在于"普"——怎样才能最大限度地把科学知识、科学思想普及给最广泛的受众。知识科普类短视频的创作者要注意以下几个要点。

1.立足内容

知识科普的内容要足够吸引用户，才是做下去的长久动力。创作者在策划选题的时候要注意从评论中汲取灵感，了解并收集用户的关注点及感兴趣的问题，针对这些问题去设计、准备自己的内容。一个好的选题应该既能满足用户的需求，又能满足用户的好奇心。

2.深入浅出

要围绕主题设置讲解内容，创作者要有扎实的专业功底，也要足够了解自己的主题。将专业枯燥的内容知识点分条罗列、梳理清楚，再对相应的素材进行包装整理，要做到可读性强，多用案例，口语化表达，深入浅出，化繁为简。

3.重视视觉元素

相比其他类型的短视频，知识科普类短视频更需要依靠视觉元素来改善观看效果，如手绘、动画、图像等，也可以在视频中设置小剧情，进行角色扮演，甚至可以加入一些实验探索的过程，来增强观看者的代入感。

4.多露脸

在知识科普类短视频中，"人脸"的露出往往会增加区分度和记忆点，营造亲密感，能消除一些科普内容带来的枯燥感，并引发用户的持续关注。

第五章

视频号内容制作指南

5.1 视频拍摄指南

5.1.1 器材与道具的选择

"工欲善其事，必先利其器"，当我们进入短视频的创作环节时，首先要关注短视频怎么拍的问题。面对琳琅满目、种类繁多的拍摄器材，创作者特别是一些新手该如何选择呢？

短视频拍摄最基本的需求，就是用相对简单易用的操作来记录生活，同时将相对较好的画质和声音传递给受众。对于刚入门的创作者来说，最适合的拍摄设备就是手机。对任何一个主流短视频平台而言，现在市面上的中高端手机已经完全可以满足多种类型短视频的拍摄需求。近几年手机的影像技术进步非常明显，特别是在视频拍摄方面，很多都能达到超高清的4K 60P拍摄标准，完全可以满足日常短视频的拍摄需要。

手机最大的优点是便于携带、操作简单，同时还能满足随时随地的创作需求。不管是苹果系统还是安卓系统的手机，都可以安装很多剪辑软件，一些简单的视频完全可以在手机上完成拍摄、剪辑，添加特效、音效、字幕等一系列操作。

当你选择手机作为首选的拍摄器材时，还需要注意一些初学者容易忽视的问题。

通常手机都有前后两个摄像头，一般来讲，后置摄像头的画质表现更出色，拍摄时尽量选择后置摄像头进行拍摄。很多后置镜头有广角甚至超广角镜头，如果手持距离太短的话，会造成镜头畸变，这一点在拍摄时一定要考虑好。另外，相对于传统的静态照片，动态视频文件会占据更多的存储空间，如果你确定要使用手机拍摄短视频，最好选择存储空间在256GB以上的手机，这样更方便操作。

当手机在画质方面或者一些特定场合（如拍摄运动画面）下不能满足你的需求时，可以考虑使用更专业一点的相机进行拍摄。通常专业人士会采用单反相机甚至更专业的摄像机，推荐非专业人士使用微单相机。相对于手机，单反相机拥有更大尺寸的传感器、更好的镜头群组，对视频画质、色彩和层次的体现也更出色。但使用单反相机拍摄时需要更专业的相机操作和画面构图能力。而微单相机更微型、小巧、便携，还可以像传统单反相机一样更换镜头，并提供和单反相机同样的画质，基本能满足短视频拍摄的大部分需求。

视频拍摄对画面的稳定性要求比较高。如果只是手持设备进行拍摄，稍微一抖动，画面就很容易糊掉。要知道，对于同样的内容，平台会优先推荐画质更好、更清晰稳定的视频。必要的时候可以使用辅助设备来辅助拍摄。如果只是固定镜头的拍摄，传统的三脚架就能胜任。但当我们需要不断变换画面、改变构图的时候，就需要一个手机或相机的稳定器了。

现在市面上的稳定器大多可以折叠收纳，方便外出携带。有的稳定器还带有丰富的功能，可根据自己的拍摄内容选择合适的模板，如一键自动生成Vlog视频，使用起来非常方便。

如果需要拍摄一些运动场景或者旅游类视频，推荐使用运动相机。运动相机是专门为拍摄运动物体而设计的一类相机，通常带有自动对焦和防抖功能，使用者在任何颠簸和抖动的情况下拍摄，画面都非常平稳、清晰。它最大的优势就是小巧便携，镜头角度更宽广，而且防水、防尘、防摔、防爆，适用于很多运动场景的拍摄，而且拍摄出的视频画质并不比手机差。

除了画面稳定外，在拍摄过程中，收音同样重要。如果拍摄环境中声音嘈杂，对最终视频质量的影响很大，必要的时候可以使用麦克风来收音。对初学者来说，选择一个适合自己器材使用的麦克风即可，价格并不需要多么昂贵。如果使用了麦克风，拍摄时要注意及时回看，确定收音没有问题。

不管选择什么器材，对于拍摄视频本身而言，器材只起辅助作用，内容才是王道。刚入门的创作者千万不要有"设备越好，视频越棒"的迷思，俗话说得好，"差生才会文具多"。

5.1.2　基础镜头语言的学习

镜头语言指的是用镜头拍摄的画面，可以像语言一样去表达我们的想法。如果说拍视频像是写文章，那么镜头语言就像是文章的语法。摄像设备可以通过景别、拍摄位置和拍摄方式来表达创作者的意图。在开始拍摄视频之前，我们应该对一些基础的镜头语言有一些了解。

镜头语言主要包括两个方面：景别和摄像设备的运动。

1. 景别

可以根据被摄物体即客体与镜头的距离远近对景别进行划分。

大远景：非常遥远的景别。这种景别下拍摄出的人物会非常小，主要用来展示人物周围的环境景观。

远景：一般来说是深远的镜头景观，人物在画面中只占很小的位置。

全景：指的是摄取人物全身或者较小场景全貌的一个影视画面。可以把这个景别想象为我们在剧场观看表演时，所看到的整个舞台内的景观。

中景：从人的膝盖开始，到人的头部结束，是剧情表演中常用的景别。

近景：摄取胸部及以上的影视画面，有时候也用于表现景物的某个局部。

特写/大特写：指摄像机在很近的位置拍摄，以突出人物的头像、身体或者物体的某个局部，如人物的眼睛、嘴巴等细节。

2.拍摄设备的运动

拍摄设备的多种运动方式会让作品画面变得更加丰富。可以用一句口诀"推拉摇移跟，升（降）俯仰甩悬"来记忆设备的运动方式。

推镜头是指拍摄的物体不动，拍摄机器向前移动，取景范围由大变小，分为快推、慢推、猛推等。

拉镜头与推镜头相反，是指拍摄的物体不动，拍摄机器向后的拉伸运动，取景范围由小变大，分为快拉、慢拉、猛拉等。

摇镜头是指拍摄设备不动，机身依托于三脚架的底盘，做上下左右旋转的运动。拍出来的效果就像观众站在原地环顾或者打量周围人和事物。

移镜头是指移动拍摄，指专门把摄像设备安放在运载工具上，让设备沿水平方向拍摄对象。

跟镜头就是指跟踪拍摄，跟拍移动的被摄主体，包含跟移、跟摇、跟推、跟拉、跟升、跟降等方式。

升降镜头是指镜头做上升或下降运动。

俯镜头是指俯拍，宏观去展现环境场合的整体面貌。

仰镜头是指仰拍，可以展示被拍摄物体的高大、庄严。

甩镜头也叫扫摇镜头，指从一个被摄物体甩向另一个被摄物体，可用于表现急剧的变化。这种镜头可作为场景变换的手段。

悬镜头是指空中拍摄，它有一个非常广阔的表现力，可以从平面和纵面去拍摄。

如果初学者不知道该怎么应用这些镜头语言，可以采用一个简单的规则：动态画面静着拍，静态画面动着拍。在拍摄正在运动的人或物时，镜头可以保持静止，如路上的行人、车辆等，因为如果镜头也运动起来，画面将会变得混乱，找不到拍摄的主体。而当拍摄静止的画面时，镜头也一起静止会显得画面有些单调，可以在拍摄时从左至右缓慢移动镜头，或上下移动镜头，让画面的展示更加生动。

在传统的拍摄中，各种景别和镜头的运动都会用到，甚至会遵循非常严格的规定，例如镜头的景别组接会遵循"远景—全景—中景—近景—特写"的顺序来使用。但是在短视频的时代，创作者会有一些改变，例如在短视频中，如果还按照"远景—全景—中景—近景—特写"来开始剧情或讲述，用户会觉得枯燥甚至不耐烦，很多时候都会采用特写来交代环境。再比如，在传统的新闻类视频中，给一个全景5～6秒是很常规的操作，但在短视频中就会觉得这个节奏太慢。

总之我们一定要学习基本的镜头语言，但在短视频的创作中不能再去学习传统的叙事方法和节奏，短视频要求我们在最短的时间内抓住用户的注意力，需要我们不断学习，不断寻找最适合自己内容的表现形式。

5.1.3　手机拍摄的构图技巧

短视频是否能吸引用户，画面是否美观是一个很重要的因素。而构图是视频拍摄中最重要的技巧之一，是创作者对画面中各元素的组合、配合与取舍。构图讲究造型，是从自然存在的混乱事物中找出秩序的过程。好的构图不仅能让画面布局看起来更加协调，还能巧妙突出画面的重点。

首先，我们要学习一个基本的构图法则：三分法则。

"三分法则"是摄影的基本构图原则之一。其实质就是将最重要的元素偏离画面中心，以创建平衡、和谐的构图。听起来虽然很简单，但它经常被忽略或误解。使用"三分法则"进行构图，我们必须想象有两条垂直线和两条水平线，并将画面分成九个相等的部分。实际在手机上，我们可以轻松地在相机应用中看到这些网格线。

"三分法则"规定，场景中最重要的元素应沿着网格线或相交的交点放置，而不是直接放置在画面中心，这样往往会创造出更和谐、更平衡的构图，让人看起来舒服，心情也更愉悦。

总的来说，"三分法则"是学习手机构图一个很好的起点。在拍摄时，我们要问自己这样几个问题：该场景的主体是什么？将其放置在画面中的什么位置？是将对象放置在中央还是稍偏一点的位置？如果将其放置在偏离中心的位置，则应将其准确放置在哪里？尽管主体放置在中央会具有很大的影响，但是如果将主体放置在偏离中心的位置，照片通常看起来会更加自然和平衡，尤其是在水平和垂直网格线相交的交汇点上。

除了"三分法则"外，另一种常见的就是对称式构图。对称式的构图大多是利用画面中景物所拥有的对称关系来构建画面的拍摄方法，让观众产生对称感和稳定性的视觉效果。对称构图适用于很多宏阔的场景或狭窄的场景，构图左右两侧一定均匀分布。在短视频的拍摄中，我们可以让拍摄主体人物保持相对稳定，这样整个画面看起来也是比较舒服的。

还有一种比较常见的构图方式是中心构图，顾名思义，就是把主体放在画面的中心位置，人们在看图的时候会首先注意到画面中心，可以利用这种视觉原理来突出拍摄主体。中心构图是最不容易出错的一种构图方法，虽然不一定能拍出特别高级的画面，但也不会很差，是一种比较保险的方式。

如果我们想要使画面具有更高级的美感和整体的灵活性，除了要注意选好视频拍摄主体本身外，还需要学会利用光线来构图。适合的光线是提升视频画质的关键。我们要将视频画面中的事物放在光线最佳的位置，使其具有更好的视觉冲击效果，营造拍摄最佳氛围。当我们的光线投射方向与镜头一致时，可以展示主体细节和色彩。当光源照射方向与拍摄方向成直角时，可以展示主体立体感和空间感。如果拍摄主体正好处于光源和手机之间，可以实现剪影效果。

还需要注意的是，在竖屏拍摄模式下，横向视野变窄，纵向视野变大，所以我们在构图的时候要注意上下空间的元素分布，场景布置也要尽量以上下结构或远近结构摆放，还要灵活运用变焦功能。

5.2　视频剪辑指南

5.2.1　剪辑软件的选择

视频剪辑曾经是一个门槛较高的技能，需要有专业的设备和具有一定剪辑基础知识的人才能掌握。但随着短视频的火爆，大量零基础创作者也开始投入其中，这促使更多厂商和平台推出各种低门槛的剪辑软件，方便更多创作者持续输出内容。

现在市面上的剪辑软件琳琅满目、种类繁多，如何评判一款剪辑软件是否适合新手呢？有以下几个评判标准：操作简单，素材丰富，容易出效果，对硬件配置要求低。只要能满足以上要求，就算是新手也能快速学会剪辑操作，并获得不错的视觉效果。

我们先来看几个短视频平台的官方剪辑软件。

快影和剪映分别是快手、抖音推出的剪辑软件，他们有很多相似之处。快影一共有4个界面：创作、模板、上热门、我的。剪映的菜单为：剪辑、剪同款、创作学院、消息、我的。这两款软件都没有开屏广告，有非常多的创作模版，方便初学者学习一些热门的剪辑方式。例如，快影会在文案下方标注市场片段和使用量，为用户筛选自己需要的模板节省时间。而剪映的"教你怎么剪"中可以看到剪这个视频的教程。如果想剪个同款视频，点击右下角的"剪同款"即可。只需导入手机中的素材，再点击"下一步"，最后导出视频即可。同时剪映还在视频的右下方标注了时长、片段、使用量，这对模板的选择起了很大作用。

这两款编辑软件都没有内置收费的项目，所有的模版动画特效都可以使用。相比之下，剪映对新手更加友好，例如在剪辑过程中，如果不小心退出软件，再次进入剪映时，会弹出"恢复编辑"选项。但快影编辑到一半时不能暂存。两款软件的模板都有很多，不会剪辑也可以制作出好看的视频，剪辑中也有很多素材可选。虽然这两款软件无水印保存视频时比较麻烦，但瑕不掩瑜，值得推荐给新手朋友们。

快剪辑和爱剪辑也是两款使用者众多的剪辑软件。快剪辑的整个界面非常清爽，把模板和教程规划到同一项，操作起来也很方便，但它的内置广告较多，收费项目也很多，基础剪辑、调速、字幕、贴纸、滤镜、特效、去水印、画中画、美颜、变音功能全都有，但是都需要开通VIP。同样，爱剪辑的剪辑、配乐、字幕、滤镜、加速、贴纸、配音等主流功能都有，此外还有些特色功能，如剪裁视频、倒放视频、视频旋转、视频转换GIF、转场、提取音频、画中画等，同时还支持多种比例的拼接，这些功能同样需要开通VIP，不过导出视频没有水印。如果只需要把视频随便加工一下，不需要精细剪辑，不希望有水印，可以选用爱剪辑。

很多剪辑软件都需要用户充值成为VIP，不然就不能用自己想要的模板或特效，剪不出创作者自己想要的效果。这里再推荐一款叫作"InShot"的App，它的页面也很简单，基础的编辑功能都有，如视频剪辑、调速、转场、背景音、字幕、贴纸、滤镜、特效等，不购买VIP也能自己慢慢加特效或各种转场，最后做出自己想要的结果。另外还有一款叫作"VN"的App，是一款免费的软件。它一共有3个界面：我的、剪辑、发现。它的模板很少，是一款偏向于自己有制作能力的App，有曲线变速、特效、变焦、滤镜、画中画、字幕、多段编辑、关键帧动画、定帧等多种多样的编辑功能。当你的剪辑能力已经过了初级阶段，有了一些更专业的能力时，推荐你使用这一款软件。

不管用什么剪辑软件，剪辑的基本技巧和逻辑其实都是相通的。初学者一定要多用多尝试，才能找到最适合自己内容和风格的剪辑软件，让自己的创作事半功倍。

5.2.2　剪辑的基本流程与手法

剪辑听上去是个技术活，但在各种剪辑软件的支持下，难度已经大大降低。想要又快又好地完成剪辑工作，还需要掌握一定的流程和方法。

先来了解一下剪辑的基本流程。

1.素材的收集整理

素材的收集整理是剪辑的准备工作。如果在电脑上剪辑，首先要建立好项目的文件夹，把拍摄的素材、下载的素材，以及需要的音乐、图片素材分门别类地放进去。当你做的视频越来越多，素材也越来越多的时候，就需要提前建立好项目文件夹，这可以让你更快、更有效地进行下一步的操作。

素材的收集方法有很多，可以找一些免费的网站去获得素材。这里推荐大家建立自己的素材库，把一些常用的音效音乐甚至字幕图片存放起来，以此提高自己的剪辑效率。

2.视频的初剪

收集好素材之后，把这些素材按照自己想要的先后顺序放入软件的时间轴上浏览。所谓初剪，就是调整视频素材的先后顺序，然后将里面一些无用的镜头删除，或者重新整理组合。初剪这一步不用做得过于精细，这一步只是为了确定你的视频结构和框架，梳理自己的剪辑思路。

3.视频精剪

视频精剪也就是优化剪辑，这一步需要我们仔细推敲，详细查看一段段视频，把握视频的节奏，增加需要的素材，把不需要的镜头删掉。我们还可以做一些后期特效，例如在视频之间加入转场效果、贴纸、字幕、配乐等。

了解了剪辑的基本流程，再来了解一下剪辑的基本手法与技巧。

首先，需要重新安排剪辑的顺序。很多时候，拍摄的素材是一个顺序，剪辑时要根据讲述的重点和特点来重新安排素材的顺序。这样可以适当增加疑问的效果，引起观众的好奇心，有时候还可以产生更强烈的叙事效果。

其次，剪辑时要学会用配音来补充画面内容。原始同期声效果比较好的画面要尽量保留，当原始同期声效果不佳，或者不能达到我们想要的效果时，就需要进行二次配音，并寻找合适的画面来配合。

在做视频剪辑尤其是做两个画面的衔接时，还要学会使用转场效果，这样才能让画面流畅，从而增加视频效果。还可以根据短视频的色调、画面来选择不同的特效，以丰富画面。另外，字幕也是不可以忘记的，在视频剪辑的过程中，可以适当添加背景、视频、帖子、素材和标题等，使短视频更具有趣味性和可看性。

根据短视频的基调，还要选择合适的背景音乐，并选择片段对画面进行慢放或者快放处理。画面慢放可以用来重点展示想展示的内容，画面快放可以加快视频的节奏，缩短一些不必过分关注但又不能删减掉的剧情。

如果原始画面的构图不够好，可以利用缩放、裁剪功能表达我们想要重点表达的东西。

最后，一定要在成片上传前添加自己的水印，最好同时添加明显的水印+隐蔽的水印，这样可以很好地避免被他人盗用。即便被盗用，我们也有证据指证。

在剪辑时，要牢记我们的目的是把故事讲好。围绕这个目的，好好把握每一个节奏点，该铺开情绪的时候尽量铺开，该收敛的时候就要适时打住，做到张弛有度。在剪辑剧情类短视频时，还要记得每一个故事都有开始、发展和结尾，要了解每个部分用户期待什么内容。开始部分要有冲击力，发展的部分要牢牢把握观众的注意力，结尾要做到精彩收尾，让用户得到情感上的满足，最好超过他们的预期。

5.2.3 剪辑技巧进阶：唤起用户的记忆点

剪辑一直被视为影视制作中的一个二次创作过程。在短视频时代，许多创作者的编辑手法似乎变得更加多样化、多元化。许多创作者别出心裁，想出各种办法来吸引观众的注意力。当我们已经熟练掌握了基本的剪辑手法后，就要开始追求自己的剪辑风格。

短视频的剪辑节奏必须紧凑。短视频的时长较短，这就要求在剪辑的时候一定要让它的节奏很快，在很短的时间内尽量展现出想要表达的东西。比如剪辑情景剧的时候，就要省去常规影视剧那种交代人物环境、背景的一些镜头，强调人物与人物之间的对话，只留下可以推动剧情发展的情节即可。在故事的讲述与视觉效果上都要尽量避免重复，如果因为场景需要必须使用雷同的镜头，每次重复都应该更简短。

　　同时，在做短视频剪辑的时候，注意最好不要运用平剪的手法，这样会让整体看起来单调乏味。可以采用串剪的方法，让短视频更加生动。想要进阶成为一名优秀的剪辑师，就要不停地进行尝试，即使逻辑不通也可以尝试，说不定会带来一些意外和惊喜。另外，配音也是非常重要的一部分，比如大片可以选择气势磅礴的背景音乐，生活短视频可以选择小清新、温馨的背景音乐。有一种剪辑手法，就是先找合适的背景音乐，再根据音乐进行剪辑。我们可根据自己喜欢的视频风格，先找到喜欢的音乐素材，再根据音乐素材的鼓点、节奏甚至歌词内容来对应视频画面，让自己的视频更具有起伏变化。但同时也不要忽略了沉默和静止的效果，有时候沉默造成的紧张感并不亚于一段焦躁的背景音乐。要知道，最出彩的剪辑是让观众意识不到它的存在，却又被剪辑出来的镜头所深深吸引。

　　熟手的短视频剪辑，应该兼顾差异化与一致性。所谓差异化，是指创作出的短视频能与其他短视频产生一目了然的区别。只有与其他短视频号的编辑方式有一定的区别，才能引起更多使用者的注意，从海量的短视频中脱颖而出。一致性是指视频账号的制作风格、编辑手段及内容创意等相关方面都必须统一风格，如使用固定的背景音乐、统一风格的滤镜贴纸、相同的景别切换等，这样才能唤起用户对账号的记忆点，形成强烈的个人风格，并以此来完善视频账号的人设与格调，提升内容品质与价值，为未来流量变现做好充分的准备。

5.3　视频包装指南

　　传统媒体中的影视后期包装，指的是对电视栏目、电视节目、频道栏目甚至电视台的整体形象进行一种外在形式要素的规范和强化。在短视频时代，我们可以不需要片头片尾、固定图标之类的视频外在的形象展示，但仍然需要用声音、图像、颜色等要素来使我们的视频更精彩。如果把短视频的内容比作人，那视频包装就是这个人的衣服。穿上了"衣服"的内容，才会更加好看，更易于传播。短视频的包装是短视频制作过程中很重要的部分，合适的后期包装不仅能够美化短视频内容，同时也能增强受众的观看欲望。

5.3.1　配音的注意事项

　　短视频是视频和音频的结合，画面很重要，声音也同样重要。当短视频仅凭画面不能满足信息传达需求的时候，就需要借助配音这项包装工具了。

　　配音有介绍信息的作用。有时候单凭画面内容没办法让受众更好地了解作品内容的意义，或者内容的含义比较复杂，没办法在画面中完整地呈现出来，这时候就需要加入配音，来更好地完成内容的表达。在这里，配音起到的作用是加深作品与观众的交流，让观众能够更好地理解作品。

　　有时候在一些特定的环节，需要渲染整体的气氛，这时候只靠画面就显得有点单薄，如果观众在观看画面的同时，能够听到配音的内容，在配音的加持下，用户就能更好地沉浸在画面营造的气氛中。不过这需要配音演员有非常好的个人能力，能够用声音达到感染观众的效果，不然配音如果无法和画面匹配，反而会影响用户的体验。

还有的时候，画面上会出现一些没办法完整表现出来的细节，或者画面上出现的细节没办法更好地让观众观察到，这时候配音就起到了解释细节的作用，能够让用户更好地看到想要重点呈现的内容，保证了画面信息的完整性和充实性。

建议在条件允许的情况下，创作者都尽量自己给自己的视频配音。因为创作者最了解自己的创作内容，最清楚声音要呈现什么样的状态、情感和效果。同时，声音也是体现辨识度和差异度的因素之一。好的配音能成为短视频的内容标志，更容易打造个人品牌和IP。

也许有人会说：我的普通话不够标准，也能给自己配音吗？当然可以！短视频并不是传统媒体，没有人对你的普通话发音进行审核。就算有口音，也可以借助字幕帮助观众理解你的内容，而且口音也可以成为你的标识之一。当然，读错字的发音还是不允许的，这一点创作者要注意，不要出现明显读错字的情况。

如果自己确实没有配音的天赋，或者不想自己配音的话，可以选用文字转语言的软件来配音。软件配音的好处是操作简单、生成速度快，而且花费的时间短，经济实惠。现在很多软件已经可以达到非常高的真实度，大家可以一一去尝试。

想要用自己的声音配音，可以使用手机来录制。大部分人的手机都自带录音功能。打开手机的"录音机"，点击下方的"录制"按钮，就可以根据自己的视频进行配音。需要提醒大家的是，需要找一个比较安静的地方进行录制，不然录制出来的音频会带有其他嘈杂的声音，影响效果。在空间

　　较小的封闭房间内录制效果是最好的。同时在录制的时候，注意嘴巴不要离手机收音口太近，否则容易造成声音爆破。录制结束后生成声音文件，再将其导入视频编辑软件中与画面对应即可。视频编辑器可以让你一边观看视频一边录音，省去了后期剪辑合并的步骤。也可以选择稍微专业一点的录音设备来收音，这样录出来的声音更清晰饱满，感染力更好。

　　选择自己配音的创作者还要注意，与舞台主持的要求正好相反，后期配音者的状态一定要松弛自然。不要求音调与音节的伸展，也不用刻意追求单色响亮，任何夸张与做作都会失真，声音状态应自然。当然，松弛自然也不能失去控制，吐字要清晰，注意语言的规范性。配音者要学会驾驭录音设备，距离远会造成声音虚空，距离近会造成声音发劈，当需要大声疾呼的时候，就要远离话筒；如果要表现窃窃私语就调近距离，最重要的是要充分了解自己的视频内容，确保自己的录音风格与视频风格相符。

5.3.2　音效与背景音乐的处理

　　不论长视频还是短视频，它们都是画面与声音的结合。好的声音是一个短视频成功的重要因素。这里提到的声音，除了拍摄时的同期声、后期配音外，还包括音效与背景音乐。

　　音效最大的作用是辅助体验，好的音效可以让用户融入作品，并与其情绪产生共鸣。如果没有合适的音效映衬，视频会显得平庸无趣，对用户没有足够的吸引力。可以做这样一个简单的实验：观看恐怖片的时候，如果把声音关掉，会发现恐怖的气氛立刻少了一半。

　　在一段视频中，好的音效可以增强真实感，渲染影片的气氛，让观众仿佛置身现场。例如，在拍摄动作的时候，观众不能感受到现实中力的相互作用，只能看到一个模拟的出手动作和一个挨打的动作，但如果加上了音效，观众就能从听觉上感受到打击的力度。

音效可以延伸画面空间，增加荧幕信息量。例如，观众虽然只看到一个房间内的场景，但这时候加上一个打雷下雨的音效，即使没有给外景，观众也能感觉到屋外此时下雨的环境。

音效还能外化人物的内心活动。当演员接收到令人震惊的消息时，如果加上一点音效，就能使观众感受到人物此时的心理状况。合理地运用音效不仅可以丰富影片的层次感，还能增强影片的质感。

处理音效属于剪辑过程中精剪的一步。在萌宝、萌宠这一类视频中，要格外注意音效的使用。这是因为萌宝、萌宠很多都不会说话，需要为他们设计一些对白和台词。同时，萌宝和萌宠又属于肢体语言比较丰富的类型，在他们做出很多可爱动作的时候，都应该增加音效，这样作品才会更生动。

音效的收集来自我们日常的积累。大家可以从一些音效网站上下载，也可以留意生活中一些特别的声音，游戏、影视作品、综艺节目中好听好玩的声音片段都可以成为音效。

短视频中的背景音乐更重要。抖音当年火爆的原因之一，就是有各种各样"洗脑"的"神曲"片段，被越来越多的用户用在自己的作品中。曾有人对"抖音音乐对视频和广告的影响"这一主题进行研究，结果显示，与大部分数据相比，音乐可以让短视频的播放量和互动性提高20%左右。音乐在抖音的作品中被广泛使用，使用了"抖音神曲"的视频作品占总作品的82.5%，且比例逐月递增。从某种程度上说，如果选对了BGM（背景音乐），视频制作就成功了一半。

一般来说，除了剧情类的短视频，其他类型短视频的节奏和情绪都是由背景音乐带动的。视频的画面节奏与音乐本身节奏的匹配度越高，整体画面看起来就越和谐，代入感就越强。

所以在配乐之前，创作者可以大致梳理一下拍摄素材，对视频的整体节奏有一个大致的掌控。需要大概知道视频的高潮和转折点在哪里，哪里需要切入音乐，哪里只需要视频的原声。在对整体节奏有了基本的掌控之后，就可以根据这个节奏去寻找合适的配乐了。

越流行的音乐就越能保证视频的流量吗？答案是否定的，"洗脑神曲"并不是流量的保证。无论一个BGM有多神奇、多受欢迎，其本质除了本身的音乐属性外，使用它的目的还是为视频内容服务。好的BGM绝不能抢视频内容的风头，而是为内容服务，与内容融合，对整个视频起到画龙点睛的作用，让内容更加饱满，使视频主题更加突出。同时也能更主动地调动用户的感受，让用户沉浸其中。如果一个BGM的风格过于强烈，所表达的内容过于突出，远超视频内容本身，那么视频的光芒就很容易被掩盖。对于内容创作者来说，这个结果自然是本末倒置。

一个短视频想要获得用户的认可，需要具备的元素有很多。在认真做好内容的前提下，多听、多看、多积累，选择合适的BGM，最大限度地发挥BGM在视频中的作用，也是内容创作者需要不断打磨和学习的方向。

5.3.3　字幕与特效的处理

字幕包括台词字幕和花字。这里重点讲一讲对花字的处理。在视频的后期编辑中，花字是一种特殊的存在。花字通常是指比普通字幕更"花里胡哨"的各种文字，它有着丰富多彩的字体，各种各样的图像，甚至还带有声音效果，是多层次的文本对视频内容的二次创作。花字在国内兴起的时间并不长，2012年前后，大量网络综艺节目的兴起和对韩国综艺节目的学习，带动了国内综艺花字的发展。到了短视频时代，看着综艺节目长大的用户把使用花字的习惯也带到了短视频的创作中。

花字包装总体分为四个方面：功能性板块，包括时间/地点板、功能板和小贴士；基础叙事，包括基础字和美文；情绪符号，包括问号和叹号；装饰性元素，包括边框、背景、小元素、阴影、手绘等。

在短视频的后期制作中，与花字形影不离的是各种表情包的运用。现在很多创作者都喜欢在视频中加入各种人物反应的表情包，配上花字，用来打破视频的节奏，给用户带来不一样的视觉感受。

后期花字的合理运用，能让视频形成别具一格的特色和风格化效果。花字的创作顺应了网络传播的规律和特点，迎合了年轻人的受众定位，紧跟网络热点，使得视频本身的共鸣效果更强。后期花字另外一个重要的功能，是在视频内容的基础上，制造出新的话题热点，进而提升视频热度。

后期花字和表情包本质上是视频内容的补充和铺垫，而过多的花字会影响观感。如果每一组镜头都是一段文字，那么花字和表情包就像文字中的标点符号一样。标点符号要打在准确的位置，才便于阅读者理解。同理，花字和表情包也要用到合适的位置，才能起到丰富剧情、帮助观众理解的作用。花字的创作应该尽量与内容场景和谐统一，在颜色、字体、字形设置等方面给观众带来更直观的感受。字幕的变化和组合也是一个十分重要的视觉元素。

除了花字，这里再介绍一种后期剪辑中常用的手段——视觉特效。视觉特效是指人工拍摄以外的镜头处理，包括人工创建的镜头效果，以及各种滤镜和转场效果等。它的作用就是用虚拟镜头去填补实际镜头中缺少的东西，从而创造出更优质的画面感。和抖音等其他短视频平台相比，视频号平台自带的特效相对较少，需要创作者自己利用一些剪辑软件制作并上传。

转场是最常见的视频特效，无论什么样的特效视频都会用到。各种剪辑软件中都有很多不同的动画效果可供选择，常见的闪黑、闪白、开场等基本过渡效果，是编辑视频时经常会用到的。过渡效果会让镜头看起来更流畅，赋予镜头一种可以表达效果的语言。

主题特效是指一个特定的主题。我们看到的粒子、科技、水墨等特效素材都属于主题特效。主题特效更有针对性，适合制作特定的短视频。另外，常见的视频特效还包括文字特效，包括字幕的动画效果和一些艺术字效果的使用。

在视频制作的后期，如果创作者能再多学习一点图像处理技巧，就可以通过各种图像的变化和色彩的搭配，创作出更多属于自己的视觉特效。

CHAPTER 06

第六章

抓住流量——视频号的运营方法

6.1 视频号运营的总体思路

短视频的运营是一项复杂而精细的工作。它的工作内容包括内容策划、用户运营、渠道推广、数据分析等，是一种长线的、带有营销思维的活动，其最终目的就是实现增长。运营的本质就是引流并转化用户，这也是一切营销的目标。如果我们的短视频内容只有上线和发行，没有后续运营工作的话，这一切都不可能实现。

短视频运营的真正价值是帮助内容团队实现真正的获客和用户留存，因为流量本身是不能直接变现的，只有获得真实有效的用户后，才可能挖掘出真正长期有效的商业模式，实现稳定变现。

运营层面的工作并不只是上线的后续，需要在策划初期就包含进来。运营帮助用户和内容更好地交流，也帮助内容产品在完成上线之后，持续发酵，产生长尾效应。好的运营，一定是以人格化的方式结合内容产品的定位，以某种人设的身份，参与到用户评论区管理及精细化运营中的。这些通过运营手段获得的"一手数据"，才是最具价值的数据。它们的真实性和有效性可以帮助你看清很多市场的变化，从而明确自己的产品定位，获得真正的市场竞争力。

6.1.1　运营高手常用的工具

在日常的短视频创作和运营的各个阶段，我们都离不开一些辅助工具来提升自己的内容质量，增强我们的运营效果。学会合理运营各种工具，往往能达到事半功倍的效果。

行军打仗，要做到"兵马未动，粮草先行"。做短视频运营也一样。想要源源不断地提供有价值的内容，就必须注重平时的积累，搜集素材。一个优秀的短视频运营，一定要有自己独立的素材库，才能持续不断地进行内容输出。视频素材的下载有时候并不容易，很多网站都不提供下载选项，或者下载的视频不能导入编辑软件中进行二次创作。我们需要一些下载软件，如硕鼠。有些网页上的视频如果不能下载的话，只需将视频网页链接复制到硕鼠中就可以完成下载。它的操作非常简单，人人都可以使用。同时，手机App商城也在不断推出各种存图、存视频的软件，如闪电素材、省心素材、素材宝等。大家可以保持关注，寻找更适合自己创作运营的素材工具。

在运营过程中，我们还经常需要自己做图，如制作短视频封面，或者在内容中加入图片说明等。会使用PS这样的专业图像处理软件是最好的，但对于新手来说，PS的门槛相对较高，学习起来也比较麻烦。可以选择一些上手相对容易的制图工具，如海报制作大师、创可贴、定稿设计等。这一类制图工具的特点是操作简单，大部分都是使用模板元素，不需要考验创作者的审美和技术，只需要更换字体和文字内容就可以轻松做出好看的图片。

在进行短视频运营的过程中，我们还需要时常查阅各种视频数据，这里给大家推荐一些短视频的数据分析工具。

首先是新手必备的视频号助手网站。这是由微信官方推出的一个视频号

PC端后台，类似公众号的微信公众平台，可以在电脑上登录，并在后台发布视频和开启直播。视频号运营者扫码即可登录，快速管理账号、了解账号基本信息及每个视频的数据。首页上就可以了解昨日的账号数据，以及自己的最新动态，还可以通过电脑直接发布视频。它的数据板块包含三个内容：关注者数据、动态数据、直播数据。这个板块可以更快捷、可视化地了解到账号最新数据的变化情况。另外，还有友望数据、视向标、新视等数据平台，可以通过这些平台查看视频号里面热门的行业标签、热门视频，以及各行各业的博主排行榜。

做全平台数据分析的网站也有很多，但每个网站的侧重点不一样，大家可以根据自己账号的定位来选择。卡思数据专注于各大视频网站红人、节目或创作团队的商业价值全貌，可随时查看红人的各项运营数据，也能帮助广告主、广告公司筛选所需KOL红人资源。如果想通过直播带货，可以选择查看蝉妈妈数据，这样可以一键找到全网销量最高的商品和表现最好的直播商品，还能找到带货最多的达人。再比如罗网，里面的达人分析、电商分析、热门视频数据等均可供创作者借鉴他们的经验，帮助创作者快速找到自己的定位。

6.1.2 时机选择——视频号发布的技巧

视频号的发布看上去很简单，打开自己的个人主页，点击"发布视频"就完成了。但对于一个合格的运营者来说，视频的发布也需要技巧：做好准备、选择合适的时机，才能让自己的内容吸引更多的流量。下面详细讲解一下视频号发布前后的工作。

视频制作前期准备

1.做好视频的封面

除了标题吸引人外，封面上也可以设置悬念。当用户点击进入短视频账号的个人主页时，视频封面制作质量的高低，在一定程度上决定了用户是否有继续观看其他视频的欲望。如果我们在视频的封面上，写上一些有价值的话或者关键的信息，就可以帮我们提高视频的点击率。例如，采用有悬念的封面内容，可以激发用户更多的好奇心。同时，不同的行业所需要的短视频封面类型有所不同，如果你的短视频封面类型与你的行业有较大的差距，那么无论是流量还是在观赏性方面，都难以有较好的突破。

固定风格封面也有助于打造人设

同时还要强调，封面也是我们制造差异化和人设的手段，我们在制作短视频封面的时候，采用固定的封面样式，可以加强粉丝或用户对我们账号的整体记忆。这样我们的账号就有非常鲜明的个人特色，有利于我们建立个人IP。

2.把握第一条视频的机会

很多人都不知道第一条视频的可贵性，不重视视频号的第一条内容，大部分人都是随便拍的。其实，视频号的第一条内容相当重要，微信后台会给我们做推送，把我们的视频推荐给微信好友和对我们的账号内容感兴趣的人，增加视频内容的曝光度。如果认真对待，会带给我们大量的播放量、点赞、转发和关注。

视频号第一条内容一定要优质，这会给用户一个好印象，如果第一条就有好的数据，那后期上热门的概率也会提高。

视频号的发布时机

什么时候发布内容，能获得更大的流量呢？在短视频赛道上，有一个流传最广的黄金发布时间，用四个字来总结叫"四点两天"。

所谓四点，是指周一到周五的四个时间段，分别是早上的7点到9点，中午12点到下午1点，下午4点到6点，以及晚上9点。这四个时间点也是手机上的娱乐软件打开率最高的几个时段。

早上7点到9点，正好是上班族的早高峰，大部分人会在上班路上刷一刷手机打发时间。中午12点到下午1点，是午休的时间，不管是学生还是上班族，都可能会趁着午饭和午休的时间玩一会儿。下午4点到6点，主要是上班族的摸鱼时间，这个时候大家手上的工作都处理得差不多了，下班前可以看看手机。晚上9点左右，大家准备结束忙碌的一天，也是一天中最放松的时候，躺着看看手机很舒服。

"四点两天"中的两天，是说周六、日的休息期间，大家玩手机的概率也相当高，想什么时候看就什么时候看。

四点两天，可以说几乎囊括了主流用户停留在短视频的峰值区间。对于新手来说，选择这些时间段发布大部分都不会出错。

对于运营熟手而言，内容发布的时间节点会有更多的考虑。

有部分运营者不太关心别人眼中所谓的最好、最佳时间，他们会选择一个固定时间来发布，这样既可以满足忠实粉丝的确定性心理，同时也给视频内容的创作者一个期限：这个时间是截止时间，不管怎么样都要赶在这个时间段发布。

还有一部分运营者喜欢追逐热点发布。热点意味着大量的流量和关注，有些经验丰富的运营者会在热点产生的第一时间，快速打造出符合自己定位的内容，并趁热吸引粉丝，获得流量和曝光。

当然，也有些运营者会反其道而行之，寻找一个错峰发布的时间点。很多大号将发布时间集中在下午4点到8点，这个区间的优质内容，能够即时得到精准标签用户的反馈，上热门的机会更大。也正因如此，造成了大量新内容的扎堆。视频号活跃用户是存在上限的，比如推荐量10W，同一时间有10个好作品被系统推，与同一时间有100个好作品被系统推，明显前者能够获得的曝光更多。所以有部分运营者会把发布时间选在热点时间的前后1小时左右，让自己的作品能够进入更多推荐中。

最后想提醒大家的是，每一个账号的定位不同，我们要充分考虑目标人群的时间，她们最闲暇的时间就是我们最应该发的时间。我们也可以把时间往前推半小时，因为需要半小时发酵一下，让官方知道我们的作品比较优秀，然后推流量的时候，正是大家玩手机的时候。

还有的新手运营者会问，为了提高推送视频的频次，我们可以把一个10分钟的视频拆分成10个1分钟的视频吗？

能不能拆分视频取决于内容。我们要把握的原则是，一个作品里面讲一个事情，或给一个解决方案，首先要保证作品的完整性。有的视频内容很短，因为它可能就是一个情绪，或是一个精彩的镜头。比如小朋友的举动特别可爱，用户看完以后很愉悦，然后点赞结束。但你要讲新一轮的经济政策，那1分钟肯定是讲不清楚的。如果10分钟的视频内容是一个完整的观点，那么就尽量不要做这样的拆分。相反，也不要把两三个话题放在一个作品里去讨论。把握一个作品讲好一个事情的原则，而视频最短也要有7秒的时长。

6.1.3　寻求最大曝光：标签与链接的使用

1. 强大的标签功能

微信话题标签是个强大的引流利器，覆盖了整个微信生态，但在实际操作中却常被新手运营忽略。要知道，话题标签并不是微信视频号独有的功能，在抖音、快手、微博等短视频社交平台也都有话题标签。只要使用这个功能，用户就可以在海量的内容中快速、精准地找到自己感兴趣的内容，还能及时了解大众正在讨论的热门话题，并参与分享与讨论。可以说，话题标签能够提升用户体验，增强用户的参与感。对于创作者来说，话题标签就相当于一个精准的流量入口，可以让其内容得到更多曝光，被更多人看见。

与其他短视频平台所不同的是，视频号的话题标签是覆盖了整个微信生态的。2020年10月，微信朋友圈就上线了话题标签功能，只要在发朋友圈时输入"#+文字"，就会变成蓝色字体，自动生成超链接，用户只要点击就可以跳转到该标签的相关内容页。到了同年11月，微信聊天页面也增加了话题标签功能，在聊天时，带上"#+文字"的样式，也同样能跳转。这里跳转的页面为信息聚合页，在聚合页中可以看到微信对视频号的重视和倾斜。如果我们在聊天页面输入标签"#+文字"并点击，会发现首先置顶的是同标签的视频号动态，接着才是朋友圈、公众号、小程序。这就意味着标签功能提高了视频号在微信生态中的权重，也让创作者的内容得到了更多的曝光机会。

这个强大的引流工具该如何利用呢？首先一定要记得使用这个功能。在发布视频的时候，我们可以根据自己的内容在文案区添加相应的标签，在文案区直接输入"#+文字"，或者点击左下角的"#话题"后输入文字即可。

需要注意，标签之间，或者标签与其他内容之间要用标点符号或空格隔开，否则"#"后面所有内容都会被识别为话题标签。

与朋友圈及聊天话题标签跳转的页面不同，视频号话题标签跳转的是视频号内容聚合页，点击某个标签，就可以看到所有携带该标签的视频。

还有一些运营者，虽然知道使用标签功能，但只会一味地使用热门标签，这样做的效果其实并不好。标签功能的使用也有一些技巧。例如一些宽泛的话题，很多人都在使用，如"#科技""#搞笑"等，但由于使用的人太多，这些词其实很难被精准检索到，你的视频挤到搜索前排的可能性也比较低。所以对话题的描述一定要精准，最好具体到某个垂直领域。例如使用"#搞笑表情包"这个标签，就肯定比使用"#搞笑"的效果更好。在使用标签之前，我们可以先搜索一下，我们的内容可以用哪些标签，然后选择播放量最高的那个。用一些网络热门用语来做标签也是一个不错的选择。

微信视频号话题标签的使用是没有数量上限的。可能有的运营者会觉得那就尽量多用一些，填的越多就越容易被搜到。其实真相恰恰相反，如果带有的话题太多，会被系统判断为话题不准确，反而不容易得到推荐。所以在话题的数量方面，最好控制在三个左右，不能没有，也不要太多。

对想要打造个人IP的创作者来说，可以把自己的ID作为一个话题标签，也可以给自己创作一个话题，这个话题聚合页就将是你的内容，相当于给自己的内容一个集中展示区，也方便粉丝更集中地认识你。同时别忘了在分享朋友圈的时候，文案里也带上自己的话题标签，这样会有更多人点进你的话题，观看你的内容。

微信官方会在某些特别的时间给出一些话题词，比如9月1日的"#开学第一天"，10月1日的"#这里是中国"等话题。这些都是官方发起并会给参加的创作者一定流量的话题。运营者一定要保持足够的话题敏感性，及时注意到并积极参与，会有不错的流量收益。

2.视频号+公众号：一加一大于二

视频号支持在发布动态的时候添加一个链接，点击即可跳转到相应的页面。这个链接可以是公众号文章，也可以是红包封面。要重点关注视频号与公众号之间的链接，大量实践证实，合理利用好两者之间的关联，能产生很好的运营效果。对于公众号而言，视频号是撬动公域流量的杠杆；而对于视频号来说，公众号是承载私域流量的渠道。

现在，视频号和公众号在很多功能上已经实现互通。视频号发布视频可以插入公众号的文章链接；公众号文章可插入视频号动态、视频号直播预约；视频号的个人简介可以直接绑定公众号；同样，公众号的简介也可以绑定视频号。

前面一直强调，要将视频号撬动的公域流量沉淀到自己的私域，如个人微信或社群。在这条路径上，公众号是最好的承接方式。视频号的短视频能传递的信息是很有限的，前面一直强调新手玩家做视频号的时长要控制在1分钟以内，30秒内最好，所以它讲述的内容其实非常精练、短小。但如果能链接到公众号上，就能弥补这个不足。尤其是知识类的短视频，公众号文章的拓展链接可以有效地对视频内容进行补充和说明。

有些运营者会直接加上相关商品的链接，这种带货手段非常适合各种奇特的小商品，一旦视频爆发点赞10W+，商品转化订单量是很可观的。还有的运营者会在视频号扩展链接标题中说明免费领取资料包，而公众号的文章链接则放企业微信、个人微信等，引导用户到自己的私域去领取福利，后续再通过私信消息给用户发送付费课程的信息。

更多的运营者采用的是在视频号主页关联公众号，用公众号表达自己更详细、更有深度的观点。同时，公众号经过这么多年的发展，本身功能已经非常强大和完善，能提供更多内容和服务，更是非常好的变现渠道。

今年是公众号发展的第10年，面对打开率的下降，以及短视频平台的冲击，即便是广告收益相对稳定的公众号，也急需寻找新的突破口，实现收益的再度增长。视频号是新的平台，虽然有一定风险，但也意味着新的机遇。这也是微信官方的意图。公众号的发展已经陷入了瓶颈，而微信流量池又如此庞大。盘活流量，用存量带动增量，是迫不及待的事情。

视频号连接整个微信生态，强大的流量转化闭环、商业变现闭环，给创作者们提供了巨大的想象空间。对于品牌而言，公众号+视频号的组合拳，可以更全面、更形象、多渠道地进行品宣营销，触达更多用户；同时也能提供更多维的服务，给用户带来更好的体验。

6.1.4　冷启动究竟有没有捷径

做视频号运营的朋友一定经常听到这个词：冷启动。冷启动到底是什么？如果你同时运营过视频号和其他短视频平台，就会发现同样运营一个新账号，很多内容发在其他平台上看着效果还可以，但在视频号上数据却不尽如人意。这不是因为视频号限流，而是在运营一个新账号的时候，视频号会采用和其他平台不同的规则对新账号进行"考验"，这个过程就叫作视频号的冷启动阶段。

前面已经介绍过，视频号的推荐逻辑是社交推荐。如果视频发出来没有得到点赞，就没办法启动社交推荐，没有社交推荐，就无法启动系统推荐。所以，如果没有粉丝基础，还想做出爆款视频，那么视频号的冷启动阶段就必须做好。一个新账号在开通之后，不管作品有多优秀，官方后台都会先"观察"一段时间，这期间后台给的公域流量最高在1万左右。如果能顺利度过这个阶段，就可以进入一个快速增长期。例如，你的作品基础播放量有一半都来自公域流量，或者你发的每一条作品的播放量都超过了1万，这时就可以判定度过冷启动阶段了。

还有人说视频号粉丝只要超过1万，就可以度过冷启动阶段。这其实是对冷启动阶段的一个误解。视频号的粉丝体量和私域有关，和公域无关。假设一个在其他平台有几百万粉丝的大V来到视频号，他可以利用自己的私域流量瞬间让视频号的粉丝数达到几万、几十万，但这并不意味着他已经度过了冷启动阶段。相反，如果另一个账号本身私域粉丝比较弱，但也在视频号上收获了1000个精准粉丝，那相比前者，第二个账号突破了冷启动阶段的概率更大。

与其他短视频平台不同的是，视频号更看重用户的平均观看时长，这是判断一条视频质量的核心数据。这里的平均时长不是指观看视频的总时长比例，而是单纯指时间的长短。视频号官方曾解释道，如果有一条视频时长是30秒，另一条视频时长为3分钟，然后两者都完播了，那么3分钟这条视频的推荐量要比30秒的多得多。

视频号怎么突破冷启动阶段？当你开始正式运营视频号后，首先要确保能够稳定有节奏地持续更新，最好准备好你前十条的内容素材。建议大家一开始不要每天临时策划、拍摄、制作、发布，这样断更的风险很大。你至少先拍出3条，准备好后面5～10个选题，再开始发布你的第一条，这样能确保持续更新。而发布后，要根据后台的数据分析来评估下一条的内容该如何调整。比如说你已经发了5条视频，其中有一条流量相比之下有10倍以上播放量的差距，那就要赶紧把这个小热门内容的相关库存内容拿来分发，甚至专业化的团队会马上加入新的视频素材，混剪这条已经被平台验证受欢迎的内容。

准备好相当长期的一部分内容后，同时确保视频内容呈现的基本形式，如统一的视频尺寸、统一的字幕样式、统一的标题形式、统一的封面风格等，这样在初期就能给用户一种高质量的体验和印象。

在冷启动阶段，我们一定要利用好自己已有的私域流量。你的微信好友、微信群越多，冷启动就越有优势，因为微信好友可以直接转化为你的视频号用户。另外记得每一条视频号内容都要发朋友圈，并引导大家在视频号内互动点赞。

视频号推送作品的时间为：3+6+18+24+24+24，一共6次推荐。就是说，发布视频作品后，基本上每一个作品在发布后的第3个小时、第6个小时、第18个小时、第24个小时内会得到系统本身的推荐。而在发布作品后的48小时、72小时之内，系统会为你再度推送，如果72小时过后，你的作品还能继续收到大量观看量、评论、点赞。那么恭喜你，你的作品真正上热门了，接下来还会被反复推荐。

6.2　粉丝从哪里来——必须掌握的涨粉规则

6.2.1　提高涨粉率的 4 个技巧

评估一条视频效果的重要指标之一，就是这条视频是否给我们带来了粉丝。在自媒体时代，不论在哪个平台，粉丝的重要性都不言而喻。前面已经讲过，视频号想要做认证的话，需要满足三个条件：近30天发表1个内容、粉丝1000人以上、已填写简介。只有满足这三个条件，才能完成个人兴趣的认证，这也是微信视频号1000粉丝的首要作用。

视频号对于增加粉丝关注的功能做了好几次调整。一开始视频号的关注功能像微博一样，账号名旁边就有"关注"按钮，新账号涨粉相对容易。一段时间后这个功能突然消失了，需要点开账户主页才能点击"关注"。改动之后，视频号的粉丝增长速度一度断崖式下跌，但视频号粉丝的价值远高于其他平台。曾有人戏言：其他号10万粉丝的作用和视频号1000粉丝差不多。虽然这句话有夸张的成分，但也有一定的道理，因为视频号粉丝相对其他平台更加精准和真实。即使视频号涨粉慢、涨粉难，我们也要坚持做下去，这样才能收获有价值的粉丝。下面四个涨粉技巧，希望能够帮到你。

首先应该在视频内容中提示用户关注，并给出关注价值。

简单说就是要在视频中给用户一个关注的理由，最好是通过口播直接提示，如果用户恰好对你的内容感兴趣，或者认为有价值，那么他就很容易继续关注你的内容。例如有的视频中会提示用户，现在看到的内容只是第一部分，明天会发布第二部分。时间有很强的确定性。如果用户想知道后续内容，他肯定愿意关注。还有一些账户会直接提示它的精准用户。例如，一些养生账号告诉大家，有脱发烦恼的朋友请关注我，其实就是明确告诉用户这个账号会持续发布有关减少脱发的内容，以此吸引用户点击关注。如果你做的是非常垂直的细分领域，账号主页也可以这样写，为的是聚集你的圈层用户。

还有的创作者会使用这样的话术来提醒用户："赶紧收藏，要不然就找不到了""关注我，下期更精彩"。如果用户看到这些推荐的内容并没有任何动作，那视频可能就一划而过，消失在信息流里面了，下次再想去找，就要在海量的信息中去寻找，难度会比较大。我们也可以利用这一点，在口播中提醒用户注意关注，不然会有损失。大家在使用的时候，文案并不一定非要跟他们的一样，表达出类似的意思即可。

在视频中的哪个位置提醒用户关注合适呢？一般来说，视频中间到结尾都是可以的。不建议大家在视频一开始就提醒用户关注。一般来说，视频播放的前3秒钟用户最容易跳出。如果能坚持看完前3秒，再继续看下去的可能性才会比较大。如果用户还没有从你那得到任何有价值的东西，你就引导用户关注，操之过急，效果反而不好。

第二个技巧，是在视频中设置悬念，引导用户后续继续关注。好奇心是人的天性，不光是短视频，很多影视作品也喜欢设置悬念，吸引观众继续观看。我们在看电视剧的时候，会发现每一集都是承上启下的，看了上一集就想知道下一集会演什么。在视频号中运用这个方法，用户会期待你后面的内容。

通常设置悬念的方式，是在上一个视频中吊胃口，在下一个视频中揭秘。如果用户对视频内容非常好奇的话，基本上都会去点击主页寻找答案。这个时候需要在视频封面上标注明显的上下集字样，也就是提醒用户要继续了解剧情走向，就要点进主页去看。

第三个技巧是尝试做系列视频。系列视频跟前面讲到的连续剧式的视频有点相似，但不完全相同。一个系列会由几个视频组成，拍完一个系列还会有新的系列，还可以是好几个系列的视频穿插进行。通常用户看标题，就知道账号正在发的是什么主题的内容。如果对账号的系列视频感兴趣，用户也会持续去追更新。

第四个与其说是技巧，不如说是给各位的提醒，就是要给用户提供长期的确定性陪伴，轻易不要断更。当用户明确地知道自己能从某个账号那儿得到他想要的东西时，一定会持续关注这个账号。一旦确定要用视频号来做点事情，即使再忙也要抽出时间拍一条新内容。断更的危害性很大，容易让用户失去好感。虽然坚持很难，但只有坚持下去，你才会成为笑到最后的人。

6.2.2　涨粉的 5 个入口

前面总结的涨粉技巧大部分是从内容层面上总结的，在渠道层面，视频号涨粉也有它的一些基本方法和入口。基于视频号的社交属性，转发视频号内容到朋友圈和微信群，是最简单的推广方式。转发的时候，搭配好的文案，可以大幅提高别人打开的概率。对于自己的视频号内容，记得要多点赞，也可以在微信群、朋友圈发动好友点赞，这是视频号涨粉最重要的渠道之一。只要有人点赞，那好友的好友就能看到，流量裂变的目的也就达到了。

除了上述这些基本操作，还可以通过以下方式来涨粉。

1.活动引导关注

活动引导关注是公众号、微博等自媒体常用的涨粉手段，在视频号上也可以使用。例如，在一定时间内给评论区点赞前10名的朋友送福利，这样就会吸引大家点赞评论，基于微信的社交推荐关系，视频就能被更多的人看见。而且评论的朋友还会主动转发给自己的好友来点赞，从而带来更多的流量曝光。通常福利越有吸引力，效果会越好。

2.参加官方话题活动

视频号官方会定期组织话题活动，并且会给一定的流量曝光，多参与，就有被曝光和推荐的机会。

3.与公众号联动

公众号和视频号之间有绑定功能，在视频号和公众号已经绑定的情况下，公众号详情主页展示视频号内容，视频号详情主页也同样展示公众号身份。用户点开公众号头像以后，可以查看绑定的视频号和内容，也可在视频号上观看视频时直接关注公众号，还可以点击头像或昵称信息进入公众号主页。视频号直播开播时，对应的公众号头像下面会显示"直播中"，在用户没有关注公众号的情况下，视频号上面也会展示公众号身份，并引导粉丝关注公众号，起到相互引流的作用。

现在公众号文章里面可以插入视频号的内容，这无疑给视频号带来了新的流量入口。如果你本来是有公众号的，就可以在日常发文的时候插入视频号的内容，这样别人在看文章的时候，也可以看你的视频号视频，间接为你的视频号增粉。

4.外部资源的引流

如果自己没有公众号，可以联系一些粉丝属性类似的公众号大号，让他们通过在公众号文章里面引用你的视频号内容或者发布二维码和简介给你导流。或者在已有公众号的前提下，联系对方在文章里面引用你的视频号内容或者发布二维码和简介，大家粉丝属性、粉丝量级差不多就可以，互相导流。也可以找粉丝属性、粉丝量级差不多的公众号互推，用视频内容引导和@对方的方式引导关注。

5.付费推广

2021年2月26日，视频号全面开放付费推广功能，无论是个人账号还是企业账号，皆可通过小程序"视频号推广"申请付费推广。简单来说，就是可以花钱给自己视频号的单个视频和直播间买曝光了，广告位置是小程序激励视频和朋友圈广告。视频号推广（移动投放端）具有"智能匹配人群"功能，根据账号属性和地域特点等因素，系统会自动寻找合适的用户，智能推广，省时省力。

考虑到部分视频号本身内容相对垂直，有比较明确的人群画像，视频号推广（移动投放端）也支持广告主在用户年龄、性别和地域等维度进行筛选，按需投放，以提升效率。

在推广人群上，可以选择"智能匹配人群"或"自定义定向人群"，如果选自定义方式，就要完成"年龄""性别""地域""兴趣"4个标签的设定。视频号推广小程序在手机端和PC端均可便捷操作，个人创作者可以更高效率推广视频号。

6.3　上热门的小诀窍

创作者、运营者都希望自己的作品能够上热门，上热门意味着高传播、高曝光、快速涨粉。想要成为热门视频，有一些基本条件，如视频必须是个人原创作品，视频清晰度要高、内容要完整、没有水印等。如果能达到这些基本要求，那么再加上一些技巧，就可以让你尝到上热门的甜头。

6.3.1　评论上热门——打造气氛组

视频号的评论区扮演着举足轻重的角色，如果能运营好评论区，上热门的可能性就会大大提高。

作为一个合格的运营者，一定要学会主动引导评论。要记住，主动引导评论永远比不引导要好，提升评论区的人气对涨粉、增强与用户之间的互动都非常有帮助。我们可以在标题文案中或者视频字幕、视频内容等不同的位置使用一些引导评论的技巧，与用户积极互动。首先可以在视频文案或者内容中抛出一个话题，如"你今年读过的最好的小说是哪一本，来评论区告诉我""你觉得最棒的音乐现场是哪一位歌手的演出，来评论区说说"。这种方式很容易引起大家的踊跃评论，很多用户也非常喜欢用这种方式来表现自己的品位，或者推荐自己喜欢的作品。

一些才艺类或者做专业知识的账号，还可以在文案中征求观众的意见，例如"下次还想听哪些电影的讲解，欢迎来评论区告诉我"。这样不仅能让用户在评论区互动起来，还能为创作者提供好的选题，可谓一举两得。如果我们的视频内容中包含测试或者游戏，也会吸引用户来评论。大部分人都会对和自己有关的某些测试表示好奇，很容易自发代入其中，然后通过评论寻找相似的伙伴。以卖货或者卖课为主的账户则可以使用"送福利"的玩法，让大家在评论区留言，获得点赞最多的用户可以获得一项福利，这种运营方式的优点是，当评论和点赞量多了以后，视频曝光量也能随之增加。不过微信一直严厉打击诱导分享的行为，我们在使用这个方法的时候一定要注意。

引导用户评论后，还要及时对评论进行管理。每个人都希望获得别人的关注，用户也不例外，当我们及时回复评论时，用户会觉得自己受到了重视和尊重，这样就能激发他们常来留言的欲望，时不时来跟我们互动。回复的时候运营人员也要尽量用心，站在用户的角度去思考。很多时候，账户主的积极回复还能引发用户的继续讨论，增加评论区的热度。想想看，假如用户给其他人评论从没有收到过回复，而在你的账号那里，每条留言都能收到回复，那么用户也会对你的账号好感倍增。用户在评论区留言，你也在评论区留言跟大家积极互动，这就缩小了与用户之间的距离感。

我们同时建议大家发布完视频后，自己先评论一条，这样可以加强用户对我们表达的观点的理解，也可以引导用户评论，更可以在一定程度上控制评论。另外，用户点开你的评论时，首先看到你的评论，会在视频中继续停留，这也就提升了完播率。要是他认可你的说法或觉得你说的有点意思，还会随手点个赞，当评论的点赞量超过三个时，你的评论就会直接显示在视频下方，会加深用户对你的印象。

评论区运营得好，不仅能提高互动率，帮你获得更多的系统推荐，还有助于账号变现，最重要的是，可以让你的账号得到更长远的发展。

6.3.2　转发上热门——营造情绪场

转发意味着分享，这个数据在其他平台上的意义可能没有那么重要，但在视频号这种看中社交和互动分享的平台上有着非常重要的意义。关注你的人越多，你的视频内容就能被越多人转发，就会带来更多新的粉丝，促成良性循环。我们最需要关注的是，一个新视频发出来后，这个视频有多少转发量。

从外显数据是不能精准看出一个视频能带来多少粉丝的，但是我们可以估计。比如这个视频发布了三天，第一天一下子涨了1W粉；第二天没有发新的东西，但还是涨了1000粉；第三天发了个新视频，涨了5000粉。那么我们就可以估计第一个视频涨了1.1万多的粉丝。同时，转发量高的视频几乎都是涨粉多的视频。如果没有条件去观察日涨粉量的话，就再加一个转发量的判断标准。

下面举一个例子来展示转发是如何上热门的。

2022年7月25日，一个名为《回村三天，二舅治好了我的精神内耗》的视频登上B站热门第一，一天内视频播放量达845万，博主涨粉100万。当天上午的朋友圈大批文艺青年纷纷转发这条B站链接并拍手叫好，而神奇的"化学反应"发生在下午，B站把这条视频上传到自己的官方视频号上，更方便大家转发和评论。

于是这条在年轻平台蹿红的怀旧内容就在中老年用户活跃的视频号上引发了指数级增长的传播，最终播放量破亿，这还不包括大批内容创作者自己上传的播放量，以及各级媒体带来的二次传播。

二舅的内容最有魅力的点就是让二舅这大半生历程，在物质世界的残酷与精神世界的纯净之间不断形成冲突，二舅坦然面对"眼前的苟且"，并通过实际行动，打造出属于自己的"诗和远方"——打造家具。他靠自己的手艺获得了各类人群的认可，并把赚到的钱毫无保留都给了领养的孩子做嫁妆——一笔十几万的巨款。这些举动充分体现了劳动人民的朴实和亲情的无私。

最后，二舅的叙事风格非常符合视频号主流人群的怀旧方式，先是从二舅小时候开始回忆，通过老照片来构建几十年时代的变迁，视频号上的中老年用户，除了为二舅点赞、转发，还会有大量的回忆被勾起，这样的共鸣也使得评论区变成了自己被治愈的感叹情绪场。几乎每个转发二舅视频号到朋友圈的人都会加一句自己的评语。视频号的产品经理发现了其中的机遇，于是2023年的新版朋友圈在转发评论时可以一键同步到评论区。

6.3.3 点赞上热门——引发共情欲

前面已经提到，在视频号这个平台，点赞不仅意味着用户对内容的认可，更是撬动视频号公域流量的一个重要指标。冷启动的推荐机制之一就是用户通过点赞来辐射他的社交圈。而大量分析表明，视频号关键指标衡量排序为：完播率＞点赞人数＞评论人数＞点击扩展链接人数＞转发人数＞收藏人数。从这里也可以看到点赞的重要性。想要内容进入更大的流量池，得到公域流量的加持，就要获得足够多的点赞。

先从内容选题入手分析，怎样才能引发用户点赞？第一，内容有强烈的情感属性，如爱国、爱家、爱孩子、爱动物、爱大自然等；第二，内容有设计巧妙的娱乐属性，如不断反转的剧情、搞笑段子等；第三，内容有接地气的实用属性，如视频菜谱、新奇家居用品、生活小窍门等。这三类是目前视频号上获赞率最集中的，有两种方法可以高效地产出：第一种方法，是去新榜把要做选题的品类过往的公众号10万+爆文找出来，提炼这些文字，就可以基本上达到视频号小热门的水平基线；第二种方法，是用ChatGPT把通过第一种方法找出来的选题脚本优化出几个版本，再把这几段脚本分别添加到剪映App中，用文字一键生成视频的功能做出几个视频小样，通过测试账号发布，观察6小时数据效果，选出效果最好的那个选题脚本，真人拍摄，这样就确保了视频号小热门的成功率。

再从内容运营入手分析，怎样才能引发用户点赞？一言以蔽之，一定要注意对用户点赞的引导方式。有的运营者为了数据好看，会采用一些灰色的方法来增加自己的点赞数，如购买某些公司的"刷赞"数据。这里并不提倡大家这样做。因为这些赞大部分是通过机器模拟或者一些批量群控手机去点的，而这些微信号根本不具备社交属性，刷出来的数据毫无意义。有时微信后台查到会降低账号的权重，甚至限流封号。

还有些人会找到一批同样正在做视频号的人，大家抱团互粉，互相点赞、评论，争取快速裂变上热门。这种方法不是不可以，但要提醒大家的是，如果你的个人账号总是频繁给别人秒点赞，那么你的账号权重和自然流量会被限制，很容易被后台误判为营销账号，所以采用这种方法时要注意，不管是你给别人点赞，还是你的视频被点赞，一定要完整播放视频后再去点赞，而不是领了红包，点赞后立即关闭视频。

和引导评论一样，我们也需要在视频内容中引导观众点赞，不管是文字还是口播，都可以提示观众"如果你喜欢这个内容，别忘了点赞收藏"，要知道视频号中老年用户特别多，这个提示对他们来说非常有用。有的用户没有转发视频的习惯，但我们可以提醒用户如果喜欢这个内容，点赞后可以方便自己查找，再次观看。

还有的运营者会在视频中加上这样的口播："大家听到这儿以后啊，觉得理解的来点个赞，觉得学到的点个赞，我们来进行一个统计。"用统计的形式提出互动，也能够引发观众的积极点赞。

引导点赞的口播位置通常放在视频长度的1/3处。没有必要一开始就引导用户点赞，这样会影响"黄金7秒"的内容。如果放到视频最后，可能有些用户看不了那么长时间，所以放在视频长度的1/3处是比较合适的。我们也可以在视频的最后，再次对点赞加以引导。

"送福利"的玩法同样适用于引导点赞。例如，很多运营者常用赞随机抽奖，就是鼓励用户点赞，然后告知大家会在点赞的用户中随机抽取几位赠送一些福利，如私信送资料、送教程等，通过这样的手段来有效引导用户点赞。

6.4　看懂数据：如何利用数据复盘

对于运营者来说，数据分析是运营过程中非常重要的一环。大部分人都有个不好的习惯，就是凭自己的感觉做事，结果就走了不少弯路，很难有提升的空间。数据分析则在很大程度上让我们能够透过表象看清本质，可以有效地提升工作效率，让分析工作进行得更加有条理，分析出的结果也更准确。在短视频的赛道上，也需要通过数据分析，准确掌握短视频的逻辑和变化规律，这样能帮我们更快地走上正确的道路。

短视频运营数据的分析方向包括账号所在的领域流量、行业针对人群、账号内容等，下面具体讲解一下该如何利用数据进行有效分析。

6.4.1　如何做到有效复盘

在做运营的时候，面对千头万绪的工作，很多人不知道从何下手。其实只要掌握了运营的几个维度，就能有效梳理工作并对运营状况进行复盘。

1. 拆解运营目标

黄有璨老师的畅销书《运营之光：我的互联网运营方法论与自白》里面有这样一句话：一个优秀的运营和一个普通人之间存在一个核心差别，就是优秀的运营拿到一个问题后，会先回归到流程，把问题产生的全部流程梳理出来，再从流程中去寻找潜在的解决方案。

当我们接到一个运营任务之后，要先思考，抛开表面去看本质，再用流程化、精细化的思维达成目标，这就是一个完整的目标拆解的流程。所谓拆解，拆，就是目标拆分，把目标拆分成最终可以执行的内容；解，就是解决方案，提出一个有效提升目标的运营策略。

那具体我们该如何梳理和拆解呢？第一步，明确目标，确定对账号的期待和要求，最好明确到具体时间。第二步，制定时间线，明确各个阶段的目标、时间节点及时间规划，并围绕阶段目标制定各时间段的核心工作任务。推荐选用甘特图这样的工具来协同工作，每天的进度都可以可视化和量化，也更方便复盘。

2.有效复盘

不做复盘，我们再多的努力都只是低水平的重复。做好复盘才能帮助我们在接下来的项目运营中建立更可靠的目标与策略，从而取得阶段性的进步。复盘的过程，我们可以通过以下几个步骤来完成。

第一步，回顾。将最初的目标找出来和现在的结果进行对比，看一看这些目标有没有达成或者达成了多少，看看你离最初的目标还有多大的差距。如果差距过大，反思目标是否合理。在执行的过程中，是不是有哪一个环节出了问题？如果基本完成，可以思考应该如何改进？是否在下一阶段可提高目标？这个步骤就是OKR的基本思路，所以回顾不是在项目的结尾才进行的，是实时需要进行的，有个知名企业在这点上执行得非常到位，把回顾这个动作叫作"狼顾"——狼群在奔跑时，可以随时回头观望。

第二步，数据分析，整理现有的短视频数据，包括自己的数据、同行的数据和热门视频的数据来详细分析。我们将在下一小节对数据分析做详细说明。

第二步，内容分析。短视频的内容，包括标题、封面、内容等多个方向都值得我们进行更深一步的分析和总结。找出一段时期内表现好的与不好的视频数据，对这些视频的标题、内容形式、封面进行分析，看一看是什么因素导致视频表现很好，之后可以继续使用；是什么因素导致视频的数据很差，之后需要避免。

第四步，撰写总结报告。分析之后，一定要把分析的过程和结果落实在文字上，这也是一个输出的过程，一边写一边梳理我们的重点。在这个过程中，重要的是把焦点放在重点项目上，可以从时间维度、数据维度、任务维度等多个方向来分析。同时要反思自己在实际运营中遇到的问题和挑战，成功的时候，更多分析客观因素，失败的时候，就要多想想主观因素，一边反思一边找到对应的解决方法。最好再根据上一段时期的得失，对下一个时间段做出一个目标清晰的计划，再用前面的方式对目标进行分解。

6.4.2 如何有效利用数据

在短视频运营中，数据分析是非常重要的，我们要观察数据背后的现象，这有利于我们对视频内容做出调整和优化，并指导我们的运营工作。

哪些数据需要我们关注呢？一条视频在一定时间周期内的播放量、评论量、点赞量、转发量、收藏量，这些数据我们必须时刻关注。

播放量是所有数据中最基础的，也是评判一个视频好坏的重要标准。但我们要重点分析的是播放量与视频内容及推广手段之间的关系。就拿标题举例，我们可以分析一段时间内播放量前10名的视频中，他们的标题字数是几个字，如果大部分都是20个字左右，那我们的标题也尽量不要超过20个字。我们还可以继续扩大研究的范围，例如统计历史播放量前100名视频的标题平均值，这样可以为我们的视频制作流程化生产制定一个标准。这样，通过分析一些已有的数据，寻找运营相关的规律，并通过这些规律来帮我们做出一些重要选择。

除了数据量本身外，我们也可以先对数据做一些处理再分析，如评论率、点赞率、转发率、收藏率。这些比率简单说就是用评论量、点赞量、转发量和收藏量分别除以播放量。

比率的意义是什么？为什么一定要除一下？很多视频号发出来的视频，

播放量可以相差几十倍甚至上百倍，数据量是可以变化的，但是相除得到的比率基本是稳定的。我们就是通过做除法求出比率，使得播放量相差许多倍的视频也具有了可比性。除了播放量和我们的主观评价外，这四个比率也是运营过程中非常重要的数据指标。

通过这些数据指标，我们可以从中发现各类视频在内容、形式、剪辑手法上的差别和问题。例如同样是关于麻婆豆腐的视频，收藏率高的一定是麻婆豆腐的制作介绍。大家看完一遍觉得有用，就会收藏，留着做菜的时候翻出来再看，所以收藏率就高。相对的，如果另一个关于麻婆豆腐的视频收藏率不高，但转发率相对好一些，是因为它的内容讲述了以麻婆豆腐为代表的家常菜，让人想起了妈妈的味道。这种充满情感氛围的视频，就让用户有分享和转发的冲动。

通常来讲，视频的各个比率数据是有一定的代表方向的。评论率高，说明视频能激发大家的表达欲，我们就要分析这条视频是否用了引导用户评论的话术，是让用户产生了情感共鸣，还是视频有槽点，让用户忍不住想吐槽。转发率高，说明视频具备谈资。可能是这条视频说中了用户的想法，用户转发是觉得视频在替他发声，也可能是用户觉得通过这条视频可以在社交平台上更好地塑造自己的形象。收藏率高，说明视频对用户有用，用户愿意反复观看。涨粉率高不仅说明这条视频有价值，还说明这条视频清晰展示了你的账号定位，用户对这类内容感兴趣，关注你是为了看到更多类似的视频。

这里再讲一下如何判断是哪条视频让你涨粉了。一方面可以看播放量的变化情况，比如今天增加了100多个粉丝，而最近的几条视频播放量都没有变化，前几天发布的爆款视频播放量又增加了，那么很明显就是通过爆款视频增加的粉丝。另一方面可以看点赞量。你可以看到哪些人关注了你，也可以看到同一时间段哪些人点赞了哪条视频，点赞集中在哪条视频，就可以判断粉丝来自哪条视频。

数据比率可以用于比较号与号之间的视频数据，这种比较得出的结论大多是可以用来优化视频内容的。通过寻找优秀视频的数据规律，再拿自己的视频数据去比较，就可以知道自己哪些方面还可以改进优化。

CHAPTER 07

第七章

人人都可以做直播——视频号
直播入门

　　经过一年的不断突破，视频号直播已经融入用户社会生活的方方面面。我们来看一组数据：2022年，视频号看播规模增长300%，看播时长增长156%，优质开播增长614%，开播时长增长83%。视频号官方在直播上投入运营流量40亿，有收入主播增长101%，主播总收入增长447%，直播带货的整体规模继续保持高速增长，销售额同比增长超8倍。平台公域购买转化率提升超过100%，客单价超200元。2023年，视频号预计投入50亿流量，持续帮助新主播开播引流；重点扶持能够让用户持续观看的主播，完善主播成长体系，分领域推出运营扶持计划，让主播们有成长；完善变现工具和激励政策，让主播们有收入。

　　同时在视频号直播上线的一年多时间里，后台不断完善各种功能，例如打通小商店、开通连麦、美颜功能、直播间展示、公众号关注按钮、订阅号直播窗口折叠等，将日活做到了4.5亿，已经跻身短视频平台直播的前二范围内。这一切都显示视频号直播的后续价值正在持续凸显，视频号直播，仍对商家和新手展现出友好的态度，有志于做直播的朋友要尽快入局。

7.1　直播准备

7.1.1　发挥优势，精准定位

跟其他直播平台不同，视频号直播的定位是"视频号场景下，面向其他微信用户进行网络直播的功能"，功能的特点是"用户主导"，这很符合微信一贯的调性。

我们说人人都可以做直播，是因为直播包含了各种类型。从内容上看，我们可以把直播简单分为购物、颜值、知识教学、才艺、日常生活、游戏、媒体政务等类型，各种类型下还有更细的分项。

在直播的方式上，大部分普通人会采用手机直播，操作简单，成本低廉，性价比高，只需要一部手机就可以开播。而需要直播带货的专业主播，对画面有较高的要求，一般采用直播画面更流畅、场景更丰富的OBS推流直播。涉及电脑操作和跨屏操作的，例如游戏直播，一般会采用电脑端微信直播。视频号目前支持9人同时视频连麦直播,超过9人的对话直播还可以采用"视频号+腾讯会议"等直播形式。

和运营短视频账号相同的是，在进行直播前，我们首先要找准自己的定位，不管是个人账号还是企业账号，我们都要清楚地知道自身的调性及自己直播的类型，比如账号是应该更加高端化还是更加年轻化，是快节奏还是慢节奏。对于不同类型的直播，我们要关注不同的核心目标，如果直播定位是直接带货销售，那直播的核心目标就是关注GMV（商品交易总额）及转化率，如果主题是课程、教育类，那直播的核心目标则是会员注册及裂变拉新。

直播定位可以根据三个方向来确定：个人专业擅长的、个人兴趣爱好的、大众用户喜欢的。这三个方面各有各的优势：根据自己专业和擅长的领域来输出，可以快速获得用户的信任感；选择自己的兴趣爱好作为直播输出的方向，在兴趣的驱使下可以使我们坚持得更久；选择大众用户喜欢的方向，可以快速获得流量、人气、热度。内容定位一旦明确，建议不要轻易更换，因为内容定位决定粉丝用户群体，粉丝用户群体消费倾向及消费能力决定未来流量变现模式。同时我们还要考虑，我们的内容能不能出现有效的商业模式结合，未来流量变现难度大不大，如果没有合适的商业模式，那么我们的定位和内容也要及时调整。

直播前我们还要搭建好自己的直播团队并明确分工，最基础的直播团队组织：有一名直播负责人带领一个团队一起联动：运营策划1—2名，实时监控数据变化及调整投放策略；主播及副播1—2名，主要完成直播间氛围打造和最终交易转化；场控一名，辅助直播间；有条件的还可以设置技术及直播助理各一名。

在进入视频号直播前，还有几个基本原则需要大家提前注意。第一，建立周期性触达机制。用户不会每天都有购买需求，不能过分打扰用户，这也涉及整个私域结合直播的营销节奏设计，或者可以理解为对用户的分层运营。在用户整个生命周期内，跟用户建立好一套沟通机制，确定针对某一群人，要提供什么样的产品和服务，才能够真正打动用户。这要在长期的运营过程中不断摸索。比如说每周一次福利日，是做宠粉拉涨粉，以互动为主，卖货为辅；另外三天是做平播日常销售，还有时间和精力的话，可以做一次的内容分享。

第二，在直播时长方面，与其他直播平台不同的是，视频号不是特别适合"拉时长"的直播策略，整个平台的流量推荐没有那么精准。相比马拉松式的直播，视频号直播更好的方式是聚焦在用户活跃的时段开播。这里面有一个技巧，就是把你要学习的直播间标杆做一个时间表，按照他们的排期做，相对来说可以起量容易一些，这里面注意的细节就是要和他们选同一个类目，相似但不同的选品。同时要在他们的直播中段的时候开播，这样就能有机会在他的直播间用户买完一波，手指下滑的时候，进入你的直播间。

第三，从直播间沉淀到私域的路径，要从服务和操作逻辑上与其他平台做出区分。

最常见的流程是放福利做钩子，加企业微信来领取，可以在企业微信后台设置好自动回复或者关键词回复。进阶的流程是引导用户关注公众号，通过公众号的二次触达用户能力，获取日后稳定的直播间流量。

直播的时间选择也要根据自身的定位做前期的思考。

如果是卖货的话，晚上相对合适，大家都比较放松，容易冲动消费。如果是卖课的话，需要方便理性思考且较为安静的环境，早上相对合适。

当然，以目前观看时长的大盘来分析，20点—22点是视频号直播内容最集中的时段。

同时视频号官方在这个时段也做出了多个内容型栏目，强化内容黏性，补充精品内容短板，但是，这一时段并不是变现最好的时段。

从百准数据平台上可以看到22点—24点才是直播电商高峰期的产出时段。

当然一周7天也有所波动，周末效应会把高峰期顺延30—60分钟，即到了夜里1点，会有比较好的GMV产出。

在周中来看，周四22点—24点是产出效率相对高的时段。

7.1.2　如何突出你的特色

大多数人在做直播带货的时候，只是按照预先准备好的商品推广话术播报。这样的带货方法，基本上每一家企业、每一个人都能做，而且模仿成本非常低，成效也不是很理想。在竞争激烈的直播赛道，拥有突出的特色和鲜明的记忆点是直播间的制胜法宝。不论是个人IP还是企业品牌，直播间拥有特色都可以形成独特的壁垒，如果其他人想要模仿复制，就必须付出更高的成本或代价。

任何商业的核心要素都是"人+货+场"，三者完美配合才能取得成功。直播也不例外。要形成自己的特色，这三者必须突出优势、紧密结合。

直播中的"人"，主要是指带货的主播，这也是直播中最重要的人物，很多时候主播的特色往往就是直播间的特色。对主播而言，在直播前要给自己定好路线，树立风格。平台的大主播往往都有自己独特的风格和路数。主播本身就应该是一个个性鲜明的人，他的直播风格也一定是建立在自己的性格特点基础上的，不能与自己的性格背道而驰。我们在确定主播的直播风格时，首先是发现主播自身的性格亮点或其他特征，然后在直播中将这个记忆点无限放大，久而久之就能形成主播独特的风格。很多新人在直播时最容易犯的错就是盲目地跟风、不善于创新和改变，很容易就会被观众淘汰。我们要鼓励主播在直播中不断摸索属于自己的直播风格和特色，这样才能越来越有人气。

直播中的"货"，就是货品和供应链，一个质量好的产品配备便宜的价格，这就是"货"的核心竞争力。现在很多人也意识到，"货"指的不仅是货品，好的内容同样是吸引用户的"货"。例如一些女装的直播，开始靠分享时尚穿衣知识吸引精准用户群，之后通过为用户提供个性化方案、打造专属的形象设计系统、做个性化服务等获利，进而发展推广渠道，赚取平台收益。

　　直播中的"场"，不仅是指直播间的背景布置与装修，还包括更重要的直播环境和形式。每个用户进入直播间，感受的氛围和气场都是不一样的。例如最开始的主播带货，大部分都是以"呐喊式"为主的卖货方式。到现在，刘畊宏用健身的形式证明，聊天健身同样可以成为直播中的顶流；2022年"6·18"期间，京东将直播间搬进露营、客厅、厨房、居家健身等真实场景中，也为消费者带来了更为直观的体验。

7.1.3　直播场景的打造

　　在上一小节提到的直播间三大要素"人+货+场"中，大部分人往往比较关注人和货，而不是场景。但事实上，场景的重要性也不能被忽视。举个简单的例子，在我们去逛街的时候，精美设计的商场场景可以让我们想多逛一会儿，让我们停留的时间更长，愿意花更多的时间去看更多的产品。直播场景也是同样的道理。直播间的环境关系着用户第一眼的观看体验，如果场景做得比较好，就能够吸引粉丝在直播间有更多的停留时长，进而可以提升我们直播间的权重。

　　好的直播间场景该如何打造呢？下面对户外直播和室内直播分别进行讲解。

1. 户外直播

　　户外直播，顾名思义就是在直播间以外进行的直播。相比室内直播，户外直播往往会遇上更多不可控的因素，但能够更接近原产地和使用场景，真实感更强，更能让用户有一种身临其境的感觉。旅游、探险、农业、美食等多种类型的直播都可以采用户外直播的形式，尤其是生鲜果蔬类的产品，在原产地进行直播会大大增加用户对产品的信任感。2022年7月，东方甄选第一次离开室内直播间，来到北京平谷桃园开启现场直播，向全国网友推荐平谷的农产品。直播一开始，一场无人机航拍就将万亩桃园的美景呈现在观众面前。主播登场后，他的身后就是广袤的桃林，摆在他面前的是成山的桃子。结果仅用了7分钟，1万箱桃子便卖光。

对于户外直播来说，场景越真实越好。通常我们选择安全、人流量较少、信号好的区域进行直播。直播的背景就根据你的产品来确定，例如卖水果就在果树旁，卖鱼就在水塘边。在条件允许的情况下，最好还能配置一些道具，如放置产品用的桌子和活动信息展示牌等。我们要把产品优势和价格写出来放在明显的位置，让观众一进入直播间就能马上获取有效的商品信息。

在户外用手机设备来直播是最合适的，在条件允许的情况下，我们可以尽量选用配置高一点的机型，以确保直播画质清晰、不失真。同时要注意，直播时一定要开启手机的飞行模式，防止直播的时候被电话打断。如果是在一个固定户外场景直播的话，我们可以选择电脑来直播，直播效果更好，也更加流畅。

一般室外有自然光，不需要特殊的灯光照明，在自然光不够的情况下，我们可以带一个便携式补光灯或补光板，对准主播就可以了。另外，在户外直播需要考虑天气情况，在天气环境变化大的时候最好准备一个B方案。如果户外噪声很大，我们还需要考虑是否使用效果更好的收音设备。

2.室内直播

室内直播的场景可以说是多种多样、百花齐放。有的选择货架做背景，有的选择在实体店或者工厂直播，还有的选择用绿幕当背景，使用电脑合成各种场景。不管哪种场景，室内直播最好选择独立、安静的空间，面积不用太大，足够即可。直播间的搭建要与直播的内容相匹配。例如服饰类的直播间可以摆放衣架或者衣柜，这样方便展示衣服，让用户能够看得清楚。美妆类的直播间可以摆放陈列货架，同时注意货物的分类并摆放整齐。知识分享类的主播则要体现自己的精英、专家范儿，所以背景多选择家中的书房或者图书馆。

我们还可以在直播间里设置辅助介绍板，主播在介绍产品时对产品进行动态播放，对主播的介绍做补充说明。从消费者心理角度来说，辅助介绍板有助于唤醒用户线下消费的记忆，促成成交。

现在还有商家采用"人设+场景"来确定自己的带货风格，给观众更多沉浸式的体验。例如某个国货化妆品品牌在直播中采用了"清宫小剧场"的模式，不管是主播娘娘，还是副播嬷嬷、场控宫女，以及充当直播间背景板的侍卫，每个人都演得很认真，从节奏设置到入戏程度，以及服装、化妆、道具，堪比一部直播网剧，还有连续剧的剧情。完整的场景+人设让这个直播间火速出圈，产品销量也节节攀升。

通过观察我们可以发现，大部分直播间的背景都以灰色系为主，这是因为灰色比较简约，同时灰色是一个中性色，它可以和任何色彩搭配。此外，灰色是摄像头最适合的背景颜色，不会过度曝光，视觉舒适，有利于突出服装、妆容或者产品的颜色。

与户外直播不同的是，室内直播最核心的元素是灯光的布置。对于直播间来说，专业的灯光设备所起到的作用可远不止照明这么简单。一般房间的家用照明灯，虽然可以满足人的日常生活需求，但对于直播画面来说是不足的，存在着显色差、亮度低、阴影重等问题，所以我们必须通过直播灯来补光。合适的灯光布置不仅可以帮我们塑造轮廓和空间感，甚至还可以为主播美颜。在灯光的作用下，人脸会显得更白，法令纹、泪沟也会消失不见。

此外，我们还可以使用灯光来塑造直播间的氛围感。不同的灯光可以调节出不同的氛围，例如衣服、珠宝、彩妆产品、护肤品之类的带货直播，需要明亮、色彩高还原的现场灯光，来制造华丽的氛围；一些文艺走心的主播，则多用暗背景、暖色调灯光来塑造温馨有安全感的氛围；还有一些科技类的主播，则需要彩色灯光来打造科技感和炫酷感。这些都是灯光的作用。

7.1.4　实践出真知——试播的作用

2022年9月，视频号发布了"推流直播测试"功能，现在已更名为"彩排模式"。在视频号助手中创建直播，可在"开播类型"一栏勾选"彩排"或"部分观众可见"，即可开启彩排模式。彩排模式下仅指定部分观众可见，最多可以测试200名观众。测试直播不会被公开推荐，预约开播提醒、关注开播提醒等不会推送通知，仅能通过主播个人主页分享访问。彩排直播时，商品购买、礼物赠送、付费观看等功能均能正常使用。测试直播不会计入最近直播场数，也不会纳入主播任务、小时榜单等统计，无法生成直播回放。

视频号推出彩排功能，其实方便我们在直播前进行一次实战演练。彩排，也就是试播，作用是在直播前调试设备及测试效果，以保证在正式直播前调整好每一个细节，直播时能更好地把控全场。这是一个容易被大部分新手忽视的重要环节。直播前，如果我们不经过实际的彩排演练，很可能会出现各种临时情况，例如时间安排不合理，问题准备不充分、网络卡顿等。所以在我们正式直播前，一定全员配合进行一次测试彩排。

彩排的过程中，我们需要重点注意以下三个问题。

1.直播时间规划

控制直播间最好的办法就是做好直播时间的规划。不同类型的直播，时间规划也有所不同。例如娱乐类的直播，通常会采用"10分钟左右的暖场、15分钟左右的游戏互动、80分钟左右的才艺展示，60分钟左右的观众互动"这样的一个时间规划。而卖货直播则是按单个商品的展示时间来做规划的。通常，每个商品的展示时间为10分钟左右，前两分钟就要引出商品的卖点，第3到5分钟的时候展示商品的细节，第6到8分钟和观众互动，解答一些观众的疑惑，最后再强调直播间的价格优势，促单销售。彩排的时候我们就要尽量对每个步骤和环节进行精准控制，测试每个环节的时长并把握好直播的节奏。尤其是带货直播，如果上架的商品很多，不但要控制时间，而且要注意商品的出场顺序，避免因为商品顺序出错对后续商品带来负面影响。

2.直播场景的构建

在直播卖货中，主播往往会通过试用商品让用户看到实际使用效果，从而促使用户下单成交。在测试彩排的时候，我们就要留意，如何才能更有效地构建促成交的场景。例如在试穿衣服时模特的上身效果好不好？是否需要增加或者更换模特？是不是需要化妆技巧更好的人来助播？直播间的灯光是否适合今天的主题和货品？这些都可以通过试播彩排一一寻找到修改办法，确保正式直播时直播间的效果更好。

3.台词的检查

试播彩排的时候，主播一定要把自己的固定台词完整读完一遍，认真核对有没有出错。在卖货直播时各种可能会出现的错误中，主播没有理解优惠政策，或是将优惠政策播错了是最致命的。如果主播介绍的是花100元就可以买到某样商品，结果观众付款时发现花150元才能买到，很容易让消费者心理产生落差感，并降低对直播间的信任。为了避免出现这种错误，在试播彩排的时候，主播必须先搞明白优惠政策，确定好自己的关键台词。

试播彩排一定要按照正式直播的脚本和节奏进行，这样才可以将直播可能存在的问题暴露出来。做直播方案时，人员分工也要明确，避免发生问题时，互相推卸责任，直播现场一团糟。另外，在一些重要直播项目中，最好安排3个及以上的人员，发生问题时让专业人员来及时处理。

《敏感词库》，这个可以加本书的公众号获得最新的词库，以防止被处罚，特别是我们经常不经意间说出的话，可能自己都感觉不到会违规，就会被机器快速捕捉到而扣分、限流甚至断播。

7.2 直播实践——话术与时机

我们常说，语言是人与人之间最好的桥梁。在直播间里，话术就是主播的武器，也是衡量主播是否优秀的标准之一。话术，并非是一种可以套用的固定的便捷说话模式。相反，对于话术的理解，更多的应该定义在沟通技巧上，也就是如何说话才会让人觉得愉快，好的话术可以拉近主播与观众之间的关系，让观众持续产生信任，最终促成成交。

主播介绍商品时，基本上需要10分钟左右来做介绍说明，这个过程基本上分为以下几个阶段：产品引出—预热、产品讲解、产品评价对比、分享体验、粉丝答疑、优惠券发放、上架改价促单等。每一个环节都有不同的话术核心点，我们可以把直播间的话术分为欢迎话术、宣传话术、带货话术、互动话术、催单话术等。

举例说明，我们在操盘"郑云导演"这个达人的视频号直播的时候，主播经验非常丰富，第一波热场，就先放福利品，赢得观众的信任，让他们占到便宜；第二波热场，还是介绍自己的心路历程，让大家多了解他，再上一波福利品，观众们继续开心抢起来；第三波热场，主播说到自己今天首次尝试，不熟悉平台，希望观众们可以多一些指引，多帮忙转发一些直播间，别的感谢的话不说，再上一波福利品。这"三板斧"下去，买过的观众们都已经被主播折服，老老实实地蹲在直播间等主播介绍后面的"福利品"了。而从这一刻开始，主播才刚刚有机会赚钱，卖点有利润的产品。卖酒过程中，如果同时在线人数出现了大幅度下滑，就要再次开启热场撒福利的运营模式，如此反复，确保在线人数高的时候再推"主推品"，最终实现人气销售量双丰收。

主播的作用之一就是和用户聊天，但怎么聊、聊什么都是一门学问。这是主播应该掌握的一门基本功。在这里我们也有一些建议给新手主播。

1.直播前，多练习，多观察，站在镜头前一定要自信，可以尝试用较高昂的语气带动情绪，可以想象你是在跟朋友交流。用精细的表情动作，不要太浮夸，除非是特定的人设。否则观众容易反感。

2.平时要增加词汇储备量，尤其是形容词和名词；尽量使用精简的短句，语速可以适当慢些，给观众留些反应时间，学会提炼语句的重点；说话口语通俗化。否则很容易给人一种背书的感觉。

3.锻炼语言逻辑能力，可以用"三段论"来说话：说明推荐原因，介绍产品优点，最后总结可以购买。这样一个逻辑下来，基本可以做一个完整的产品介绍。

4.不要过分依赖与观众的互动。没有一定的控场能力，只会被观众越带越偏。

只有不断提升和培养自己的情商，才能让直播更轻松，不用什么话术都能应对自如。对于新主播而言，没有所谓的固定话术模板，没有什么沟通、吸粉的捷径，更多的是大家要主动去学会沟通，在直播间里给观众带来更好、更愉快的视听感，让大家看到你的真诚和用心，喜欢你的人自然会留下来。

7.2.1 如何引导观众互动

互动，是指直播和观众之间的彼此联系、相互作用。但大多数新人主播在直播过程中，只是一味地在表演：做自我介绍，背开场话术，背产品介绍，背自己的故事……这样做或许在直播中不会出错，但要知道，观众的注意力和耐心是有时限的，就算你直播讲解的内容精彩纷呈，但是一旦超过观众承受的时长，观众就会听得很累，从而快速离开你的直播间。还有的主播只顾自己讲得痛快，不去觉察观众的反应，那其实是一种不尊重观众的行为。在直播间，我们一定要记得多与观众互动，让观众参与进来。

互动第一招：多提问。直播中我们要做到经常主动提问和请教。比如"刚刚给大家分享的小技巧大家学会了吗""你们能听到我的声音吗""这款口红大家以前用过吗"等问题。这一类问题，答案只能是肯定或者否定，便于直播间的用户快速作答，主播也能快速得到答案，能够很快让直播间的气氛热闹起来。

我们可以给观众提一些选择题进行互动，提供给大家三个或四个选项，这样观众发言的成本很低，可以迅速让大家参与到直播互动中。

互动第二招：多读评论，每个人都追求得到他人的重视与认可。当主播踊跃念出观众的ID、答复观众问题的时候，观众会觉得自己被垂青，这样观众才会更有参与感，能够进一步提升直播间的气氛，增强粉丝的黏性。

互动第三招：送福利。想让观众行动，我们必须先给他们一些价值，用来激发他们的行为。这个价值包括福利价值和情绪价值，通过发放福利逐渐增强对方的期待感，带动更多真实互动行为。

下面我们就来看一段典型的互动引导话术：

"所有新进直播间的宝宝听好了，今天我新号开播，给大家送福利了。这件外套线下我卖到499，但今天在直播间我不要499，299、199都不要！点关注的亲们，今天只要一个零头，99的价格，就可以得我们这件外套！三分钟内下单的宝贝还送我身上这个同款丝巾，价值59！所有想要的宝贝扣1！"

在这段话术中，主播不但引导了新用户观众的关注，同时还通过层层加码、限时优惠等手段，有层次地引导用户提升期待值，让用户跟着互动起来。当新进来的游客看到直播间很活跃，就增加了观众留下来观看的概率。

高手会在互动上设置更高的门槛和更巧妙的设计，比如说视频号头部达人"叫我可儿姐"的互动方式就是"已经下单的家人们，打下'舒服'加上你们的手机号码。我们马上截图抽奖！"。这种方法可以达到一石二鸟的效果：第一，因为奖品的刺激，还在犹豫的用户就加快决策下单去参与抽奖；第二，由于评论区非常活跃，平台会判定这是一个优质的直播间，于是会灌入更多的免费流量。

总之，我们在设计与观众互动话术的时候，要遵守这样一个原则：降低互动的门槛、积极给予用户认同、满足观众追求快乐的心理，让观众愿意参与到互动中。

7.2.2 如何引导观众留存

对于刚开播的新人，视频号后台都会给一部分初始随机流量，来帮助账号冷启动。这是一个我们一定要好好把握的重要机会，只有把平台给的随机流量留下来，才有可能让平台再推荐更多的流量给你。如果我们留不住，平台就会觉得我们没有实力承接。换句话说，就是认为主播的实力不够，那平台就不会再推送第二波更大的流量。

在引导观众留存的过程中，主播的话术也非常重要。现在我们常常看到主播们这样开场："家人们，关注点一起，关注主播点亮灯牌。今天主播给家人们带来了超多的福利！我们是厂家直销，都是源头工厂。给粉丝的价格会非常不可思议。所以，家人们，一定要守在我的直播间，不要离开。来先点亮关注下。"

如果在直播刚兴起的时候，你用这段话术，还勉强及格。但是，到了今天，还在用这套话术来留人，已经没有效果了。所有人都用一套话术，结果就是用户早已对这一套话术感到麻木。每天平台推给用户的直播间不计其数，用户的选择多了，凭什么要给你点关注？

想让观众留下来，必须转换我们的思维方式：用户留下来能得到什么好处？要知道，我们说什么不重要，观众能得到什么才重要。所以，留存话术最重要的一条，就是要让观众有"获得感"。

对于刚进入直播间的新观众，一定要进行一对一的互动，才能引起新观众重视。但是很多主播在运用一对一互动时，容易犯错，把人逼走。就像在线下逛商场时，很多导购也喜欢做一对一互动，就是紧跟着客户，生怕客户不懂，好随时随地解答。但这容易产生"压迫感"，反而把客户"赶走"。线上也是一样，一对一的本质是让对方觉得他受到了重视，例如跟用户打招呼，及时回复用户的问题等，而不是紧逼用户去做什么，或是反复推荐用户并不想要的产品。

在我们的话术中，可以常说"你们来得正是时候""刚刚进来的朋友很及时"之类的话。对方就会想听你的解释，想知道答案，不会马上划走，对方没有走，你的停留时长就提升上来了。这其实也是我们设计的一个套路。本质就是让对方有"期待感"。我们也可以在话术中强调具体的数字，例如"特价的最后3分钟，马上改价""马上发礼包，2分钟后再抽奖""今天的福利超过3位数"等。这样具体的数字都是在给对方一个非常确定的感觉。什么时候开始，能得到什么东西，东西价值是多少，给出具体明确的数字是让对方有"确定感"。每一句话术背后的设计都有其目的，都是为整场直播提升数据来服务的。

另外一个留人利器就是"福袋"。福袋的设置有非常多的玩法，也非常考验场控的运营能力和与主播的默契程度。我们拆解一些福袋的高手操作手法：第一波福袋，刚刚开场时挂上，为的是让第一时间进来的老粉、铁粉能帮你扩充流量并完成停留时长，福袋任务设定为在评论区打出"已转发朋友圈"。高手主播会这样说："现在刚刚开播，在线的人少，我们中奖概率高，家人们帮我们分享一下直播间到朋友圈。分享朋友圈会提高中奖的概率哈!"第二波福袋,看到后台在线人数出现下滑或者停留时长缩短时,福袋任务设定为"已下单的用户抽奖活动,离开直播间无效"。第三波福袋,当看到后台在线人数出现高峰的时候,福袋任务设定为"仅粉丝团才能参与",再配合主播的口播,引导观众们加入粉丝团,从而达到公域流量的承接,加入粉丝团的用户会比仅关注的用户有更高频的主播开播提醒。

7.2.3 寻找合适的成交机会

成交是我们做直播的直接目的。在传统销售过程中,促进成交需要与客户建立信任关系、与客户开展有效沟通、使用有效的营销策略、提供优惠折扣等手段。这些手段在直播过程中同样适用,只是我们需要用不同的表现方式,寻找合适的时机来促成直播间里的成交。

在直播间里,促成交的核心要点有两个。一是建立起信任感。如何在短时间内打消用户的顾虑,建立起信任感呢? 在直播间现场直接试用产品,分享试用体验与效果,验证产品的功效,这样是最有说服力的。我们也可以在介绍产品的时候,讲一些自己或者工作人员使用过的经历,展示自己的订单,这样可以证明你在用,而且你也觉得很好,才能让你的粉丝信服你,买你的产品。主播在讲解产品的时候,还可以多使用一些专业术语,这样能体现主播的专业度和产品的可靠性。

另一个促成交易的核心要点就是价格优势。这里的价格优势并不仅仅是指商品本身的价格要很便宜,而是在定价或者介绍话术中让产品显得很划算。我们在购物时经常会发现这些现象：某商品零售价为29元，实际却仅售19元；商家经常划掉原标价，然后写一个优惠价；实体小商铺喜欢开一个高价等我们还价……同样的策略也可以在直播中使用。例如我们常看到很多直播间用这样的话术："这款产品在天猫旗舰店的价格是39.9元，现在在直播间买两瓶直接减39.9，相当于买一送一，第二瓶不要钱。我再送你们19元的替换装，买到就是赚到。"

还有很多用户，想买但是犹豫不决，这个时候，我们就要用一些话术去催单。营造抢购的氛围是催单话术的关键，通过给消费者发出行动指令，让观众认为，现在不买，就再也买不到这么便宜的了，让他们产生紧迫感，然后快速下单。

在这个阶段，我们可以重复强调产品效果和价格优势，例如用倒计时的方式督促用户马上下单，营造时间紧迫、再不买就没了的抢购氛围。有很多主播，都会在一款产品限时、限量、限优惠价格之后，在直播间直呼："没了、秒完了、抢完了，还可以加库存吗？"其实这也是一种直播带货话术套路，主播会故意限制上架产品的数量，紧接着再进行补货。这样不仅可以控制直播间的销售节奏，也可以给观众营造出紧张、刺激的抢购氛围。

总之，直播卖货就是一个需要迅速与陌生人搭上话，并且快速打破社交聊天中尴尬局面的过程。我们要在这个过程中巧妙穿插产品售卖，快速打消粉丝的购买顾虑，最终实现成交。

我们举两个极致的例子来展示一下直播成交的天花板技巧。

第一位茶商表现出了出奇的厚道，不断强调自己的1元钱产品，"就是交个朋友，赔本赚吆喝，为的是积累账号的粉丝，希望大家支持我，下单的时候就只下1单，下多了就赔更多了。"他憨厚的外貌和朴实的话术对视频号的主流人群来说非常有杀伤力，很快就突破了1万单的成交量，同时平台也给予了流量激励。而行内人都知道喝茶的用户是不可能只下一单的，而主播的话术和价格设定就完全打消了用户的顾虑，甚至加大了用户想占便宜的心理，都想多买点，不买就亏了。所以当每个用户下单多个1元产品的时候，主播的运费摊薄了，利润也就出来了。这就是基于对人性和产品的理解所设计出来的成交方式。

第二位果农表现出了出奇的冷静，"我家的产品安全卫生，保甜保重，而且价格还实惠得很，比超市买的新鲜多了，今天下单，明天早上就发货。"他不停地介绍产品，还和观众不停地互动，"能不能帮我做个宣传，我今天亏点钱卖几箱芒果，让叔叔阿姨们都感受一下我们的产品品质。"虽然话术非常地真诚，但就在每次大家都要准备抢拍的时候，他就转头和评论区的"杠精"较劲起来，结果一批用户帮着他一起骂"杠精"，另一批用户开始骂他怎么磨磨叽叽还没上架。就是因为这样的高互动，带来了公域流量的倾斜，最终达到一个晚上卖出几千单的效果。这就是内行所谓的"憋单"。

第八章

如何变现——视频号变现的几种途径

不管是企业还是个人，做短视频的目的主要就是变现。当我们获得了流量和关注，那离变现就只有一步之遥了。视频号的变现可以通过哪些途径来完成？又有哪些注意事项？本章会详细分析。

8.1 变现获利的前期准备

8.1.1 从泛娱乐到垂直领域

泛娱乐化通常是指媒体制作、播出格调不高的娱乐类、选秀类节目过多，以吸引受众眼球为目的，对历史、新闻、体育等进行娱乐性的修饰，重点突出其娱乐性，人为地降低文化产品的严肃性和真实性，通过放松人们的精神来给人们带来视听享受。

在短视频平台，泛娱乐化主要表现在两个方面。

一是泛娱乐化用户在短视频用户中占据较大比例。短视频的媒体形式对娱乐内容的传播有着天然的优势，而平台用户对于娱乐消费有着极大的需求。很多用户都希望通过刷短视频暂时释放工作和生活上的压力。二是为了迎合泛娱乐化用户，泛娱乐化内容在短视频平台更易被推荐，也更易出爆款。简单地说，你点开任意一款短视频App，点赞量和评论量较高的短视频都具有一定的泛娱乐化特征。对账号运营来说，泛娱乐化的内容也更容易快速涨粉。

但我们从一开始也强调，一定要多关注垂直领域，做一些细分的内容。一个原因是来自视频号平台本身的属性，它和其他短视频平台的区别之一就在于，垂直内容在视频号上更容易获得好的推广，也更利于对微信流量池的深度挖掘。另一个原因就是出于变现的考虑。泛娱乐领域多是关于娱乐剧情的搞笑段子，除了能在情绪上给用户带来娱乐体验外，并不能增加用户的黏性，用户看过以后笑笑而过，后续就只能通过接广告来实现商业变现了。而对于那些纯搞笑的段子内容，也很少会有商家选择合作，除非是真人出镜的娱乐情景式账号。再加上目前品牌广告主虽然对短视频平台投放已经比较熟悉，但在视频号上的投放还是比较谨慎，只是围绕着官方制作的内容或者官方主推的头部账号进行投放尝试。所以目前还不适合单纯靠泛娱乐内容的广告接单养活团队。

相比之下，垂直账号的最大好处就是粉丝黏性比较强，而且人们一眼就能看出来你是做什么的，省掉了大量的沟通成本。在选择领域时，我们需要注意，所选择的领域应是自己熟悉且擅长以及写作题材较多的领域，不要去选择过于偏门的领域。同时要考虑这个领域可写话题量、受欢迎程度等，比如娱乐八卦，每天都会有写不尽的话题，有些作者甚至一天更新三五篇内容，深度垂直于娱乐领域，往往可以迅速获得大量粉丝和收益，这就是权重比高的优势。

我们在创作的时候，也要首先考虑做有用户需求的内容。要知道，短视频并不是艺术创作，它可以通过一种内容形式帮助你和你的用户进行持续沟通，然后沉淀用户价值，这才是短视频平台最大的价值。

8.1.2　私域流量池

在谈私域流量池之前，我们先来回顾一下公域流量与私域流量的定义。公域流量指的是任何人都可以接触到的流量，这些流量是公共资源，要想让公域里面的群体关注你，要么花钱买，要么用资源换。而私域流量是我们能够直接链接并且能够依靠低成本反复触达的流量。相比公域流量，私域流量近年来越来越受重视，这其中有互联网大环境变化的原因，同时也因为私域流量本身具有可控性强、性价比高等优势。

目前大家公认的承接私域流量最好的工具就是微信生态圈，包含微信号、微信社群、微信公众号、视频号等。这也是视频号与其他短视频平台的重要区别。要知道，抖音、快手等平台几乎全是公域流量，如果你想把短视频平台获得的流量导流到微信，有时候会由于违反平台规定而造成账号降权和封号等，风险非常大。

本身就处于微信生态圈中的视频号则不会存在这样的问题。在微信生态圈庞大的流量里，视频号连接了微信好友、微信朋友圈、微信公众号、微信社群等，这些领域的流量都可以作为创作者的私域流量。所以我们说，微信视频号的核心部分就是它所连接的私域流量和微信生态，然后才是视频号本身的各种功能。现阶段微信视频号处在一个持续增长的红利期，直播带货领域还没有头部账号，竞争压力相对较小，小品牌做起来的概率较大。基于微信视频号的逻辑，如果你想登上这条赛道，私域运营能力＋直播运营能力，两者缺一不可。

现在，越来越多的品牌正在以视频号直播为中心，重新梳理和扩大自身私域转化的路径，构建新的私域流量池。

一方面，视频号的直播+内容输出，可以促进原有私域用户的成交。视频号直播的出现为微信生态带来了一个高效转化场景。主播在直播里实时讲解，有声音、有画面，还有各种情绪引导，相对以往私域主流的图文交互，信息量更丰富，从而使消费者对产品的了解、对品牌的信任可以更快建立。

另一方面，通过视频号撬动更大的微信生态公域流量，引导转化成新的私域流量。以2022年腾讯推出的"视频号直播-商家激励计划"为例，"公私域流量按1∶1比例补贴"这条政策就足以吸引商家及品牌用户在视频号直播上发力。视频号直播以领取福利为噱头，将粉丝引流到企业微信，再通过拉群等方式建立粉丝黏性，将其变为私域流量。这种将品牌特色与市场模式结合，盘活现有资源，实现精准化私域运营的做法，已经成为大多数品牌入局视频号的主要玩法。

8.1.3 个人IP的打造

IP的本意是知识产权，大部分人都知道IP始于电影、漫画、电视剧、小说，如哈利·波特、漫威的漫画电影等。短视频时代，创建个人IP已经成为共识。无论哪一个自媒体平台，创作者都在努力打造一个个人IP。

个人IP是创作者保护自己不被轻易复制的壁垒。不管是短视频还是其他内容创作，创作者都担心自己的内容被搬运、被复制。更气人的是，有时候自己辛辛苦苦创作的内容没有流量，被其他人搬运后反而火了。个人IP在很大程度上可以减少这种事情的发生。当我们形成了个人IP后，就有了个性化的特色，与他人的作品会有更明显的区分度。如果有人要模仿我们的作品，就必须付出更高的成本和代价。

个人IP同时还意味着更容易变现。在我们没有形成IP的时候，人们想要了解我们的话，就需要花费更多时间和精力。而一个良好的个人IP被大众熟知后，更容易获得他人的信任。信任是所有商业活动的基础，人们也就更愿意与有个人IP的创作者进行交易。个人IP带来的商业变现其实就是粉丝经济，把一个人的特点放大，在公众面前有了标识，利用粉丝的拥护就可以把它转换成商业利润的一种无形资产。同时，个人IP还意味着更高的溢价输出。同样的产品，同样的服务，你可以卖得比别人贵，而且推广成本远低于行业平均水平，这样你就可以获取更多的利润。

想要打造属于自己的个人IP，首先要选择自己喜欢的领域，并坚持做下去。坚持原创且高质感内容的输出非常重要，短视频的作用就是在网上无限放大你的技能或者特点，然后吸引有相同兴趣的人，这样优质内容才能产生价值，这是打造个人IP的根本。

形象是一个IP的重要特征，IP形象并不一定是人，也可以是动作，甚至是虚拟出来的动漫人物。但无论是什么，IP形象一定要具有自己的鲜明特色。特色不仅是指表面上的形象差异，还包括角色的性格特点。一个真正成功的IP形象，不仅有个性化人设、丰满的性格，还要能够引发用户的情感共鸣。

在打造IP的过程中，我们一定要注意维护粉丝黏性，比如及时回复用户评论，适时发放福利等。只有增加粉丝参与度，注重粉丝的反馈，保持与粉丝的互动，才能让粉丝对账号保持兴趣。

想要成功打造个人IP不是一件容易的事情，我们能做的就是在坚持输出的基础上，不断总结调整，一点一滴地积累，耐心等待自己的努力开花结果。

8.2　视频号引流方法

流量是短视频的基础，决定着我们的互动率、粉丝数量，最终决定我们的变现。对于短视频运营者来说，要想获得更多的流量，就要做好短视频的推广与引流。短视频推广与引流既要遵循短视频平台的推荐规划，又要借助一定的技巧和工具，双管齐下。

我们既要给视频号引流，同时也要利用视频号引流到我们的私域去沉淀。经过营销圈的实际测试，视频号的引流效果是非常不错的。视频号是微信站内自身的功能，用户不需要跳转到其他平台上找寻，跳转的路径短，中途流量的消耗非常小，这个优势我们一定要好好把握。

8.2.1　如何为视频号引流

1.利用自己的社群和朋友圈

社群和朋友圈是你自己的私域流量，千万不要觉得这些流量太少，前面已经说过，视频号可以利用你自己的好友、好友的好友，一层层来撬动公域流量池。所以我们首先要在自己的地盘里做好引流。

我们可以设计一些宣传海报，在海报中标注我们的视频号二维码，同时告诉大家关注你的理由，让别人快速了解关注你的账号后能得到什么，你又能为用户做什么。

2. 公众号引流

如果你自己有一个公众号，并且拥有一定数量的粉丝，则可以将视频号账号推送到公众号中，或者相互绑定。视频号的内容就可以经常出现在公众号中，这样也可以带动公众号用户来观看视频号的内容。

3. 视频号评论区引流

我们可以在其他人的热门视频下留言，让其他人可以点击查看你的留言账号，并直接转到你的视频号主页。热评会提高很多热门视频下的曝光率和引流率。当然，前提是你的评论需要与其他人的内容相关，否则评论可能被删除。在使用这种方法之前，我们应该设计视频号的主页，并仔细完善个人资料。通过这种方式，被吸引的用户可以快速看到他们能从你的账号那里得到什么，否则其他用户只是看看就离开了，并没有多大的意义。

4. 其他平台引流

虽然微信本身流量巨大，但我们也不要放弃微信生态外的流量，如知乎、贴吧、B站、小红书等。其他平台的用户如果看到好的内容，自然也会关注。最简单的方式还是留下你的"钩子"，不管是电子资料还是无边际成本的自动回复的服务都可以，如心理测试或体质测试等。

8.2.2　如何通过视频号引流到私域

1. 设计好我们的个人简介

这里再次提到个人简介，是因为个人简介是陌生用户了解你的第一个窗口，最重要的是视频号平台允许我们在个人简介中保留公众号和微信号。除了在简介里表明你的身份和你能提供的价值外，留下公众号或微信号，提示加关注加好友就可以送资料、送福利、加入交流群，这样还可以提升引流来的转化率。

2.使用好扩展链接

视频号下方可以挂扩展链接，而这个扩展链接可以用来多做文章。首先，我们可以直接挂公众号文章，在视频结尾的时候加一句：更多讲解可以阅读下方文章。以此来给自己的公众号增加阅读和关注。利用这个链接，我们可以引流到我们的微信号上，在标题中引导大家点击直接添加好友，并通过送资料送福利的形式吸引大家添加。

扩展链接也可以引流到微信群，我们可以在链接中添加群二维码，吸引粉丝加群，把这些粉丝聚集起来后，进一步做社群运营。同样的方法还可以引流到小程序或者店铺中。

3.使用定位信息

在发布视频内容或直播时，可添加地理位置，通过地理位置推荐给附近的人，以此来获取一些公域流量。本地位置信息是可以修改的，只需要点击位置，然后输入你想改的名字，这时候肯定是搜索不到的，然后选择没有找到，自己添加上一个就可以了。

4.利用好文案区

视频号内容发布时的文案区也可以留下我们的个人微信，只是我们的引导文案一定要设置到位，可以是个人简介+经历+微信，或者是视频简介+福利诱饵+微信。需要注意的是，这个位置的文案超过两段话就折叠了，可以把微信放在折叠的语句里面，这样用户一眼看不到微信更好。

5.设计评论区

在自己的视频评论区给自己的私域引流也是非常重要的运营动作。这不仅会帮助自己的私域账号获得精准粉丝，还可以通过评论区的活跃互动获得公域流量的加持，这样一箭双雕的设计要高频用起来。

首先要在视频素材里面种草评论区互动的好处有什么，其次是在评论区置顶自己发布的引流方法，最后是安排气氛组把争先恐后要资料的氛围拉满。

8.3　视频号变现的方法与途径

8.3.1　广告植入的方式方法

视频号互选广告：直接与商家合作，接视频推广赚取广告费，是各大视频号最常见的变现模式。不仅仅是商品，包括标识、品牌名称、标志性音乐、企业吉祥物等都可以进行广告植入。

广告厂商通常会寻找成熟的个人IP来合作。如果粉丝数量不多，但一直深耕某个垂直领域，粉丝精准且有黏性，也是吸引广告厂商的一大优势。

在短视频中，广告植入有以下几种主要的形式。

1. 台词植入

台词植入是在适当剧情中，将广告信息嵌入台词。在影视作品中，台词植入是一种相对明显的植入，如果植入的时机不当或者过于频繁，这种广告植入方式反而容易引起观众的反感。但由于短视频的节奏和对剧情的解构方式与影视剧完全不同，很多时候，用户会带着一种看笑话的心态去看自己喜欢的账号做广告，甚至有的会因为自己喜欢的账号能接到广告而感到很开心，要谢谢金主的支持。在短视频中，台词植入往往更直白，会直接讲述产品的特征、优势、购买渠道等，相比影视剧中的台词植入，这种方式反而更容易得到观众的认可。

2. 剧情植入

剧情植入是指为品牌或者产品专门设计的剧情桥段。如视频中演员吃的食物、收的快递、在某品牌店里购物等。这种依赖于剧情的广告植入方式会让品牌或者产品在视频中的出现更自然一些，可以将产品的名称与功能巧妙地与情节相结合。如果植入的剧情设计得有笑点或有爆点，有时甚至会受到用户的追捧，形成良好的广告效应。

3. 场景植入

场景植入是指在人物活动的场景中，布置可以展示产品或品牌信息的实物。比如给有品牌信息的户外广告牌、招贴画一些特写，或者将产品放入主播工作台上一直展示，让品牌信息频繁出现在某些固定场景中。这种植入方式通常比较自然，不会让人产生一种刻意的感觉。

4. 道具植入

道具植入是将产品作为视频中的道具直接展示的方法，这也是最原始、最普遍的植入方法。服饰、手机、汽车等都可以成为商家植入的广告。在短视频中，我们要注意植入的适度性，如果频繁出现产品的特写镜头，就要适当设置一些情节在里面，否则会引起观众的反感。

5. 提供奖品

短视频和其他自媒体的广告植入经常会通过发放一些奖品来引导观众的行为，如关注、转发、评论等，其中发放的一些实物奖励就可以是一种植入广告。比如发放店铺的优惠券、某品牌的产品试用装等。这种植入方式可以让用户感受到直接的福利，效果也不错，经常和其他集中植入方式搭配使用。

由于短视频时间比较短，所以要尽量避免像贴片广告这种比较伤害用户体验的广告形式，如果实在避免不了，也可以把广告放在片尾彩蛋处，减小对用户体验的伤害，保证我们自身的品牌性。

6.视频号小任务

在视频号手机端的创作者中心有视频变现任务板块，有非常多的品牌方和平台方邀请视频号内容创作者合作，一起参与内容创作，并根据播放效果给予现金奖励等。比如说，优酷App借助视频号小任务，以现金活动为载体，吸引数千创作者发表数万条视频，创造了7.4亿的播放量，369万的点赞，CPA（每次行动成本）应用下载投放ROI远超预期，于是开始持续合作。

8.3.2　内容变现：知识付费与课程

我国泛知识付费行业市场规模增速在2018年达到202%，近年来一直维持在40%以上的增幅。2022年，知识付费市场规模达到了1126.5亿元，预计2025年市场规模将达到2808.8亿元。全国知识付费企业（包含产业链上、中、下游参与主体）超过3700家。从用户规模数据来看，越来越多的人也选择在短视频的平台上学习知识。某平台的数据显示，2022年1至9月泛知识付费类的兴趣用户（固定时间段内对相关内容点赞量>2次）同比上年增幅达到26.4%。65.7%的用户表明学习更多是基于想要涉猎自己感兴趣的知识信息；46%的用户基于社交需求学习；45%的用户想要通过学习来补充一些生活技能，使其生活更高效。约55%的用户每周学习总时长多在3小时以内；每周学习时长超过10小时的用户仅占11.1%。

在经过了从图片资讯—音频—中长视频—短视频—直播的迭代后，"短视频+直播"成为目前泛知识付费行业中最受欢迎的主流形式。用户在短视频端口，通过"短视频+直播"方式获取泛知识付费相关信息并进行学习的人数占比最高，约占73.7%。其次是中长视频，大约占35.3%。直播和纯文字素材占三成左右，选择图片资讯类和音频类的偏少。

短视频传播知识的形式大受欢迎，其实并不难理解。从受众的体验来看，传统的知识讲述往往是严肃而枯燥的，并且存在一定的理解门槛。而短视频的简明、趣味性和互动性，则降低了门槛的高度，其本质就是知识的普惠，以短视频为纽带进行的知识分享。从这一点来说，"知识普惠"也是短视频发展的大势所趋，"短视频+知识付费"拥有巨大的前景。

目前，短视频知识付费的类型主要分为三种：综合类视频知识、垂直领域知识、直播互动类。从某种程度上说，能够提供有价值的产品越多，用户能享受到的服务价值就越大，就越有发展的机会。在知识付费领域，用户的内容需求正在由泛到精，尤其是随着垂直领域内容的崛起。

现在，"短视频+新技能教育"也是知识付费领域的一大趋势。各行各业的达人正在成为知识创作者，用户也可以通过自主搜索及平台推荐，找到包括短视频运营、电商运营、美容美发、餐饮培训、家政家居、音乐舞蹈等多个领域的各项课程。

传统的成人教育/知识付费有一个明确的漏斗模型，整个流转路径包括"投放素材展示—投放素材获得线索—试听课—正价课—销售转化"。但短视频、直播的兴起，改变了上述模型，变成内容筛选用户，并通过直播间互动强化痛点，展示能力，完成销售转化，最后进行课程交付与服务交付。简单来说，用户在刷短视频的时候，如果对主播提供的课程产生兴趣，意味着他有可能成为目标用户。紧接着，当其进入付费直播场景时，主播通过不断强化用户的学习痛点及能力展示，促进用户完成由心动到付费的购买决策。这是真正服务于用户的需求逻辑。

想要在短视频领域进行知识变现，作为知识创作者，必须了解以下四要素。

第一，进行创作的知识领域用户基础广泛，能满足刚需，不小众，这样才有可能与更多的渠道和平台合作。

第二，内容创作者要对课程的大纲设计有足够的专业性，并形成完整的课程体系。完整意味着可以学习全套的、系列化的课程，而不仅仅是片段式的知识点。

第三，课程内容适合以视频的形式呈现，能够通过场景展示增强用户的体验，同时课程内容有通过视频来学习的必要性。

第四，课程内容有很强的实用性，能帮助用户解决实际问题，或能让用户学到某个知识或技能；而且课程时间要短而精，能在短视频领域利用碎片化时间学习。

知识付费类型的短视频要求用户投入所有精力，更容易让用户沉浸其中，不同的使用场景下会有不同的内容和形态。而创作者要做的，就是增加优质内容的供应，做好市场和用户分析，确定内容是否有视频化呈现的必要，以及增加课程的附加值内容。

除了短视频知识付费的模式外，更高效的知识付费玩家是通过直播间完成指数级增长的。

可以把他们叫作知识直播自然流派，一言以蔽之，就是纯薅公域流量羊毛的玩家。这也是众人最梦寐以求的玩法，可以持续不断地薅羊毛，导私域，只要不被同行举报，就能一直闷声发财。但这背后还是有技术门槛的，不是普通人说干就干的。

这里的技术主要包括以下3个层面。

第一，动态机制洞察。要对平台的流量机制、内容要求、监管规则有持续跟进的理解，这就需要有技术投入，去定期抓取同行直播间的数据，以摸索到平台的阈值；如果自己没有数据分析能力，就只能购买第三方的数据平台数据，如百准或友望。

第二，直播设备适配。要对操作设备的技术管理有投入，比如说最重要的就是要搞清楚什么样的OBS设备最清晰、最稳定，且不会被平台误封（视频号直播间会偶尔误封你的产品素材视频贴片，导致断播）。

第三，内容设计管理。内容制作更需要技术投入和持续迭代。最初级最粗暴的是录播，对于这种模式，平台的政策是不同的，是分阶段、分人、分时、分类目、分主体的，比如说几位超级IP的跨年演讲，他们就可以在主号和授权号上连续多日放录播，还可以挂购物车和打赏，这就属于分时段开了白名单的。再比如传统媒体的融媒体账号直播中播放录播内容就属于主体的特权，一般都是播放电影、电视剧或知识课程来获得流量，再通过卖课程、食品百货或导流到私域后卖滋补白酒等限制品类。（抖音里面主要靠卖运营商电话卡等套餐变现，这个商品品类目前视频号未准入，但商业潜力巨大。）

比这类录播高一个层次的是半无人直播。这对技术的挑战大很多，主要玩法分两套，一套是数字人直播，另一套是OBS真人和录播素材混合直播。

数字人直播在其他平台已经非常成熟，比如卖货IP"我是不白吃"，情感IP"狗哥，杰克苏"等，转化率是比真人高的。最近硅基、微软小冰、红货、ZEGO都先后推出了更智能且轻量级使用门槛的数字人服务。目前视频号还没有在直播间规模化开放数字人直播，只在短视频里放开了权限，大家可以去看刘润老师的视频号，有些视频会有蓝字提示本视频由AI合成，一般用户是无法区分的。

混合直播，也是一般人搞不定的玩法，都是听起来简单，做起来坑巨多，我们服务的几个客户想去模仿，试错成本非常高，所以我们不能想当然地看到头号玩家赚得盆满钵满，就以为很轻松，自己也能快速复制。

我们还是拿大家都熟悉又陌生的头号玩家——博商来解读会比较好理解。

先说真人的运营管理。和大家一样，了解到博商这个品牌的第一反应是老师都是超级IP，老师厉害，才有了博商的成功。而当我们有幸给博商做了培训后，才真正理解到博商的核心竞争力不是老师，是运营管理机制。

这个机制就是中台做好老师的高质量视频素材及高转化的课程包后，前台的几百位运营同学就可以拿着武器冲向公域流量搏杀了。

8.3.3　直播变现：电商与带货

说起直播电商，相信大家都不陌生，我们可以把这种模式看作"云摆摊"，因为直播电商具备了摆摊的一切属性，叫卖、探讨性能、现场议价、现场下单等，所有这些行为都发生在线上。

目前，直播电商正处于商业爆发期的阶段。我国的直播电商最早可以追溯到2016年，这一年，国内接连出现了300多家网络直播平台，直播用户数量也快速增长。适逢电商平台遭遇流量瓶颈，各大平台积极寻求变革，尝试一种电商内容化、电商社区化的模式，直播平台的出现让这种尝试得以落实。同年，淘宝、京东、蘑菇街、唯品会等电商平台纷纷推出直播功能，开启直播导购模式；快手、斗鱼等直播平台则与电商平台或品牌商合作，布局直播电商业务。

到了2020年，受疫情影响，餐饮、旅游等传统消费几乎停摆，而以直播带货为代表的"宅经济"则风生水起。调查数据显示，国内直播电商市场规模从2017年的190亿元迅速增长至2019年的4338亿元，2020年则达到了9610亿元。

相比传统电商，直播电商的优势非常明显。以往用户通常要通过若干环节的影响，如广告、性能比对、口碑验证等才能够做出购买的决策。但在直播中，主播以自己的"人设"为支点，以"严选"为依托，直接摆摊种草，用户不用在货架上找货，也没有中间商赚差价，上述环节同时完成。对于品牌方来说，直播还可以最大限度地放大规模效应，几乎可以实现零库存。直播电商相当于为用户定制了一个专属生活方式的大卖场，让他们沉浸在特有的场景中。这种用"货找人"的方式，最大限度地触发了成交可能。

视频号是一个新的营销平台。目前视频号已经打通微信全域生态，形成"视频号+直播+社群+公众号+小店+小程序"的完整交易闭环生态，触达用户更全面，转化链路大大缩短。但想要运作直播电商，我们依然要做好各种准备。如果你在前期没有做好铺垫，也没有品牌知名度，那么你在短时间内很可能不会赚钱，甚至会亏钱。对于那些只做一两次尝试的商家，亏得少就是赚了。

直播电商的前期准备中，选品是关键。直播前要先确定我们的商品适不适合做电商直播。电商爆品具有以下特征：外观好看，直播间易展示卖点；产品有一两个爆款卖点，如联名款；高利润，成本低，毛利率高；高复购，产品性价比高，顾客使用体验好。

直播间产品结构也需要我们精心设计。通常，直播间会有以下几种产品相互承接。

1.秒杀福利款。这是用于拉动用户停留的款式，秒杀福利款的认知价格高，消费者心理上认为这一定是亏本的，恰恰是这种认知更能吸引观众进入直播间快速下单。

2.接流款。通常用于触发平台流量推送后的流量承接，接流款通常价格偏低，是店铺销量的主要贡献产品。

3.平播款。平播款的选择应考虑到账号的长期规划，精简到一两个，足以打动用户并产生利润即可。

4.利润款。这款通常用于拉高直播间档次，吸引高消费用户成交，为私域铺垫建立专属高客单粉丝群的基础。

对于直播电商，我们要做好长期坚持的准备，前期不要过分关注投资回报率，要多关注用户对产品的反馈评论、对产品的接受度和对产品的使用体验等，这是核心目的。同时做好精细化运营，不断地去测试产品、测试内容、测试达人等，一步步尝试，打出爆品，一条爆款视频转化成十几万单不是难事。

8.3.4　社群变现

什么是社群？有人说社群就是把人强行聚拢在一起，建立一个微信群、QQ群。其实社群并没有那么简单，我们认为，社群就是人与人强关系交流互动的组织媒介。如果非要给社群一个准确的定义，可以把社群定义为一群有共同兴趣、认知、价值观的用户抱成团，发生群蜂效应，在一起互动、交流、协作、感染的价值群体。每个人在社群中都是一个内容的贡献者，也是一个获得者。正是因为有着共同的目标或价值观，社群成员才具有强烈的归属感。这样的归属感在很大程度上驱动了"从众效应"。当群里有话语权的人带头时，很容易造成群成员蜂拥而上的局面。比如群主推荐了一个好物，大家会因为相信群主而选择购买。这也是社群变现能够实现的根本原因。

在短视频时代，想通过社群变现，通常需要三个步骤。

第一步，通过内容吸引用户。

粉丝是社群的基础。粉丝从何而来？自然要靠我们进行内容输出。当我们开始输出内容时，流量开始转化成你的粉丝。记住一开始不要着急输出产品，这种方式不会产生好的效果。我们要做的是利用短视频树立自己的产品内容和账号人设，在内容的基础上将喜欢你产品和人设的流量转化成粉丝和用户。

当用户觉得视频内容有价值、不愿错过时，他就会关注账号成为粉丝。所以涨粉的关键就是打造好内容，引发用户关注。同时，要多输出作品，用数量来体现账号的长期价值。只要保证账号有内容质量和长期价值，粉丝自然会快速增长。

在涨粉的同时，我们要留意与粉丝的互动。没有互动就不能产生情感上的关联。那些经常互动、喜欢提建议的粉丝，是未来变现的核心用户。对于负面评论，更要用专业性来维护，让粉丝感受到我们的细心和耐心。

第二步，将粉丝转变为客户。

当重点粉丝有了一定数量后，我们就可以开始筛选目标用户，建立社群了。社群的形式有很多种，包括QQ群、微信群、多闪群等。我们可以设置一个限时活动，通过评论或私信告诉粉丝，商品限时买一送一，入群即可享受福利，或者拿一些成本较低的商品作为礼品，前200名入群的用户免费赠送，以吸引更多的用户进群。

第三步，维护社群，实现转化。

想维护好社群，主要有4个技巧。

1.建立清晰的规则和价值观

社群需要有一些规则和价值观来指导成员的行为。这些规则和价值观应该是清晰、明确和公正的。同时这些规则也能够促进社群成员之间的互动和合作。

2.保持积极的氛围

社群的氛围对于其成员的参与和投入非常重要。一个积极、友好和支持性的氛围可以吸引更多的人加入社群，并促进社群成员之间互动和合作。为了保持这种氛围，社群管理员要及时处理任何不当行为和言论，并鼓励社群成员之间互相尊重和理解。

3.提供有价值的内容和资源

社群的成员需要有一些有价值的内容和资源来分享和讨论。这些内容和资源可以是关于社群主题的文章、视频、图片等，也可以是社群成员自己的经验和见解。社群管理员可以通过定期发布有价值的内容和资源来吸引更多的人加入社群，并促进社群成员之间互动和合作。

4.鼓励社群成员之间互动和合作

社群成员之间的互动和合作是社群健康和可持续发展的关键。社群管理员可以通过组织活动、讨论和合作项目来促进社群成员之间互动和合作。同时，社群管理员也应该鼓励社群成员之间互相支持和鼓励，以建立一个更加紧密的社群。

有了前面的积累，社群粉丝会对你产生足够的认同和信任，这个时候我们再进行转化变现，成功率就特别高。

社群变现的方式也多种多样。例如我们最常见的社群广告变现，就是把社群当作广告发布的渠道，收取广告费或者代理服务费。还有社群服务变现，这是一种通过收取会员费、门槛费，给社群粉丝提供专属的、更加有效的价值输出而进行变现的方式。我们也可以寻求社群之间的合作，包括换粉互推、资源交换、合作产品等。不管是哪种方式，都要注意推广的频次和产品服务的质量。一旦我们的社群开始变现，群成员要求的价值就会更加精准和实效，社群价值也会进一步拔高。

8.3.5　线上引流与线下营销的结合

短视频对于传统企业、主流品牌而言，意味着庞大的受众群体和不可估量的商业潜力，还为传统企业提供了碎片化、沉浸式、体验式和立体化的营销方向，也让它们能够更加有效地连接相对应的目标受众。几乎所有的品牌方都已经将短视频纳入了他们的营销阵地，并希望能借助短视频让品牌的长期价值和广告效果的转化更好地实现协同。他们通过在短视频平台上发起各种主题活动，用一种接地气的方式让消费者真正参与到品牌营销活动中，建立起与品牌之间的情感连接。

在以视频号为阵地的品牌营销策略中，很多品牌方会将线上的直播活动与线下的营销活动结合起来。例如某零食品牌商在2022年策划的一场大型直播活动，直播的前两周，就联动线下门店导购安排招募门店分享官，通过让用户预约直播得奖品，将用户引流到线上，利用线下门店资源为线上视频号直播赋能。同时在视频号平台发布短视频预约种草，发起转发短视频送大奖活动，盘活线上资源。在直播期间，通过在直播间设置企业微信名片、直播贴片，并结合导流福利，引导用户添加企业微信号，进入企业微信群，将公域新用户精准沉淀至企业私域客户池。这样线上线下的整合营销，不仅提升了当天的直播销售数据，更为后续的线上营销活动打下了基础。

而对于一些体量较小的商家，视频号的线上线下联合营销更是一种实用的营销工具。其关键就在于视频号可以利用更多的同城流量。例如，商家可以通过发布视频内容在视频号上形成一波本地的强曝光。在用户到店后，又引导用户扫码发布视频到自己的账号，借助用户的力量将店铺视频传播出去，从而让门店在同城内快速曝光。当有用户浏览到视频并对店铺产生兴趣后，就可以根据视频上的商家地址自主到店消费。商家还可以在视频中挂上商品的小程序或者公众号链接，观看到此视频的同城用户直接在线购买，后续到店核销即可，从而实现线上线下相结合的闭环营销。

CHAPTER 09

第九章

案例分析——这些爆款是如何变现的

9.1　快速涨粉变现的案例复盘

案例一：郭郭的打怪日记

账号"郭郭的打怪日记"人设为"正能量二胎CEO宝妈"，主要分享育儿、情感、励志、职业相关的日常生活。据号主自己分享，她从2020年4月开始运营，在一个多月之后就实现了商业变现，3个月后视频号粉丝数突破2万。账号粉丝含金量很高，每条广告的价格都是万元起跳。

下面我们来分析号主是怎么操作的。首先，号主在发布的每个视频下面都会带上相关的话题，这样可以让搜索该话题的人有很大机会刷到相关内容，带来额外的公域流量。

另外，号主的部分视频会链接公众号文章，文章内容要么是与视频相关联的内容，要么是直接引流的内容。这样，从公域流量进来的用户，可以通过公众号链接直接进入私域运营工具，成为你的私域粉丝。号主还将发布后的视频内容分发到社群里面，自带红包进行推广。这样花了将近三个月的时间、精力、金钱去运营后，逐渐看到起色。

在互联网上，一定要顺势而为，不能逆势而行，视频是趋势，所以再辛苦也要坚持去做。前期的冷启动也许非常寂寞，视频无人问津，但是坚持深耕内容，逐渐获得优质粉丝后，结果一定不会差的。

案例二：肖厂长聊商业

账号"肖逸群Alex"创建于2020年6月（现已更名为"肖厂长聊商业"），账号的主要内容是用户分享职场及创业的心得。现在账号已有13W+用户关注，总播放量4200W+，累计点赞近百万。

肖厂长曾这样总结他的涨粉经验："1个爆款视频胜过1000个一般的视频。"他认为，要用质量去提升命中率，进入肖厂长的主页我们也可以发现，他的爆款视频点赞2.6万，转发3.7万，这就是他涨粉的核心。

在内容创作上，让大部分人最费时也最容易出问题的莫过于选题。选题是我们给用户留下的第一印象，如果选题能够打动用户，用户可能就会认可并且关注我们；如果选题不足以打动用户，那么我们可能就永远难以与用户建立连接。肖厂长的解决方案是加大内容输入，及时关注行业爆款并拆解爆款的逻辑，善于分析数据和复盘，在原有爆款作品的基础上进行迭代优化。

肖厂长在打造个人IP的同时，坚持将流量沉淀到微信。他认为，视频号不属于真正的私域，但视频号是目前最好的私域流量获取渠道。精细化建设运营你的私域流量，流量沉淀下来才真正有价值。他的20个个人微信号已经导入了数万的精准好友。他的私域建设主要通过以下四种方式来实现。

1.正常引导。路径为：视频号短视频内容—下方公众号链接引导—添加个人微信号—个人微信号拉粉丝群—日常个人微信号发圈。

2.资料福利引流。路径为：视频号短视频内容—口播引导私信加好友—添加个人微信号—个人微信号拉粉丝群—日常个人微信号发圈。

3.直播间引流。路径为：直播—各种福利引导加群—添加个人微信号—个人微信号拉粉丝群—日常个人微信号发圈。

4.关注列表私信引流。路径为：视频号关注列表—私信发3条消息—福利/粉丝群引导加个人微信号—个人微信号拉粉丝群—日常个人微信号发圈。

从肖厂长的案例我们可以看出,视频号将会是私域获新客、造势能、促成交的第一大撒手锏。并且,视频号目前依然处于红利期,是所有普通人进行私域变现的好时期。短视频流量很容易爆发,但一条爆发之后,下一条视频很有可能火不了,所以千万不要想着"先涨粉,再做私域",一定要同步进行。

9.2 跟着这些企业号学运营

上线至今,视频号活跃用户增长迅速。经历了过去一整年的探索、调整,视频号的战略战术也逐渐清晰。一方面是内容的繁荣、内容质量的提升,另一方面则是商业化能力的不断完善、强化,众多企业品牌开始拓展在视频号上的运营推广。越来越多的案例表明,视频号正日益成为品牌公私域联动、推进全域经营不可忽视的阵地。

9.2.1 直播 + 事件营销

2022年4月15日,摇滚教父崔健在视频号开唱,不到半小时就吸引了超过2000万人观看,朋友圈更是被各个代际、圈层的朋友们分享刷屏。一个多小时的演唱最终超过4600万人观看,微信生态内曝光次数超过12亿,微博话题阅读破亿。而从不断更新的评论区消息可以看到,观众覆盖五湖四海、男女老少。借助这场演唱会，独家冠名品牌极狐汽车完成了一次精彩的事件营销，视频号演唱会也完成了商业化首秀。

视频号依托演唱会直播来打造大事件，其实是集合优质内容、社交基因、流量资源和庞大生态而给出了一个做事件营销的全新思路。优质内容与社交裂变的叠加效果让大事件能快速高效地"出圈"，品牌因此便有机会借助视频号的事件营销，让品牌声量提升、用户资产进一步沉淀。

微信生态的社交裂变能力在这场演唱会中发挥出了重要作用。在用户高频率"刷朋友圈"的行动中，一场线上明星演唱会可以很快突破歌迷粉丝的小圈子被更多人得知；直播链接随着用户在社交圈内的分享，直达更多用户眼前，转发分享又在一波波持续。这也让品牌赞助方达到了短期爆发的目的。

而整个演唱会前后的营销活动也是一次品牌系统化传播的过程。在预热期，品牌方通过朋友圈广告、预热视频、看一看、搜一搜等资源进行导流，在直播当日，则有视频号重点推荐，在演唱会结束后的发酵期，还有定制内容授权给品牌账号发布。同时，在这个过程中，品牌还可以及时将来自视频号演唱会的流量转换为可长效运营的资产。例如，品牌可以在演唱会直播的歌单底部插入品牌广告，用户点击即可跳转至品牌留资页面填写信息，沉淀高价值的用户线索。同时演唱会过程中还出现了品牌定制点赞、定制礼物、福袋抽奖等互动玩法，让用户观看演唱会的体验从"你播我看"升级到了"沉浸其中"，充分调动起了用户的互动参与热情。用户的转发分享等行动一旦获得了更强的激励，品牌借助社交裂变能力传播的速度就会进一步提升。

整个活动给我们的启示是，用户运营是所有事件营销的终极目的。视频号无疑是新流量、新渠道、新场景和新人群中的一个重要入口。

9.2.2 品牌自播阵地

有着20多年历史的女装品牌歌莉娅，从2021年9月开始涉足视频号直播领域，从每周两三场到每天3场，每场4～6小时。歌莉娅认为，直播就像线下门店开店，不播就等于店门永远是关着的，顾客没办法进来，更没办法购买。所以，即便是品宣，也要让店门一直开着。

视频号和企业微信也可以打通，歌莉娅既可以让企业微信中的粉丝预约观看视频号直播，同时也能让视频号直播间的粉丝沉淀成为社群会员。这体现了视频号的核心理念——去中心化。品牌不管是加好友，还是加群、加公众号粉丝，在微信看来，都是品牌自己的私域资产。这种高效的私域流量触达能力，让品牌在视频号直播初期大大缩短了冷启动的周期。歌莉娅的视频号直播单场场观人数很快就能达到将近30万，而且业绩的增长速度也远超预期。

对品牌商家而言，视频号直播能带来的是一种公私域联动的能力，尤其是依托微信生态在私域方面的优势能力，品牌能够更高效地将公域流量沉淀到私域。全域经营已成为品牌的必选项，随着直播行业的不断发展，品牌自播的时代正在到来，视频号就是品牌自播最好的阵地。

9.2.3 品牌内容阵地

童装品牌安奈儿，看中了微信社交生态成熟、私域流量丰富等特点，选择在视频号上进行内容展示，并通过以下几种手段，将视频号发展成为一个重要的品牌内容自播阵地。

1.长期输出高质量内容

视频号需要长期输出优质的内容，为用户创造价值感。而创作优质内容的关键在于用能够引发情绪共鸣的内容打动视频号生态中的既有用户。长期的输出提升了用户黏性，在此基础上，配合一些母婴领域的头部账号进行联动，很容易形成爆款内容，引发新一轮的用户增长。

2.将视频号内容栏目化

安奈儿用固定栏命名的方式增强内容的统一性，并通过固定推广位置、固定封图形式等使栏目品牌化，培养观看者的审美记忆。

3.互动激发用户点赞

视频号的社交推荐比重极大，通过朋友推荐、朋友点赞的方式，能够迅速为视频号涨粉，这完美地利用了微信生态用户基数大这个优势。

4.搭建视频号运营体系

视频号已经不仅仅是一个短视频平台，安奈儿在运营的过程中也将自身公众号、小程序、小商城、社群、企业号都串联在了一起。只有打造微信生态闭环，才能挖掘出视频号最大的红利。

9.2.4 品牌放大阵地

1.矩阵打法

爱丽丝服饰是抖音上较为成功的矩阵打法服饰号，矩阵打法在抖音多个类目已经是行业标配，这样的打法在视频号上相当于降维打击，很快就把几个号都拉动起来了。

2.剧情打法

人设号短视频种草的打法之前在视频号上用得很少，这对于内容制作要求非常高，不仅要展示出产品，还要把剧情表现得引人入胜，主播不仅是演员，还要自己动手写脚本反复拍摄，这就要比别的主播付出更多的努力。

3.供应链打法

爱丽丝服饰来自深圳南油产业带，老板十多年前就深耕供应链，正是依靠供应链的强大优势才能撑得起这样华丽的数字。爱丽丝服饰的设计师效率奇高，运营模式和SHEIN非常相似，都是中年女性最喜爱的快时尚款式先行的"闪电战"打法，这是赢得用户的根本。

9.2.5 中小企业布局视频号

当前的视频号，可以说是很多中小企业在成本预算相对较低的情况下布局的首要选择。

中小企业做短视频和直播最大的难点其实就在于成本，因为目前各个平台的内容推送机制更加成熟和完善，对于内容的要求也在逐渐提高，即便有好的内容，不花钱也很难拿到可以转化的流量，所以在算法、数据积累加持下，内容承载了更多的营销和服务的需求。

这个时候，视频号的商业化推广方式上线，让我们看到了一个新的企业增长点。

首先从内容创作角度来看，视频号目前的内容生态还单纯处在成长期，换句话说，这就是一个崭新的蓝海，加上各种针对创作者的扶持小任务上线，对于很多企业来说，内容产出的成本也会相应降低。

从直播的角度来看，视频号得益于自身的社交属性，不仅可以串联起微信生态和私域闭环，能够有效聚集大量的高精准度、高需求、高忠诚度的目标用户，更重要的是还能够降低获客的成本，直接在私域内部成交。

从以上任何一个角度来看，视频号都是商家们实现降本增效的一个平台。

视频号的商业化逐步完善的过程，对于企业和创作者来说，都是一个新的蓝海机会，尚有很多可以开发的潜力玩法和机会。虽然目前来说，视频号的整体流量还比不上抖音、快手平台，但是依托微信这个生态，在公众号+视频号+社群+……的串联组合下，公域+私域的打通，为品牌的商业需求提供了更多的工具和帮助。

9.3　个人 IP 变现的案例拆解

1.信任提升销量

馒头妈妈从2020年9月开始运营账号"馒头小胖墩儿"，记录小馒头吃饭的有趣瞬间，结果得到了很多妈妈的喜欢，创下了单条视频吸粉6万、累计吸引40万用户关注的好成绩。现在，馒头妈妈在视频号上共运营三个账号，除了"馒头小胖墩儿"之外，还有"是馒头哩"和"馒头厨房"两个账号，分别用来记录小馒头的日常生活和展示馒头妈妈的精湛厨艺。2021年9月，馒头妈妈在视频号开启直播带货，突破10万销售额。同年"双十一"期间，馒头妈妈连续直播10天，带货销售额超100万。

目前，"馒头小胖墩儿"拥有的粉丝群体最大，内容更新的频率也最高，优质的内容和亲切的日常让馒头妈妈收获了大量粉丝的信任。有了信任作为基础，馒头妈妈带货也是水到渠成的事情。

馒头小胖墩儿账号粉丝群体年龄30～39岁妈妈占比超过30%，50岁以上奶奶占比近15%，这两个年龄段用户虽然具备一定的消费能力，但是对用户消费力度及购买意愿尚不清楚。在直播带货初期，馒头妈妈和团队找了一些不同价格的商品来测试。

在确定了带货的商品价格范围和方向后，馒头妈妈开始稳定地周播。周播可以培养用户的购物习惯，并保障有充足时间准备下一场直播。在带货商品上，她们也根据用户的反馈做了一些调整。早期的品类以母婴用品为主，后来拓展到美妆、日用品、服饰等。

2021年"双十一"直播期间，团队又调整了直播频率，将周播变成日播，同时开始做大促场，如"双十一"1元秒杀、低至五折等。为了吸引更多流量，提高直播间人气，馒头小朋友还出镜拍了一条预热短视频，一天内预约人数就达到了1000多人。"双十一"期间，直播为账号新增8000多个关注用户，而且新增用户的下单率比其他用户偏高一些，这也是视频号公域流量带来的优势。

2.内容为王，整合商机

萧大业曾当过国企干部，做过外企高管，担任过上市公司总经理，现在他的新身份是视频号的头部教育达人。2020年8月，萧大业开通了视频号账号"萧大业"，开始通过视频输出他的运营管理、领导力、教育、商业案例。到了2021年4月，萧大业已经拥有13万粉丝，他的一条视频《相濡以沫》，浏览量已经超过了2.1亿次，点赞750万+，转发125万+，评论有6.7万+。

《相濡以沫》的视频内容其实很简单，就是萧大业用平静的语气和观众诉说他父母的日常生活。为什么这条视频会触动这么多人的内心呢？首先，这条视频展示的场景非常真实，被拍摄者是在不知道的情况下被拍的，这是摆拍的视频永远做不到的。而在平静的讲述中，视频蕴含着强烈的情感流动。创作者选择了两位老人买菜、做饭、携手散步等日常的温馨画面，文案中连续用了八次"一起"，用最朴实的文案展示老人相濡以沫的爱情，激起了很多人的情感，更激发出了人们对这种情感的向往和追求。萧大业认为，观众并不喜欢看我们读东西，更想看我们面对镜头聊天。他的其他视频内容即使写了文案，也要把文案打碎，再用平常话表达出来。

他不仅精心打磨内容，与粉丝互动时也很真诚。早期的时候，只要有时间，他会回复每一条评论和留言，哪怕一个笑脸都会回复。这样的互动也帮他积累了人气。在内容的发布上，萧大业采取了集中优势、以点带面的打法，比如储备一批内容，最好三四条，在感觉平台流量大的时候，挑选最优质的精品上传，这样更容易破圈。

由于萧大业之前一直从事线下培训，他的很多课程都是现成的，在建立起了自己的内容影响力后，他在小商店中上架了"萧大业21天沟通力训练营"的商品链接，成立了"萧大业和他的朋友们"知识星球，并开始在直播领域初步试水为新国货品牌带货。

萧大业将自己的课程学费设置得比较高，他认为这不仅是在鉴别粉丝群体的消费能力，同时也想通过视频号链接到更多有资源的朋友。如果能把这些资源整合利用好，将会产生更多的商业机会。

9.4　知识类博主直播大场策划简案可套用模板

9.4.1　活动主题

可复制的财富之路，5—7年资产翻倍

11月15日左右活动大场（建议选11月13日，因为是周日）

9.4.2　节奏排期

第一阶段：

——筹备期（7天）：10.30—11.6

动作：

● 确定和准备好执行过程中所需要的一切物料。

● 确定好执行过程中需要的各种运营方案和策略。

● 制定好用户触点和成交体系。

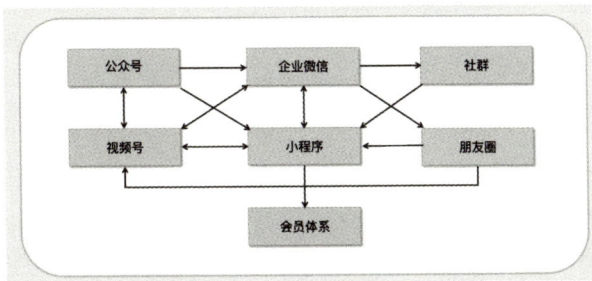

- 把各类资源渠道确定到位。

- 准备期间坚持日播，确定主题，铺垫和发酵。

目标：

★ 一切物料准备完毕无遗落

包含：物料准备到位，方案准备到位，内容文案准备到位。

★ 团队之间分工明确

&执行时必要核心关键点：

奋战7天直播马拉松，每场直播固定在2小时（连麦7大行业专家或者有学习收获的学员，抑或是团队优秀、有影响力的老师），拟定嘉宾人选和排期，每天一场连麦，中间个人专场，在此期间全触点（朋友圈+社群+小程序+直播间）浪潮式官宣，沉浸式多角度传递主题价值，说明会+会上收集调研互选表，给潜客打标签，精准锁客。（根据用户习惯，调研表可以不填）

第二阶段：

——引流期（11天）：11.1—11.12

动作：

- 通过多点触达用户（不仅仅是海报，也包括文案、视频、社群等，并且要充分利用视频号）。

比如：

1.视频号直播首页，用户在主页预约，开播时收到预约强提醒。

2.公众号，①"直播中"提示，公众号显示"直播中"；②有重要活动时，文章底部链接直播间预约卡片（可直接进行预约/进入）。

3.朋友圈，特殊活动节点时，会发布海报二维码进行预告。

4.小程序，点击首页的悬浮窗入口，可直接跳转到视频号直播间；开播时，小程序首页的悬浮窗不停闪烁，并显示"直播中"。

● 通过优质内容将用户沉淀到社群。（设置进群福利，邀请排行榜+邀请奖励）

● 用钩子设计阶梯福利，引导进群后二次裂变。

目标：

★ 在引流钩子上设计好跟踪轨迹（统计：钩子品触达用户的数量）

★ 激活社群活跃度，提升社群的转化率

★ 通过社群参与转发裂变活动的人数提升平均20%~30%

★ 提升在用户心目中的专业度，从而锁单成交

& 执行时必要核心关键点：

从接触用户开始的体验（话术，服务流程）

用户如何打标签（用户需求，来源渠道）

社群用户分层

成交链路设计

成交话术设计

第三阶段：

——发售期（7天）：11.6—11.13

动作：

● 招募战队长，设置打榜PK赛

所有参与者发售期锁粉绑定流量，以GMV贡献和约定分佣率计算分佣

倒计时（4天）：11.8—11.12

● 告知大场开播日期，请求盟友支持，搞大事倒计时朋友圈官宣课程包

介绍（内容、福利），学员案例

目标：

锁定客户数量目标完成

正式大场（1天）11.13

连续10小时直播

促单收尾期（1~3天）11.13—11.16

社群，私聊追单，转化潜客

9.4.3　产品矩阵

1.主销产品

2.入口产品

3.段位产品

嘉宾人选与排期

12.31直播大场嘉宾名单

11.10—11.22直播马拉松嘉宾名单

9.4.4　裂变增长

1.海报裂变

所有流量阵地多触点通知招募：社群、朋友圈、私信群发、直播间、视频号、公众号。

2.社群裂变

用钩子设置阶梯福利，引导进群后二次裂变，设置群福利+邀请排行榜。

3.打榜PK赛

老学员为种子启动战队PK，进行个人排名和战队排名。

9.4.5　宣传阵地

1.视频号：个人故事、学员推荐、搞大事倒计时，嘉宾打call（应援）

2.公众号：官宣文章，活动详情介绍、学员案例，直播精华，活动复盘

3.朋友圈：自有个微企微每天5条+

4.学员群：告知共创玩法

5.直播福利群：反复通知

6.盟友群：告知、请求支持、报喜、分享经验

9.4.6　流量承接

直播间流量:

直播间公众号文章气泡加助理打标签, 送见面礼, 兑奖引导进活动群引导裂变, 私信触达。

海报裂变流量:

扫码进群引导被动加助理号领见面礼+引导加个微围观朋友圈

队长分销裂变流量:

队长锁定社群流量, 分销课程分佣。

直播间商业流量:

精准公域流量投放, 品效合一。

9.4.7　活动物料

活动海报

直播物料

嘉宾海报

学员海报

产品海报

PK赛海报

鸣谢海报

9.4.8　SOP 类

直播SOP

社群运营SOP

私信群发SOP

9.4.9　文案话术类

朋友圈发圈文案

活动社群运营文案

加微自动回复文案

群发话术

直播间评论话术

小商店客服话术

9.5　品牌如何发力视频号直播

2022年视频号超级品牌日期间，美妆品牌兰蔻、雅诗兰黛、林清轩直播成绩斐然。兰蔻品牌单场获得超28w的场观，当日小程序成交人数较开播前一日提升4.5倍，视频号直播购买新客占比40%＋，直播间引流私域转化人数提升10倍；雅诗兰黛的直播获得近13w场观，GMV较前一场直播实现超过3倍增长，视频号直播购买新客占比70%＋，对比常规直播也实现超2倍提升；林清轩通过不断优化直播间选品和策略，设置抽奖活动进行社交裂变，前后端联合运营，全面开启视频号直播广告投放路径，实现销售的持续高效转化。

下面我们就一起来复盘一下，他们是怎么做的。

1. 兰蔻

小程序一直是兰蔻用户的聚集地，品牌将小程序商城与其在公众号沉淀的资产相结合，引导用户在微信形成购买习惯。以往品牌更多是在小程序做直播，所以关注品牌直播的用户中老客户较多。而视频号直播能凭借公域流量帮助品牌吸引新客。两批用户各自处在两个直播阵地中进行独立售卖，浪费了一部分的人力和流量。

在超品日，兰蔻尝试将小程序中的老用户引流到视频号直播间，将新老客聚集成一个更大的直播池,并凭借直播间内不断增多的人数,让品牌直播间在视频号直播广场获得更多曝光和推荐,从而带来更多自然流量。

为了能够让公域流量持续流入直播间,兰蔻做了3个安排。

首先,兰蔻超品日当天从9点到24点开了15小时超长直播,并为此安排了三组人员进行轮班。

其次,兰蔻有节奏地进行了朋友圈广告投放,人群策略上对品牌会员+行业高潜进行组合触达。为了提升朋友圈广告的点击率,兰蔻还准备了10+套素材同时投放。

最后,兰蔻在直播间内设置了引流到品牌私域的"钩子"。在直播间下方设置了悬浮页卡,用户可以通过悬浮卡片一键添加导购企业微信,顺利将公域流量导入私域,以便为消费者提供后续的服务体验,最终完成"公域私域交互+用户转化"的闭环。

2. 雅诗兰黛

雅诗兰黛以往也多是在小程序进行直播,但在本次超品日,雅诗兰黛将主要火力集中在了视频号直播。在开播前,品牌除了参与超品日活动,得到官方直播排播表流量扶持外,其私域的用户也可以通过微信公众号和视频号主页进行直播预约。雅诗兰黛还于直播前一个小时在朋友圈投放直播广告,吸引更多用户关注品牌直播讯息,助力品牌将更多公域流量引流至视频号直播间。

虽然雅诗兰黛的直播时长仅4小时,但获得近13万场观,通过视频号直播购买的新客比例超过70%,成交金额较前一场直播实现超3倍增长。

从雅诗兰黛的案例中我们可以得出这样一个结论:如果品牌想要快速启动直播间,拉高进入直播间的人数,可以选择针对目标受众进行投放;而如果品牌更追求效益和转化率，可以尝试以商品出价的方式进行投放。视频号直播如同"毛细血管"，能够帮助品牌最大化地挖掘、运输微信的公域流量。

3.林清轩

林清轩本身就拥有丰富的线下门店渠道，新冠肺炎疫情后，品牌将线下的客户拉至线上，仅半年就在企业微信上沉淀了80万+会员，复购率达20%。同时，为了拓宽线上新用户的获取方式，林清轩开始尝试通过视频号直播将公域流量导流进入私域。这种做法需要前端和后端的协同配合。为此，他们设计了专门针对视频号直播的差异化运营手段。

针对广告素材，他们着重使用更亲民、测试后转化效果更高的头部视频博主的短视频素材，以达到更好的广告效果。而后端则需要将直播运营和用户运营打通，直播间内通过企业微信组件，引导用户一键加入直播社群，公域流量转化为私域流量后，后端还要做好社群氛围与服务，在社群同步发放直播间专属红包等福利，促进用户消费，不断将社群内的用户导流到视频号直播中。

在这种协同下，林清轩的广告流量转化力和直播间价值得到显著提升。数据显示，测试开启两周内，广告流量下单率高于直播间自然流量55%。广告投流后相比投流前14天，直播间下单率提升80%，访客价值提升87%。同时，腾讯还为林清轩提供了创新的技术支持，帮助品牌上线AI虚拟人物作为主播，将12小时直播时间延长至24小时。

林清轩通过打长久仗的方式，不断拉长品牌直播时限，并通过视频号直播推广不断获取新用户进入品牌私域，联动前后端进行用户的精细化运营，最终实现广告流量高效转化，并使得品牌直播间价值大幅提升。

兰蔻将视频号直播作为用户的拉新入口，通过公私域同频共振的方式，将新老客户聚集到视频号上，以13%的品牌流量撬动了87%的公域流量，有效拓展了品牌新客和销量；而雅诗兰黛则将视频号直播作为潜力渠道，通过公域流量放大单场品牌直播的效能，以商品价格投放朋友圈广告的方式，提升ROI转化；而林清轩则将视频号作为品牌的基础建设来运营，丰富品牌与用户之间的触点与服务。

视频号平台不是一个好大喜功的平台，而是一个对平台的安全性、健康度和可持续性十分重视的平台，在这方面，甚至可以说到了严苛的程度。

珠宝类目是最鱼龙混杂的，可以说基本没有几个商家说真话，都需要一步一步地试探才能摸清楚底牌。所以各家平台做这个类目时采用的都是基地模式，也就是有外团协助做好质检和售后服务的环节。而视频号直到2022年12月第三周才开启产业带服务商的招募，其中也包括珠宝类目服务商的定向定点招募。所以在此之前，能进入视频号珠宝的商家都经历了重重筛选，翻山越岭，脱了一层皮，才获得了一个开白的账号权限。

而从2022年"双十一"的战报来看，珠宝类目随便一发力，其他品类就只能望洋兴叹。

我们有一个珠宝客户在9月底才入局视频号，在官方只让开一个号的情况下，做到了总榜第二名的成绩，而且没有花一分钱，没有调动一个老用户。

除了努力的主播车轮战外，更为重要的是用户属性太搭了，这个年龄段的用户有钱有闲有品位，是珠宝最好的用户群体。

我们有一个百万私域存量的护肤客户，由于祛痘类产品不能上架，就只能把直播间变成百货福利场，先建立信任感，再导流私域，做销转动作。这个团队非常能打，在广州新冠肺炎疫情最严重的时刻，没有调动私域的情况下，在团队不熟悉百货的背景下，0粉开播挑战自我，先放一波又一波的福利，等到人气最高的时刻，再放出利润款，从而达到开门红的效果。

这个号的成功之处有以下3点。

1.主播对用户的理解程度足够深刻且会随流量应变。

2.团队前期准备充分，从选品到内容脚本，特别是关于如何憋单，如何搭配福袋，都做了充分的准备。

3.团队的韧性与好胜心。当别人被封都选择躺平的时候，他们没有随波逐流，而是选择少有人走的路，反而流量竞争小了，获得了应有的回报。

所以丘吉尔的那句话对当下的每个人都是最好的激励——永远不要浪费一场危机！

这只是诸多百货玩家的一个缩影，基于对平台用户画像的理解和平台推送机制的摸索，有供应链的白牌商家和游走于产业带的中小达人机构，都以低成本试错出视频号的卖货模型——先人后货，即先立人设，后卖产品。

9.6　电商类直播发售活动策划简案可套用模板

10.16直播悉知

本次直播主题是《×××××》

时间：10月16日（周日）

19:00—21:00

销售目标（第一指标）：

总销售额：

完成率：

1.引流品：玫瑰花味软糖，××单

2.主销品：小猫舌，××单

3.利润品：巧克力味豆末糖（纯手工），××单

4.高价品：玫瑰原浆/花酱，××单

留存目标（第二指标）：

粉丝留存：

完成率：

5.公众号粉丝增长

6.视频号粉丝增长

7.社群粉丝增长

8.直播预约增长

团队配置

外部

操盘手——平台规则、投流

服务顾问——直播流程、策划营销监督

内部

1.主播——流量承接/转化

2.直播运营——直播效率

3.社群运营——粉丝留存

4.剪辑发布官——视频段子出品

5.海报设计师——各种线上线下物料

6.售前售后客服——粉丝体验，消费者服务

截至10月16日，需完成的两个关键动作：

1.直播预演

2.渠道宣发

相关板块负责人

1.直播预演（时间：10月11日前完成直播部署）

人员：项目管理、运营负责人、海报设计师、剪辑制作师。服务顾问：马教主。

2.渠道宣发（时间：10月14日前完成直播测试）

3.人员：主播、直播运营（商品上架、场控、数据分析）、社群运营（预约、推送、留存）、直播物料负责人。服务顾问：马教主。

4.直播发售（时间：10月16日完成直播发售）

人员：直播运营（发朋友圈、挂气泡、上福袋、上链接）、社群销售2人、直播售后1人（奖品兑换，粉丝维护）。服务顾问：马教主。

时间排期表（重要）

10.11—10.13直播预演

10.13—10.15渠道宣发

会议管理

9日，下午3点——《直播启动会》

参与者：项目管理、运营负责人、品牌选品部

11日，下午3点——《团队管理碰头会》

参与者：运营负责人、直播物料负责人

14日，晚上7点——《直播测试会》

参与者：所有人

#10.9

【会议通知】

没有规划，就没有方向。不要用战术上的勤奋代替战略上的懒惰，咱们做个项目启动盘点，为直播取得更多成绩提前布局。

会议主题：《×××直播启动会》

会议目的：找到发售节奏，提升产品卖点促变现

会议时间：下午3:00（周日）

会议时长：45分钟

收到回复【1】

#10.11

【会议通知】

一人之力，难抵百万雄兵。团队高效协作，才能驶向成功彼岸。咱们做个10.16碰头会，明确岗位定位和项目分工，抓核心，破卡点，优动作，轻松完成任务安排。

会议主题：《10.16团队管理碰头会》

会议目的：明确岗位定位和项目分工

会议时间：下午3点（周二）

会议时长：45分钟

收到回复【1】

#10.14

【会议通知】

台上一分钟，台下十年功。做100分的准备，才会有90分的发挥。咱们做个10.16直播测试会，把直播活动先提前彩排一遍，用最好的状态迎接我们的粉丝。

会议主题：《10.16直播彩排会》

会议目的：全员清晰直播流程，让发售更流畅，成交更轻松

会议时间：晚上7点（周五）

会议时长：45分钟

收到回复【1】

【朋友圈6+1文案】

第一天：10.11发布内容

1.引发好奇——非遗/手工专题直播

2.引发需求——纯手工，送礼有温度

3.给期待感——活动福利引流海报/直播预约海报

第二天：10.12发布内容

4.品牌故事

5.产品卖点

第三天：10.13发布内容

6.塑造价值感——非遗、手工、传承

7.制造稀缺性——限量发售，前××送福利

8.倒计时第3天

第四天：10.14发布内容

9.开放购买渠道

10.倒计时第2天

第五天：10.15发布内容

倒计时第1天

第六天：10.16正式直播

直播复盘

做得好的方面：

要提升的方面：

总结感受：

CHAPTER 10

第十章

视频号变现专用 SOP 套表

视频号数据统计表									
××月目标									
每日统计	单条数据情况								改进点
日期	发布时间	播放量	点赞量	评论量	转发量	涨粉数	微信好友新增量	推广渠道	
								社群、微信、其他	
总计:									

自有选品标准参考					
选品原则	利润高				
	重量轻				
	不容易碎				
	需求大				
	目标人群				
	有特色				
	新鲜感				
	服务轻				
人群划分	价格				
	地域				
	年龄				
	兴趣				
市场需求	爆款				
	冷门				
	蓝海				
避免坑	盲目爆款				
	缺乏货源				
	投资回报率				
	评价口碑				
	是否有竞品				
	用户需求是否精准				
产品信息	品牌				
	价格				
	品质				
	性价比				
	销售人员				
	售后服务				
	营销渠道				
	传播技术				
	历史数据				
	产品功能				

×××视频号直播进度规划表（6.26）									
启动日期	2022/06/05	完成时间	2022/06/26						
当前日期	2022/05/05	剩余时间	30						
任务	负责人	状态	预计开始时间	预计结束时间	实际开始时间	实际结束时间	里程碑	备注与附件	
一、项目筹备与启动	输入"@+人名"提及负责人	使用下拉列表显示任务状态	使用日期提醒可定时提醒负责人				勾选里程碑任务		
发售产品直播脚本		待启动！					0		
直播间引流产品、裂变产品		待启动！					0		
直播账号		待启动！					0		
直播间店铺		待启动！					0		
预约激励设计		待启动！					0		
团长邀约PK		待启动！					0		
达人圈层选定		待启动！					0		
渠道资源匹配		待启动！					0		
动员分配		待启动！					0		
二、项目执行									
发售脚本							0		
直播间脚本SOP		待启动！					0		
直播间产品营销方案		待启动！					0		
产品海报		待启动！					0		
朋友圈发售脚本SOP		待启动！					0		
朋友圈发售海报物料		待启动！					0		
社群发售脚本SOP		待启动！					0		

（续表）

× × × 视频号直播进度规划表（6.26）								
启动日期	2022/06/05	完成时间	2022/06/26					
当前日期	2022/05/05	剩余时间	30					
任务	负责人	状态	预计开始时间	预计结束时间	实际开始时间	实际结束时间	里程碑	备注与附件
社群发售海报物料		待启动！					0	
直播群运维裂变							0	
直播流量群 SOP		待启动！					0	
铁杆粉丝群 SOP		待启动！					0	
（对应）社群海报		待启动！					0	
团长运维							0	
嘉宾邀约		待启动！					0	
嘉宾打 call 视频		待启动！					0	
嘉宾海报		待启动！					0	
嘉宾群 SOP		待启动！					0	
直播间							0	
直播间预约海报		待启动！					0	
直播间封面海报		待启动！					0	
直播间背景设计		待启动！					0	
直播间背景就位		待启动！					0	
直播间设备		待启动！					0	
中控管理		待启动！					0	
产品上下架运作测试		待启动！					0	
直播间福袋内容		待启动！					0	
直播间管理内容		待启动！					0	

（续表）

×××视频号直播进度规划表（6.26）								
启动日期	2022/06/05	完成时间	2022/06/26					
当前日期	2022/05/05	剩余时间	30					
任务	负责人	状态	预计开始时间	预计结束时间	实际开始时间	实际结束时间	里程碑	备注与附件
直播官方流量对接确认		待启动！					0	
直播间彩排		待启动！					0	
流量承接							0	
企业微信活码		待启动！					0	
承接话术		待启动！					0	
用户标签		待启动！					0	
逼单、跟单SOP		待启动！					0	
用户留存SOP		待启动！					0	
用户数据统计表		待启动！					0	
三、项目执行2.0								
直播相关人员就位		待启动！					0	
直播环境协调		待启动！					0	
直播间物料钦点		待启动！					0	
直播开始		待启动！					0	
直播间导流		待启动！					0	
直播间战报		待启动！					0	
直播场控管理内容		待启动！					0	
社群同步直播间SOP		待启动！					0	
嘉宾群时时沟通		待启动！					0	

（续表）

××× 视频号直播进度规划表（6.26）								
启动日期	2022/06/05	完成时间	2022/06/26					
当前日期	2022/05/05	剩余时间	30					
任务	负责人	状态	预计开始时间	预计结束时间	实际开始时间	实际结束时间	里程碑	备注与附件
直播间内容循环		待启动！					0	
直播间收尾工作内容		待启动！					0	
四、项目复盘								
数据复盘		待启动！					0	
文章编写		待启动！					0	
文章宣发		待启动！					0	
承接流量跟单		待启动！					0	

公众号文章方案			
活动主题	【公众号推文】		
推文目标	1. 引流直播间用户到个微； 2. 增加公众号关注度，沉淀 IP 资产。		
发圈方式	我的故事 & 福利领取		
发布时间			
发步条数	总共 2 条		
发布说明	1. 个人故事 2. 福利领取		
推文类型	推送时间	发布主题参考	链接参考
故事文	4.17	石榴叔：从放牛娃到千万 IP 声音导师，我的故事藏着你奋斗的身影！	https://mp.weixin.qq.com/s/CHLdZmaTGt1Wih1dyr9-Pg
福利文	4.18	戳我，领取 2 门千元好课！	https://mp.weixin.qq.com/s/pTtzi-pKa0gUVbRi8efXOg
引流文	4.19	加我私人微信，跟叔练声 5 分钟，声音好听不累更轻松！	https://mp.weixin.qq.com/s/CkxlwgAMEmdNqC4NoL1VgA
复盘文	4.21	石榴叔：从放牛娃到千万 IP 声音导师，我的故事藏着你奋斗的身影！	https://mp.weixin.qq.com/s/CHLdZmaTGt1Wih1dyr9-Pg

视频号嘉宾剧本							
活动主题	【嘉宾视频号剧本】						
宣发目标	1. 为直播增加话题性； 2. 借力畅销，大咖助力，信任转化； 3. 把对大咖的信任传递到老师直播间，提高销售效率。						
发布方式	浪潮式助力						
发布时间	2022 年 5 月 × 日						
视频条数	总共 9 条						
嘉宾话术	1. 嘉宾简单自我介绍； 2. 说明本次直播的时间主题； 3. 最后喊一句口号。						
视频号话术	时长	发布尺寸	文案字数	与嘉宾预约拍摄时间	嘉宾负责人	剪辑负责人	参考
助力视频要求录制横屏 16:9 的比例，选择干净素雅的背景，以下文案可以选择,高清,可以自行美颜,不加音乐。 大家好，我 × × 老师的好朋友 × × ×＋行业标签 5 月 27 日我将做客 × × 老师的直播间和你一起分享我的 × × 5 月 27 日一定要来哦，欢迎预约围观	15s	16:9	80 字内				# 视频号：石榴叔

朋友圈浪潮式月度规划全案						
	活动主题	【朋友圈剧本发售】				
	发圈目标	1. 宣发引流，浪潮式发售，直播预告； 2. 精准锁销，标记潜在客户，直播转化； 3. 更深入地了解产品，与你的团队和客户建立信任，提交销售效率。				
	发圈方式	浪潮式发售				
	发圈时间	2022 年 6.6—6.12				
	发圈条数	30 条				
	发圈说明	1. 简单的问答互动； 2. 勾起用户好奇心及期待感； 3. 通过案例展示获取信任：嘉宾、学员故事。				
	发圈节奏	时间	发布时间	文案参考	评论区	备注链接（视频／文章）图片
策划统筹期	启动 PK 赛	5	10 点			
			12 点			
			14 点			
			16 点			
			18 点			
	启动销售实战	6	10 点			
			12 点			
			14 点			
			16 点			
			18 点			
宣传推广期	引发好奇	7	10 点			
			12 点			
			14 点			
			16 点			
			18 点			
	引发期待	8	10 点			
			12 点			

（续表）

	发圈节奏	时间	发布时间	文案参考	评论区	备注链接（视频／文章）图片
宣传推广期	引发期待	8	14 点			
			16 点			
			18 点			
	获取信任／制造稀缺	9	10 点			
			12 点			
			14 点			
			16 点			
			18 点			
	客户种草见证	10	10 点			
			12 点			
			14 点			
			16 点			
			18 点			
	开放购买渠道	11	10 点			
			12 点			
			14 点			
			16 点			
			18 点			
	启动第 1 场直播	12	10 点			
			12 点			
			14 点			
			16 点			
			18 点			
活动执行期	社群精油测评大讲堂	13	10 点			
			12 点			
			14 点			
			16 点			
			18 点			

朋友圈浪潮式月度规划全案

（续表）

朋友圈浪潮式月度规划全案						
	发圈节奏	时间	发布时间	文案参考	评论区	备注链接（视频／文章）图片
活动执行期	复盘直播	14	10 点			
			12 点			
			14 点			
			16 点			
			18 点			
活动执行期	产品卖点提炼，切中客户画像痛点	15	10 点			
			12 点			
			14 点			
			16 点			
			18 点			
	预售体验装	16	10 点			
			12 点			
			14 点			
			16 点			
			18 点			
	团长 PK 排名	17	10 点			
			12 点			
			14 点			
			16 点			
			18 点			
	启动第 2 场直播	18	10 点			
			12 点			
			14 点			
			16 点			
			18 点			
	社群精油测评大讲堂	19	10 点			
			12 点			
			14 点			
			16 点			
			18 点			

（续表）

朋友圈浪潮式月度规划全案						
	发圈节奏	时间	发布时间	文案参考	评论区	备注链接（视频／文章）图片
活动执行期	复盘直播	20	10 点			
			12 点			
			14 点			
			16 点			
			18 点			
活动执行期	产品卖点提炼，切中客户画像痛点	14	10 点			
			12 点			
			14 点			
			16 点			
			18 点			
	预售体验装	15	10 点			
			12 点			
			14 点			
			16 点			
			18 点			
	团长 PK 排名	16	10 点			
			12 点			
			14 点			
			16 点			
			18 点			
	团长 PK 福利奖励	17	10 点			
			12 点			
			14 点			
			16 点			
			18 点			
	启动第 3 场直播	18	10 点			
			12 点			
			14 点			
			16 点			
			18 点			

（续表）

	发圈节奏	时间	发布时间	文案参考	评论区	备注链接（视频／文章）图片
促单收尾期	大场通知，大场直播抢先预告	19	10 点			
			12 点			
			14 点			
			16 点			
			18 点			
促单收尾期	体验装，仅剩××，即将售罄	20	10 点			
			12 点			
			14 点			
			16 点			
			18 点			
	直播福利，前 50 位填调研表认领，直播倒计时 5	21	10 点			
			12 点			
			14 点			
			16 点			
			18 点			
	团长席位，仅剩××，直播倒计时 4	22	10 点			
			12 点			
			14 点			
			16 点			
			18 点			
	直播倒计时 3	23	10 点			
			12 点			
			14 点			
			16 点			
			18 点			
	直播倒计时 2	24	10 点			
			12 点			
			14 点			
			16 点			
			18 点			

表头标题：朋友圈浪潮式月度规划全案

（续表）

朋友圈浪潮式月度规划全案						
	发圈节奏	时间	发布时间	文案参考	评论区	备注链接（视频／文章）图片
促单收尾期	直播倒计时 1	25	10 点			
			12 点			
			14 点			
促单收尾期	直播倒计时 1		16 点			
			18 点			
	直播大场	26	10 点			
			12 点			
			14 点			
			16 点			
			18 点			
	直播复盘	27	10 点			
			12 点			
			14 点			
			16 点			
			18 点			

内部运营社群			
职责：直播间刷礼物＋引导下单及福利放送			

社群指标：
①至少 20 个铁杆粉丝对直播间刷礼物，上公屏、下单量保驾护航；
②为激活粉丝参与，凡进入粉丝团和刷礼物的将会享受大尤老师内部干货放送。

社群运营流程	第 1 步	第 2 步	第 3 步	第 4 步
刷礼物	视频号粉丝团	热度	晚上群公告核心运营人员（18：00 倒计时）	
	引导加入视频号粉丝团	内部人员刷礼物并引导老粉刷起来 棒棒糖 3 熊抱抱 299 告白气球 520 虎虎生威 999 摘星星 5000	虎虎生威 6 个，价格 999 熊抱抱 10 个，价格 299 摘星星 2 个，价格 1000 合计：2298 	
上公屏	×××统一评论	金句上屏		
定点抢购	恭喜×××抢购××福袋	恭喜××抢购××产品		

【4.20】大尤老师粉丝福利群

引导种子用户进入福利群

社群指标:
① 50 个高端社群引流种子用户到视频号直播粉丝福利群;
②为激活粉丝参与,凡进入粉丝群并预约直播的将会享受大尤老师内部干货放送;
③引导种子用户、粉丝群用户转发扩大粉丝群流量池,赠送干货包。

社群运营流程	第1步	第2步	第3步	第4步
50 社群引导种子用户进入粉丝群话术	Hello,各位优秀的小伙伴们现在好呀,给大家说个大事 发个附文字红包"大事通知,在的 call1"	陪伴大尤老师的小伙伴都知道大尤老师深耕新媒体,所以一些伙伴会问很多新媒体行业的玩法和秘诀,像什么 IP 打造、短视频运营、实体转型新媒体、私域玩法、新媒体创业、互联网运营等,最近问得最多的是问尤老师视频号直播是否可以做,又因为没有方向和体系的玩法迟迟没有入场…… 现在大尤老师想到一个办法可以系统帮大家把这些问题做个回答 1. 大尤老师会直接邀请话题最多涉及 IP、创业、短视频、私域、运营、转型等 9 个领域都拿到结果的创始人和 CEO 直接一对一进行连麦解答这些问题(海报如下) 2. 对于视频号直播更是直接给人家踩坑,就在 4 月 20 日,大尤老师会在视频号直播 12 小时,给大家流程化跑一遍 这是一件非常有意义的事,大尤老师第一时间通知大家,也许你对部分领域好奇或想学习背后的技巧,所以来看这次直播,大尤老师会把所有细节的问题都直接跟该领域的创始人问到底,用专业视角的提问帮大家把背后的秘诀给挖出来,同时大尤老师会给大家准备各个创始人的内部干货,具体玩法可以进入这次 4 月 20 日直播福利群 附带海报价值的群二维码活码	附带群二维码活码的海报	过半个小时后,发消息"哇,刚过半小时就已经有几百位小伙伴预约直播并进社群,发一个社群的截图,如果还没有进群的小伙伴得抓紧哦,先进入福利群的可以第一时间知道直播间的福利和玩法哟"

（续表）

【4.20】大尤老师粉丝福利群

朋友圈转发文案	# 大尤 12 小时直播挑战 大尤老师 4 月 20 日会连续 12 个小时在视频号直播间揭秘 IP 打造、实体转型、新媒体创业、千万级短视频玩法、私域流量、互联网运营、视频号玩法、女性创业、高阶商业认知 想要跟大尤老师一起体验 12 小时的新媒体实战干货，长按识别二维码进群	评论： 进入直播粉丝福利群可以第一时间了解大尤老师和 9 个领域创始人连麦的细节和干货领取的机会哦，快来扫码入场啦~	评论： 直播参与抽奖，更是福利多多 参考： √好声音干货视频课 √时间记录手册 √如何培养孩子情商秘籍 √个人品牌 & 私域资产 √儿童能力测评体验 √注意力图卡	抢购红包的转发朋友圈帮大尤老师助力哈
粉丝群	公告	欢迎语		
	欢迎来到大尤老师的直播粉丝群 直播时间：4 月 20 日，上午 11:00 大尤老师邀请了 9 位个人品牌及商业顾问，跟你畅谈如何打造 IP 打造、短视频、涨粉、运营等话题 √立即点击蓝色字体：# 视频号：×××预约√ √入群福利：送大尤老师《××》手册，直播签到截图可以领取 √更多福利：转发下图直播海报和文案到朋友圈，还会赠送一份×× 群内禁广告 & 禁私加好友，违者将被抱出哦！	欢迎朋友来到大尤老师的直播粉丝群，直播时间：4 月 20 日，上午 11:00 大尤老师邀请了 9 位个人品牌及商业顾问，跟你畅谈如何打造 IP 打造、短视频、涨粉、运营等话题 √立即点击蓝色字体：# 视频号：×××预约√ 对了，进群就是朋友，作为见面礼，大尤老师赠送你一份××，到时观看直播签到截图可以领取哦 如果现在转发下图直播海报和文案到朋友圈还可以额外领取一份×× 群内禁广告 & 禁私加好友，违者将被抱出哦！	文案：# 大尤 12 小时直播挑战 大尤老师 4 月 20 日会连续 12 小时在视频号直播间揭秘 IP 打造、实体转型、新媒体创业、千万级短视频玩法、私域流量、互联网运营、视频号玩法、女性创业、高阶商业认知 想要跟大尤老师一起体验 12 小时的新媒体实战干货，长按识别二维码进群 + 朋友圈转发海报	需要准备一份额外转发礼物

【4.20 直播挑战】嘉宾 VIP 服务群 @×××

VIP 嘉宾对稿及服务

社群指标：
①为提高连麦服务质量，建大尤老师 9 人 1V4 嘉宾服务群；
②为建立大尤老师良好口碑，准备嘉宾随手礼 9 份。

社群运营流程	第 1 步	第 2 步	第 3 步	第 4 步
嘉宾进群话术	可爱表情包	欢迎大尤老师的好朋友圈××入群，这次大尤老师将挑战 12 小时直播，帮助更多家庭实现事业能、家庭能。感谢你的支持。	说下具体的连麦时间哈，您这次的分享主题是×××。连麦时间段是××—××哦，请这个时间段找个安静的地方完成愉快连麦体验	我会在开播前 10 分钟通知您，到时候直接进入直播间即可，收到回复 1 哈
嘉宾连麦海报				
嘉宾连麦告知	嘉宾群	嘉宾单独群	晚上群公告（19:00 倒计时）	
	连麦时间	连麦时长	连麦问答主题	直播间链接

（续表）

社群分工	职责	负责人	辅助成员
公屏组	1.评论上墙，每个嘉宾出场5条评论； 2.连麦嘉宾合影留言，每个连麦截取一张； 3.嘉宾视频截取，一段15—20s，每个嘉宾两段； 4.刷好评，每15分钟一轮，字数16字以内； 5.刷礼物，每次嘉宾分享10分钟后，刷不低于一个老虎礼物。		
社群组	1.金句提炼，每次嘉宾分享至少提炼两个金句； 2.直播转发，每30分钟发一次直播间入口。		
思维导图	1.每个嘉宾分享完，出一张思维导图，导图插入嘉宾连麦海报，附上大尤老师视频号二维码； 2.思维导图社群发布后，编写一段发圈文案发圈，让大家积极转发朋友圈，呼叫他们来直播间。		
刷屏组	1.信息刷屏，三类信息 大咖预约：①今晚 ×× 点我要听 ×× 大咖分享 ×× 下单造势：②恭喜 ×× 客户下单 ×× 福袋提醒：③福袋 ×× 马上要公布了，我要抢 ×× 每次刷屏跟帖20条！		
售后组	1.推小店链接。每30分钟推送一次，让大家进店购买； 2.推福袋售后。引导福袋中奖客户，添加售后微信，备注420+获奖奖品； 3.安排派发奖品，有以下三类： ①给连麦嘉宾准备的奖品。 ②给福袋中奖客户准备的奖品。 ③给本次积极活跃、铁杆粉丝团准备的奖品		

【12 小时揭秘全媒体运营核心逻辑】		
时间	2022 年 4 月 20 日，11:00−23:00	
地点	北京国贸 − 光华 SOHO2A 座 8−7	
主题	【12 小时揭秘全媒体运营核心逻辑】	
主播	大尤主播 +9 位嘉宾大咖，共 10 位	
板块	1. 开场介绍（自我介绍、大尤老师介绍、直播间） 2. 肖厂长连麦 3. 福利 4. 抽奖 5. 辰薇连麦 6. 介绍课程特色服务 7. 卢战卡连麦 8. 抽奖 9. 黄有璨连麦 10. 介绍 11. 润宇连麦 12. 福利 13. 抽奖 14. 柯洲连麦 15. 介绍课，引导观众购买 16. 契约连麦 17. 抽奖 18.S 叔连麦 19. 亿姐连麦	
礼品	大奖	
	引流礼品	

（续表）

序号	时间	直播流程	主讲人	内容
		【12 小时揭秘全媒体运营核心逻辑】		
1	11:00~11:30 30 分钟	开场介绍	大尤老师	介绍本场主题、流程、嘉宾，简单介绍引爆声音商业力及其特色服务 大尤主播信息 独角兽公司一招创始人 十五年一事专注新媒体红利 投资与陪跑了数十个人物 IP 长江中欧校友 清华签约讲师
2		观众互动	大尤老师	欢迎粉丝、及时回复弹幕内容、每半个小时抽一次奖（转发、发弹幕抽奖……）
3	11:30~13:00 90 分钟	主题分享、互动 主题：2022 年短视频 & 直播时代的【新增长红利】	大尤老师、肖厂长	1. 嘉宾自我介绍 小而美创富圈 发起人 3000 万私域矩阵 星辰教育创始人 &CEO 2. 嘉宾和大尤老师互动提问聊主题：2022 年短视频 & 直播时代的【新增长红利】 3. 给大尤直播间和课程打 call 感谢厂长拨冗参与，感谢!
4		抽奖环节		每 30 分钟／次
5		销售		

\【12 小时揭秘全媒体运营核心逻辑\】				
序号	时间	直播流程	主讲人	内容
6	13:00-14:00 60 分钟	主题分享、互动 主题：如何做一个超级女性社群	大尤老师、辰薇	1. 嘉宾自我介绍 媒体人 投资人 女性畅销书作家 中国年度商业人物 清华大学师资库导师 粉红力量女性公益发起人 其创立的女性品牌美在当下 9 个月裂变 60 万知识付费用户，2 年完成 2000 万用户量采集成为国内最具规模的女性社群之一。 知名电视栏目《美丽俏佳人》《非你莫属》《求职高手》等常驻嘉宾 著有《美是一种信仰》《美好从美开始》《颜值经济》 合作企业家及艺人：曹德旺 柳传志 吴晓波 贾伟 周杰伦 涂磊 赵雅芝 刘晓庆 关之琳 张咪 贾玲 温岚 何晟铭 等百余位知名人士 2. 嘉宾和大尤老师互动提问 聊主题：如何做一个超级女性社群？ 3. 给大尤直播间和课程打 call 感谢辰薇拨冗参与，感谢！
7		抽奖环节		每 30 分钟／次
8		销售		

（续表）

		【12 小时揭秘全媒体运营核心逻辑】		
序号	时间	直播流程	主讲人	内容
9	14:00－15:00 60 分钟	主题分享、互动 主题：短视频爆粉引流变现的核心逻辑	大尤老师、卢战卡	1. 嘉宾自我介绍 知识金榜创始人 千万粉丝知识博主 短视频营销专家 全网粉丝 1800 万＋ 2. 嘉宾和大尤老师互动提问 聊主题：短视频爆粉引流变现的核心逻辑 3. 给大尤直播间和课程打 call 感谢卢老师拨冗参与，感谢！
10		抽奖环节		每 30 分钟 / 次
11		销售		
12	15:00－16:00 60 分钟	主题分享、互动 主题：如何打造年变现能力 1000w ＋的课程	大尤老师、黄有璨	1. 嘉宾自我介绍 Youcan 学社创始人、CEO，百万畅销书《运营之光》《非线性成长》作者 2. 嘉宾和大尤老师互动提问 聊主题：如何打造年变现能力 1000w ＋的课程？ 3. 给大尤直播间和课程打 call 感谢有璨拨冗参与，感谢！
13		抽奖环节		每 30 分钟 / 次
14		销售		

（续表）

序号	时间	直播流程	主讲人	内容
15	16:00—17:30 90分钟	主题分享、互动 主题：全面解析微信私公域双循环	大尤老师、润宇	1. 嘉宾自我介绍 视频号百万直播间主播 浙大创业科班毕业 十三年资深创业操盘手 2. 嘉宾和大尤老师互动提问 聊主题：全面解析微信私公域双循环 3. 给大尤直播间和课程打 call 感谢润宇拨冗参与，感谢！
16		抽奖环节		每30分钟/次
17		销售		
18	17:30—18:00 30分钟		休息	吃晚饭
19	18:00—19:00 60分钟	主题分享、互动 主题：公众号运营：如何解码各业务设计、模式设计、组织结构设计	大尤老师、柯洲	1. 嘉宾自我介绍 笔记侠创始人 CEO 参谋 & 新商业知识官 全球最大笔记达人社群总教官 创业 6 年，雕琢自我，普惠他人 带你一眼看透信息繁杂的商业世界 2. 嘉宾和大尤老师互动提问 聊主题：公众号运营：如何解码各业务设计、模式设计、组织结构设计 3. 给大尤直播间和课程打 call 感谢柯洲拨冗参与，感谢！
20		抽奖环节		每30分钟/次
21		销售		

【12 小时揭秘全媒体运营核心逻辑】

（续表）

\【12 小时揭秘全媒体运营核心逻辑\】				
序号	时间	直播流程	主讲人	内容
22	19:00—20:00 60 分钟	主题分享、互动 主题：视频号红利，如何从 0—2000w 粉丝	大尤老师、契约	1. 嘉宾自我介绍 婉悦文化 CEO 公众号时代的第一批科技类自媒体，微信生态连续创业者。公众号时代做过融资过千万、年营收过亿的公司，小程序时代做过用户千万级的垂类产品。2020 年底开始入局视频号，目前 1500 多万粉丝，主要赛道是泛教育、泛知识和运动健康。 2. 嘉宾和大尤老师互动提问 聊主题：视频号红利，如何从 0—2000w 粉丝 3. 给大尤直播间和课程打 call 感谢契约拨冗参与，感谢！
23		抽奖环节		每 30 分钟 / 次
24		销售		
25	20:00—21:00 60 分钟	主题分享、互动 主题：如何做一条 2000 万播放量视频，涨 10 万粉丝	大尤老师、S 叔	1. 嘉宾自我介绍 500 万流量大户 商业 IP 联盟盟主 梭哈私董会会长 2. 嘉宾和大尤老师互动提问 聊主题：如何做一条 2000 万播放量视频，涨 10 万粉丝 3. 给大尤直播间和课程打 call 感谢 S 叔拨冗参与，感谢！
26		抽奖环节		每 30 分钟 / 次
27		销售		

（续表）

序号	时间	直播流程	主讲人	内容
		【12 小时揭秘全媒体运营核心逻辑】		
28	21:00-22:30 90 分钟	主题分享、互动 主题：4 招 3 个月，20 家门店老板如何转型涨粉百万	大尤老师、亿姐	1. 嘉宾自我介绍 美洛迪教育集团董事长 创业 15 年从农村女孩到身家过亿 投资控股 31 家 2. 嘉宾和大尤老师互动提问 聊主题：4 招 3 个月，20 家门店老板如何转型涨粉百万 3. 嘉宾给大尤直播间和课程打 call 感谢亿姐拨冗参与，感谢！
29		抽奖环节		每 30 分钟／次
30		销售		
31	22:30-23:00 30 分钟	结尾		互动答疑、煽情走心发言感谢支持

活动执行分工方案				
活动阶段	任务	任务目标	负责人	备注
准备阶段	成立活动委员会	负责监督、把控和协调整个活动进度，决策活动要务，并要决策出总控、运营和内容官		
	确认活动方案	明确活动方案，并确认分工		
	联系品牌方	1.整理品牌方资料；2.联系品牌方寄出样品（产品、价格、链接介绍，样品准备到位）		
	宣发海报	文案		
		设计		
	宣发引流	朋友圈文案 ×3		
		社群宣发		
		视频号预告 ×2		
	直播间宣播内容稿	直播间脚本，主播和主播的话术流程关键点，主播需要的手播卡		
	直播间准备	布置，装饰，礼品，场景搭建		
	直播间设备准备	手机，充电宝，提示手机，后台电脑监控数据，网络连接		
	直播间磨合	全体成员在直播间彩排 3 次（测试直播画面中主播和助播是否被遮挡，角度正常，光线明亮，画质清晰，测试麦的声音，测试音乐等）		
直播进行时	直播间互动人员	问题回复 话题带起 计时提醒 提醒直播间转发 提醒扫码进群		
	社群触达	每人负责认领一两个社群宣发，触发直播间预约，以及激活社群		
	直播时设置单独直播快闪群	触发所有粉丝群、政策群，陪跑营学员的裂变		
	直播间抽奖奖品	随时提醒主播挂福袋		
	直播间运营	直播间点赞小工具设置		
	直播间推流			
	直播间转发	将直播尽可能地转发到能触达的社群、朋友圈		
直播后	奖品派发	中奖人员核对、奖品快递		
	社群运营	活动期间社群运营（3.23-3.30）		

活动所需物料清单				
	名称	图片	用途	备注
实体物料	背景 KT 板		直播间，需印刷	
	桌子桌布	/	直播间布置	
	打光灯	/	布光	
	奖品	/	吸引	
	白板	/	放置前面，用于告知主播进程，提醒时间等	
	拍照手牌	/	直播互动道具，宣传道具	
作图物料	大主题海报		线上分享	
	嘉宾单人海报		线上分享	
	奖品合集海报		线上分享	
	倒计时海报		线上分享	
	九宫格拼图		朋友圈分享	
	主题背景板设计		直播间，需印刷	
	金句海报		线上，社群，朋友圈分享	
	PPT 设计		手机端直播期间提词	
			导出成单张图，直播环节跟着进度发社群内	
	推流封面图		用于全程活动告知，信息传递	
	直播封面图		用于直播分享的封面图	
推流设备	相机	/	拍摄	
	麦克风	/	收音	
	三脚架	/	固定相机	
	电脑连接线	/	相机电脑连接	
	备用相机电池	/	针对不能外接电源电量不足	
	安装好 OBS 推流软件并测试好能接相机的电脑	/		

直播物料清单表							
类别	物品	数量	说明	所需工作	负责人	预计完成时间	备注
物料	海报		设计主题内容＋直播时间，福利等				
	直播间装饰		设计海报，手拿 KT 版				
	背景图						
	直播间手卡		流程安排，品牌资料内容，关键点				
	品牌方样品		保证实物和直播间展示一致				
	石榴哥中场休息物料		温水，润喉片				

海报设计				
浪潮式发售清单	规格		海报文案	二维码
1	直播主图	750×1334		粉丝群	直播间
2	助力封面	视频框 6∶7			
3	大咖连麦海报	750×1334		粉丝群	直播间
4	直播日程海报	750×5000+			直播间
5	直播倒计时	750×1334	3 2 1		
6	大尤老师个人海报	750×1334			
7	直播战绩海报	750×1334			
社群发售清单	规格		海报文案	二维码
8	福利海报				
9	金句海报				
10	学员案例				
11	干货领取				

视频号嘉宾剧本							
活动主题	【大尤老师嘉宾视频号剧本】						
宣发目标	1. 为直播增加话题性； 2. 借力畅销，大咖助力，信任转化； 3. 把对大咖的信任传递到老师直播间，提高销售效率。						
发布方式	浪潮式助力						
发布时间	2022 年 4 月 17 日到 4 月 19 日						
视频条数	总共 9 条						
嘉宾话术	1. 嘉宾简单自我介绍； 2. 说明本次直播的时间主题； 3. 最后喊一句口号。						
视频号话术	时长	发布尺寸	文案字数	与嘉宾预约拍摄时间	嘉宾负责人	剪辑负责人	参考
助力视频要求录制横屏 16：9 的比例，选择干净素雅的背景，以下文案可以选择，高清，可以自行美颜，不加音乐 大家好，我大尤老师的好朋友 ×××+ 行业标签 4 月 20 日我将做客大尤老师的直播间和你一起分享我的 ×× 4 月 20 日一定要来哦，欢迎预约围观	15s	16：9	80 字内				# 视频号：石榴叔

项目管理	服务细化				完成进度	是否完成
直播预演	货盘/小黄车	活动海报	直播背景板	KT 板手牌	11.10—10.13	
渠道宣发	朋友圈海报	社群福利海报	种草视频	公众号推文	10.13—10.15	
直播发售	预约	转化	留存	售卖	10.15—10.16	

动销指标	数据记录
活动福利群直播预约（锁销）	/
直播场观人数	/
直播最高在线数	/
直播停留时长（转化）	/
直播公域转私域（留存）	
直播销售额（售卖）	

内容物料

海报类：

1.直播主题海报1张

2.直播背景墙

3.产品卖点KT版和手牌N张

物料类：

1.视频号——产品种草段子

2.公众号——活动推文

3.社群活动——福利长图

4.朋友圈——活动图文展示

视频号直播电商的 10 种角色类型（附工作职责）				
团队模块	角色配置	岗位职责	角色介绍	岗位职责
直播运营	主播及副播	主播	主播是一场直播出镜最多的人，也是最熟悉产品的讲解和直播间氛围的人	直播前熟悉流程和产品，直播时讲解产品
		副播	副播是协助主播直播的人，通常负责补充讲解产品和回答粉丝问题	直播前熟悉流程和产品，直播时讲解产品并解答直播间问题
	直播策划	直播运营	直播运营是推进直播工作的人，包括产品卖点提炼、直播玩法、官方活动等	推动直播等产品、内容、服务三方面，提高直播可看性和直播产出结果
		活动运营	活动运营是策划直播活动的人，对接官方活动并报名参加，争取活动资源和流量	策划自运营直播活动，并关注平台官方活动和各地区政府、产业带的活动
		直播场控	直播场控是在直播时提升直播间粉丝活跃和互动氛围，提高粉丝停留和购买兴趣的人	提升直播间粉丝活跃和互动氛围，提高粉丝停留和购买兴趣
		直播策划	直播策划是策划直播间内容文案的人	确定直播间流程、脚本、提词等（不少团队直播运营兼任直播策划）
		运营助理	运营助理是协助直播运营开展工作的人	协助直播运营开展工作，比如记录直播数据，统计竞争对手数据等
私域运营	选品	直播选品	直播选品是对招商招募的产品进行试用、评估、筛选的人	对招商招募的产品进行试用、评估、筛选，和团队确认直播的选品
	视频号小店	店铺运营	店铺运营是做视频号小店日常运营的人	负责抖音小店的运营，包括活动、玩法、物流发货、客服售后等
		活动运营	店铺活动运营是为店铺报名参加或自运营各类活动的人	为店铺报名参加或自运营各类活动
	客服	售前客服	售前客服是在用户下单前解决用户问题的人	在用户下单前解决用户问题
		售后客服	售后客服和社群运营是在用户下单和收货后解决用户问题的人	在用户下单和收货后解决用户问题及用户体验
	群管	社群运营		

团队模块	角色配置	岗位职责	角色介绍	岗位职责
			视频号直播电商的 10 种角色类型（附工作职责）	
流量运营	设计	设计师	设计师是做店铺、直播、短视频的各类平面设计工作的人	做各类创作和视觉设计
		美工	美工是给店铺做主图、详情页等电商设计的人	给店铺做主图、详情页等电商设计
	导演	导演	导演是在大型直播活动时协调直播流程并确保直播效果的人	在大型直播活动时协调直播流程并确保直播效果
		制片	制片是在大型直播时做内容统筹、前期筹备、组建摄制组、摄制资金成本核算的人	在大型直播时做内容统筹、前期筹备、组建摄制组、摄制资金成本核算
		导播	导播是负责在直播的根据情况调动和切换摄像机机位的人	在直播的根据情况调动和切换摄像机机位
	短视频	策划	短视频策划是观察行业内容趋势，策划短视频拍摄的人	策划短视频玩法及拍摄内容
		摄像	摄像是在给直播和短视频做拍摄的人	短视频拍摄，直播摄像
		灯光	灯光是在短视频拍摄或直播进行时打光或调整光线的人	在短视频拍摄或直播进行时打光或调整光线
		剪辑	剪辑是给拍摄的短视频做剪辑的人	剪辑短视频内容
	投流	场观	负责直播 UV 投放，给直播间制造热度的人	直播间投流

视频号直播复盘

一、基础数据

直播

日期	总时长（分钟）	成交额	人均看播时长	新增粉丝数	互动（评论）人数	打赏付费人数	观看总人数UV	最高在线人数

二、截图汇总

1. 数据大屏主块截图		
2. 流量结构截图		
3. 短视频引流截屏		

三、问题汇总

大项	小项	问题思考点	存在的问题			解决方案
直播间	人	1. 主播形貌，穿搭，声音，节奏 2. 助播、中控语音语调，配合节奏 3. 人群画像				
	货	1. 有无爆款，福利款，主推款，利润款 2. 排品、定价、玩法 3. 库存深度、上新频率、周期				
	场	1. 装修风格是否和谐统一 2. 整场的吸引点是什么				
账号	短视频	1. 内容、形式、定位 2. 质量				
	口碑分	哪一项拉低了整体评分				
小店	DSR	哪一项拉低了整体评分				
客户	反馈	1. 是否满意 2. 认知差异点是什么				

——量化评估

戈交十数	直播间展现量	直播间点击率	UV价值	互动率（10%）	打赏付费率（5%）	涨粉率（7%）	每分钟收割效率	每分钟成交订单数	作品投流			直播投流		
									消耗金额	直接成交金额	投放ROI	消耗金额	直接成交金额	投放ROI

新媒体账号管理					
账号类型	登录账号	登录密码	绑定手机号	二维码	负责人
微信号					
公众号					
视频号					
视频号小店					
邮箱					
营业执照	公司名称：				
	经营范围；				
食品经营许可证					
公司账号	账户名称： 开户行： 银行账户： 税号： 地址：				

			视频号直播复盘——数据拆分		
数据维度	数据指标	算法	指向结果	影响因素	相关岗位
观看 & 互动数据	场观人数	在直播账号上查看	单场直播观看人数	直播品牌的吸引力、商品的客单价、直播间流量承接能力	所有人
	预约人数		直播前期的私域流量启动量；上一场直播中的引导预约互动量	直播品牌的吸引力、私域渠道的覆盖度和推广力度；上一场直播中的引导预约频率和力度	运营、主播、场控
	最高在线人数	在视频号后台查看	最高观众同时在线数	直播间的承接能力、直播活动流程脚本、官方流量扶持力度	主播、场控、运营
	平均观看时长		观众评价停留时长	直播间的承接能力、直播活动流程脚本、场景搭建	主播、场控、运营
	喝彩次数		观众点赞数据	主播引导能力	主播、场控
	新增关注数	在视频号后台查看	一场直播沉淀了多少公域流量进入私域	主播的引导能力（频次、话术）	主播、场控
	用户评论率	评论人数 / 观看人数	直播间观众互动情况	福袋奖品吸引力	主播、场控、中控
商品 & 交易数据	商品点击曝光率	用户实际点击商品的次数 / 所有观众	用户点击进入商品详情页的概率	运营选品能力、主播的引导能力、商品图片标额的吸引力	主播、场控、中控
	商品点击付款率	用户实际付款的次数 / 点击商品的次数	用户点击商品详情后付款的概率	SKU 的丰富度、产品价格优势、主播的逼单能力	运营、主播
	GMV 直	直播间累计销售额	单场直播的产出收益 以	以上所有	所有人
	UV 价值	GMV/UV	平均进来一个人在直播间花多少钱	商品的客单价、直播间的转化能力	所有人
	退货率	退款订单数 / 总订单数	用户对产品的满意度	产品本身质量问题。直播间展示和实物偏差	——

岗位复盘关联数据——运营		
数据维度	运营影响因素	对应工作内容
直播预约人数	私域推广渠道和频次	重视直播前预约推广，以及引流短视频的框架和内容优化，及时关注视频号直播相关功能、规则、算法的更新
最高在线人数	直播流程及脚本节奏设计	人群定位、人群剖析、直播间人群画像分析、短视频人群画像分析，根据人群画像调整运营策略
人均观看时长	讲品节奏及场景布置	场号搭建、场景优化（角度、灯光、背景、画面）
商品点击曝光率	选品的能力	产品分析、卖点提炼、产品可视化内容输出、排品优化 选品优化、组品优化、直播内容填充和优化
商品点击付款率	品牌折扣力度	为了目标达成（使用户下单）准备的限时福利或者优惠包

直播服务人员配置及职责		
岗位	主要职责	具体工作内容
运营	选品、确认活动力度	确定秒杀品、主推品、爆品、普通品，熟悉折扣力度
	脚本	撰写直播脚本及直播方案，包含过品节奏、福袋话术、上墙内容、注意事项等
	预热推广	跟进品牌方社群、公众号、视频号等渠道直播预约推广
	协助主播成单	配合主播过品，相当于助播角色
	回复观众评论	解答评论区留言问题、引导主播回答
主播	熟悉选品	现场熟悉选品，咨询店员产品专业性问题，上身试穿
	话术准备	了解产品优势，撰写产品话术
	讲解服务	针对产品优势进行讲解，引导下单
	用户互动	和用户互动，解答评论区问题、带动评论区氛围
场控	配合主播控制讲品时间，互动节奏	把控主播的讲款时间不宜过长
	基于流量流速反馈主播，并且设置福袋	设置抽奖福袋、配置对应话术
	辅助主播讲话术	熟悉产品话术
中控	商品上下架	检查店员上架商品是否有纰漏，现场临时上架选品
	设备调试	提前检查直播相关设备是否齐全，提前解决现场网络问题
	配合主播互动	配合主播弹出商品、配置库存、倒计时秒杀
	售前 / 售后回复	直播期间回复所有用户咨询售前、售后问题
统筹	跟品牌确认直播排期	跟品牌方市场部确认可以直播的时间，以及确认直播的产品
	确定直播目标	根据给到的品牌预估直播的数据目标

（续表）

直播服务人员配置及职责		
统筹	公域私域流量调度沟通协同	会根据每一场的目标沟通申请资源，实时反馈我们业务的进展
	组织增量团队	组织报名直播增量，把控直播中增量节奏
	实时数据记录	实时观测、记录后台数据，根据波动调整直播策略
	组织数据复盘	根据单场直播数据组织复盘，反思问题、总结经验、沉淀方法论
项目整体配置：运营1人，主播1人，助播1人，中控1人，项目统筹PM 1人（根据项目情况搭配）		

日期	投放数据									
	消费	订单数	GMV	投放ROI	投放转化率	点击率	CPM	成单客户成本	点击均价	自然流量转化率

	付费投放数据										
	总GMV	订单数	实际ROI	客单价	UV价值	购物车点击数	停留率	购物车点击率	商品点击数	商品点击率	观看数	观看成本
	关注数	粉丝成本	加粉率	评论数	互动率	下单加粉	下单互动	查看购物车数	购物车点击率	点击商品数	商品点击率	

基础信息				实时转化指标				观众意向度指标		
广告计划	定向	转化目标	素材类型	消耗	点击率	转化率	转化	超一分钟停留	评论	转粉数
计划1	行为	成单	直播间							
	达人									

数据分析总结表（模板）											
用户基础属性			产品相关词			产品类目词			产品卖点词		
性别	年龄	地域	福利款	正价款	利润款	福利款	正价款	利润款	福利款	正价款	利润款
女	31—40	山东、江苏、河南、河北、浙江、辽宁、安徽、山西、广东、陕西	儿童手套 儿童五指手套 保鲜盒 密封保鲜盒 塑料保鲜盒 收纳盒	砂锅 电磁炉 砂锅 陶瓷砂锅 洁面乳 洗面奶 雪玲妃 洗面奶	不粘锅 微压不粘锅 炒菜锅 烤箱 家用烤箱 多功能烤箱 普尼克立式烤箱	母婴／童装／儿童配饰 厨房／餐饮用具	餐具厨具 美妆个护	餐具厨具 厨房小家电	加绒保暖 防咬手指 防水 食品级 密封保险 大容量	陶瓷明火两用 耐高温 抗皱纹，防衰老 补水保湿 改善暗黄	不易生锈 少油烟、不易粘锅 30L大容量 四层烘烤 独立加热

结 语

变现的决定因素是选择，选择的本质是放弃。

社会的进步，不光是社会制度所发生的进步。也是科学发展的进步，当下互联网飞速发展，平台经济高度繁荣，技术不断迭代，我们都成了这个时代的幸运儿，生活水平明显提高。

不管是赚钱还是变现，都只不过是经济的日常交流表达方式之一。

每个人都没有办法赚到认知以外的钱。你不能理解的事情里，藏着你的生命需要弥补的东西。认知世界需要搞懂底层逻辑，常识与通识就是这个底层逻辑，是本质。

经济学的研究对象是经济活动的规律，起点是商品。经济学研究商品的生产、交换、分配、消费及其运行规律。经济之所以可以持续发展，不仅仅是因为它是一个复杂的学科，更因为它是一种思维模式，思维的不断进步才是经济持久发展的源动力。经济是政治的基础，政治是经济的集中表现，没有离开政治的经济，也没有离开经济的政治。在社会中商业取得过结果的人，都有自己的一套政治思考。其中，社会不是一个有意识的个体，而是社会上所有人的总汇，社会的管理其实是所有人都参与的管理。在互联网生态下，门槛低，人人都可以发声，我们不应该只追求自己取得结果，更应该考虑如何携手平台，为社会贡献自己的力量，创造价值。

当我们从宏观和全维视角来看，对产业互联网会有另外一个层次的理解。互联网的本质是连接，是人与人的连接，人与物的连接，物与物的连接。互联网的连接可以突破空间限制，突破时间限制。互联网时代，连接的能力决定了市场竞争力和变现能力。

用白话说就是：在当下大社会时代背景下，我们以价值创造为核心，在互联网生态下，选择适合自己的平台，抢用户，抢时间，创造增量求存量。

这段话基于每个人不同的人生追求、社会职业属性和兴趣爱好，选择不同的平台，可以衍生出不同的版本。互联网生态下拥有流通属性的内容无非是图文、视频、直播、音乐四种形式。只要认真研读，多思考，不难发现这本书里的核心底层创作逻辑，是可以在任何平台上通用的。

虽然微信视频号只是当下互联网生态中的热门平台之一，但视频号背靠着拥有12亿用户的微信，它与公众号作为内容载体，以图文、视频、直播、音乐的内容形式触达用户，通过社交裂变连接朋友圈、搜一搜、问一问等公域场景，再将流量沉淀到个人或企业微信、社群视频号小店、小程序等私域场景中，让变现的路径变得更短、更高效且可持续。

时代进步越来越快，域性划分是一个必经的过程。从商业宏观来看，公域会走向私域，有私域才有沉淀；电商会走向私域，以挖掘客户后端价值；直播会走向私域，以寻找第二利润增长点；门店会走向私域，线上线下结合。在未来的商业场域中，选择视频号，不仅仅是简单的平台内容输出上的运营布局，更是商业数据资产沉淀和累计中重要的一环。

不管是视频号，还是当下其他热门社交软件，都是社交因素下我们向世界传递信息、表达观点的媒介。

变现的决定因素是选择，选择的本质是放弃。当大多数人都在探讨互联网+的时候，其实我们更应该去考虑互联网-。在互联网时代，人人都是自媒体，渠道为王，品牌为王，流量为王，我们每个人的发心更是王！

变现是生存需要，变好是生命需求。倘若我们每个人都坚持正心正念，在互联网平台下发声时，以更高维度和视觉来要求自己，我们将会携手共建一个更加美好温暖的互联网环境和生态。社交是寻找别人眼中的自己，寻找自己以外的自己。我愿以书为媒，帮你寻找别人眼中的自己，找到自己以外的自己。